Squeeze-out

Betriebswirtschaftliche Studien
Rechnungs- und Finanzwesen, Organisation und Institution

Herausgegeben von
Prof. Dr. Dr. h.c. Wolfgang Ballwieser, München
Prof. Dr. Christoph Kuhner, Köln
Prof. Dr. Dr. h.c. Dieter Ordelheide †, Frankfurt

Band 65

Peter Lang
Frankfurt am Main · Berlin · Bern · Bruxelles · New York · Oxford · Wien

Peter Gampenrieder

Squeeze-out

Rechtsvergleich, empirischer Befund und ökonomische Analyse

Peter Lang
Europäischer Verlag der Wissenschaften

Bibliografische Information Der Deutschen Bibliothek
Die Deutsche Bibliothek verzeichnet diese Publikation in der Deutschen Nationalbibliografie; detaillierte bibliografische Daten sind im Internet über <http://dnb.ddb.de> abrufbar.

Zugl.: München, Univ., Diss., 2004

D 19
ISSN 1176-716X
ISBN 3-631-52393-9

www.peterlang.de

Geleitwort

Seit dem 1. Januar 2002 kann man Minderheitsaktionäre gegen ihren Willen aus einer AG oder KGaA drängen, um der Obergesellschaft sämtliche Aktien zu verschaffen. Dies wird durch die §§ 327a-327f AktG ermöglicht, die ausländischem Vorbild folgen. Bereits im ersten Jahr nach Inkrafttreten der Regelung wurden über 100 Zwangsausschlüsse angekündigt; das Gesamtpotential wird auf 150 geschätzt. Die Arbeit von Herrn Dr. Gampenrieder widmet sich der neuen Regelung, um ihren ökonomischen Sinn, ihre Eindeutigkeit und Operationalität und ihre Übereinstimmung mit europäischen Harmonisierungsbestrebungen im Übernahmerecht zu prüfen. Da in der Begründung des Gesetzes über Kosten- und Nutzenabwägungen argumentiert wurde, quantifiziert sie diese Komponenten, um die Stichhaltigkeit der Argumentation zu überprüfen. Die Arbeit widmet sich einem für den Finanzmarkt Deutschland wichtigen Regelungsproblem und betritt insofern Neuland, als die bisherigen Publikationen weitgehend rechtsvergleichend, aber nicht ökonomisch abwägend waren.

Die wesentliche Botschaft des Verfassers findet sich auf S. 148: Die Ideallösung nach Herrn Dr. Gampenrieder erfaßt „nur börsennotierte Unternehmen als Zielgesellschaften, enthält ein spiegelbildliches Austrittsrecht und ist insbesondere zeitlich befristet an das Übernahmerecht gekoppelt. Wegen der obligatorischen freiwilligen Zustimmung einer qualifizierten Mehrheit der außen stehenden Aktionäre zu einem vorausgehenden Übernahmeangebot kann auf einen Hauptversammlungsbeschluss verzichtet werden. Bis auf das erstgenannte Charakteristikum entspricht dies der britischen Vorgehensweise der ss 428-430 F CA 1985." Die bisherige aktienrechtliche Lösung in den §§ 327a-327f AktG widerspricht der entwickelten Ideallösung in allen Eigenschaften und macht eine Überarbeitung nötig. Ich wünsche der theoretisch sehr soliden Arbeit eine gute Aufnahme.

München, im Dezember 2003

Wolfgang Ballwieser

Vorwort

Die Arbeit entstand während meiner etwa dreijährigen Tätigkeit als wissenschaftlicher Mitarbeiter am Seminar für Rechnungswesen und Prüfung der Ludwig-Maximilians-Universität München. Sie wurde im Wintersemester 2003/04 vom Promotionsausschuss der Fakultät für Betriebswirtschaft als Dissertation angenommen.

Zu außerordentlichem Dank bin ich meinem akademischen Lehrer und Doktorvater Herrn Prof. Dr. Dr. h.c. Wolfgang Ballwieser verpflichtet. Er hat durch seine Anregungen und Ratschläge maßgeblich zum Gelingen der Arbeit beigetragen. Herrn Prof. Dr. Bernd Rudolph danke ich für die freundliche Übernahme des Korreferats.

Allen Kolleginnen und Kollegen am Lehrstuhl gilt mein Dank für die gute Zusammenarbeit. Hervorzuheben ist Herr Dipl.-Kfm. Michael Dobler, MBR, der mich mit kritischen, aber stets konstruktiven Anmerkungen und vielen Hilfestellungen durch die Anfangszeit am Lehrstuhl, das Forschungsstudium und die Promotion begleitet hat. Ebenso sind mir die Herren Dipl.-Kfm. Christian Schaffer und Dipl.-Kfm. Jörg Wiese mit Rat, Tat und auch Schalk zur Seite gestanden. Frau Dipl.-Kffr. Silvia Hettich, MBA, danke ich für ihre stete Diskussionsbereitschaft. Stellvertretend für alle studentischen Hilfskräfte bin ich Frau Anneke Behrendt zu Dank verpflichtet, die die Arbeit zweifach sorgfältig Korrektur gelesen hat.

Daniela hat mir mit Unterstützung und Zuspruch den notwendigen Rückhalt gegeben. Darüber bin ich sehr glücklich. Meinen Eltern danke ich von ganzem Herzen dafür, dass sie mich in sämtlichen Vorhaben stets bestärkt und mir eine Hochschulausbildung ermöglicht haben.

Meiner Familie und all denen, die sich die Mühe machen, die Arbeit auch nur auszugsweise zu lesen, ist sie gewidmet.

München, im Februar 2004 Peter Gampenrieder

Inhaltsverzeichnis

Abkürzungsverzeichnis

a.A.	anderer Ansicht
ABB	Asea Brown Boveri
Abl.	Amtsblatt der Europäischen Gemeinschaften
Abs.	Absatz
AER	The American Economic Review [Zeitschrift]
AG	Aktiengesellschaft/Die Aktiengesellschaft [Zeitschrift]
AktG	Aktiengesetz
AKU	Arbeitskreis „Unternehmensbewertung" des IDW
a.M.	am Main
AMEX	American Stock Exchange
Art.	Artikel/article
Aufl.	Auflage
BayObLG	Bayerisches Oberstes Landesgericht
BB	Betriebs-Berater [Zeitschrift]
Bd.	Band
BDI	Bundesverband der Deutschen Industrie e.V.
BEHG	Bundesgesetz über die Börsen und den Effektenhandel
Beschl.	Beschluss
BFuP	Betriebswirtschaftliche Forschung und Praxis [Zeitschrift]
BGB	Bürgerliches Gesetzbuch
BGBl.	Bundesgesetzblatt
BGH	Bundesgerichtshof
BHF	Berliner Handels- und Frankfurter Bank AG
BKB	Braunschweigische Kohlen-Bergwerke AG
BMF	Bundesministerium der Finanzen
BörsG	Börsengesetz
BT	Bundestag
BVerfG	Bundesverfassungsgericht
BVerfGE	Sammlung der Entscheidungen des Bundesverfassungsgerichts
BW	Burgerlijk Wetboek
bzw.	beziehungsweise
CA	Companies Act
CAPM	Capital Asset Pricing Model
CDAX	Composite-DAX

Cie.	Compagnie
City Code	City Code on Takeovers and Mergers
CMF	Conseil des Marchés Financiers
COD	co-decision
CONSOB	Commissione Nazionale per le Società e la Borsa
DAI	Deutsches Aktieninstitut e.V.
DAT	Deutsch-Atlantische Telegraphen-Aktiengesellschaft AG
DAV	Deutscher Anwaltverein e.V.
DAX	Deutscher Aktienindex
DB	Der Betrieb [Zeitschrift]
DBW	Die Betriebswirtschaft [Zeitschrift]
DCF	Discounted Cash Flow
ders.	derselbe
d.h.	das heißt
dies.	dieselbe(n)
Diss.	Dissertation
Drs.	Drucksache
DStR	Deutsches Steuerrecht [Zeitschrift]
EC	European Counsel [Zeitschrift]
EG	Europäische Gemeinschaft(en)
EKU	Kulmbacher Brauerei AG
EnBW	Energie Baden-Württemberg AG
EnWG	Energiewirtschaftsgesetz
ES	Effecten-Spiegel [Zeitschrift]
EU	Europäische Union
e.V.	eingetragener Verein
EWiR	Entscheidungen zum Wirtschaftsrecht – Kurzkommentare [Zeitschrift]
f.	folgende
FAZ	Frankfurter Allgemeine Zeitung
FB	Finanz Betrieb [Zeitschrift]
ff.	fortfolgende
FGG	Gesetz über die Angelegenheiten der freiwilligen Gerichtsbarkeit
Fn.	Fußnote
FWB	Frankfurter Wertpapierbörse
gem.	gemäß
GG	Grundgesetz

GmbH	Gesellschaft mit beschränkter Haftung
HGB	Handelsgesetzbuch
h.M.	herrschende Meinung
Hrsg.	Herausgeber
HS	Halbsatz
IA	Insolvency Act
IAS	International Accounting Standard(s)
i.d.F.	in der Fassung
IDW	Institut der Wirtschaftsprüfer in Deutschland e.V.
ifo	Institut für Wirtschaftsforschung e.V.
i.H.v.	in Höhe von
Inc.	Incorporated
INF	Die Information über Steuer und Wirtschaft [Zeitschrift]
i.V.m.	in Verbindung mit
JFE	Journal of Financial Economics [Zeitschrift]
Jg.	Jahrgang
JLE	Journal of Law and Economics [Zeitschrift]
JoF	The Journal of Finance [Zeitschrift]
Kap.	Kapitel
KGaA	Kommanditgesellschaft auf Aktien
KOM	Kommission
KPMG	Klynveld Peat Marwick Goerdeler
KWL	Kraftwerk Laufenburg AG
KWR	Kraftübertragungswerke Rheinfelden AG
L.C.S.C.	Lois Coordonnées sur les Sociétés Commerciales
LG	Landgericht
MDAX	Midcap-DAX
min.	mindestens
Mio.	Million(en)
Mt	Manntage
m.w.N.	mit weiteren Nachweisen
n. F.	neue Fassung
Nr.	Nummer
nrkr.	nicht rechtskräftig
NWS	Neckarwerke Stuttgart AG
NYSE	New York Stock Exchange
NZG	Neue [Zeitschrift] für Gesellschaftsrecht
o.g.	oben genannte(-n/-r/-s)

OG	Obergesellschaft
o.Jg.	ohne Jahrgang
OLG	Oberlandesgericht
o.V.	ohne Verfasser
öUmwG	Bundesgesetz über die Umwandlung von Handelsgesellschaften
RefE	Referentenentwurf
Reg.	Regulation
RegE	Regierungsentwurf
Rel.	Release
RG	Règlement Général du Conseil des Marchés Financiers
RGBl.	Reichsgesetzblatt
RIW	Recht der Internationalen Wirtschaft [Zeitschrift]
RMBCA	Revised Model Business Corporation Act
Rn.	Randnummer
s	section
S.	Satz/Seite(n)
SDAX	Smallcap-DAX
SEC	Securities and Exchange Commission
SJZ	Schweizerische Juristen-Zeitung [Zeitschrift]
SLIM	Simpler Legislation for the Internal Market
SMAX	Small Cap Exchange
sog.	sogenannte(-n/-r/-s)
SpruchG	Spruchverfahrensgesetz
ss	sections
ST	Der Schweizer Treuhänder [Zeitschrift]
StSenkG	Steuersenkungsgesetz
T	Tausend
TecDAX	Technology-DAX
Ts.	Taunus
T.U.	testo unico delle disposizioni in materia di intermediazione finanziaria
Tucher	Tucher Bräu AG
Tz.	Textziffer
u.	und
u.a.	und andere/unter anderem
UmwG	Umwandlungsgesetz
UOP	Universal Oil Products Company
Urt.	Urteil

USA	United States of America
ÜbernahmeRL	Übernahmerichtlinie
v.	vom/von
VB-BEHG	Verordnung des Bundesrates über die Börsen und den Effektenhandel
Verf.	Verfasser
vgl.	vergleiche
Vol.	Volume
VW	Versorgungs Wirtschaft [Zeitschrift]
WM	Wertpapier-Mitteilungen – [Zeitschrift] für Wirtschafts- und Bankrecht
WPg	Die Wirtschaftsprüfung [Zeitschrift]
WpHG	Wertpapierhandelsgesetz
WpÜG	Wertpapiererwerbs- und Übernahmegesetz
WpÜGAngebVO	WpÜGAngebotsverordnung
Z.	Ziffer
z.B.	zum Beispiel
ZBB	[Zeitschrift] für Bankrecht und Bankwirtschaft
ZfB	[Zeitschrift] für Betriebswirtschaft
zfbf	Schmalenbachs [Zeitschrift] für betriebswirtschaftliche Forschung
ZG	Zielgesellschaft
ZGR	[Zeitschrift] für Unternehmens- und Gesellschaftsrecht
ZIP	[Zeitschrift] für Wirtschaftsrecht
ZHR	[Zeitschrift] für das gesamte Handelsrecht und Wirtschaftsrecht
ZPO	Zivilprozessordnung

Abbildungsverzeichnis

Seite

Symbolverzeichnis

€	Euro
$	Dollar
β_j	Betawert der Gesellschaft j
β^U	Betawert des unverschuldeten Unternehmens
β^V	Betawert des verschuldeten Unternehmens
μ	Erwartungswertoperator
μ_t	Erwartungswert der Ausschüttungsverteilung in Periode t
σ	Standardabweichung
$\sigma_{j,M}$	Kovarianz der Rendite aus dem Wertpapier j mit der Rendite aus dem Marktportfolio
σ^2_M	Varianz der Rendite des Marktportfolios
EK	Marktwert des Eigenkapitals
EW	Ertragswert
FK	Marktwert des Fremdkapitals
i	Basiszins
P_{maxOG}	Grenzpreis der Obergesellschaft
P_{minZG}	Grenzpreis eines Aktionärs der Zielgesellschaft
$r_{EK,j}$	Rendite der Eigentümer der Gesellschaft j
r_M	Rendite aus dem Marktportfolio
s	unternehmensbezogener Steuersatz
$SÄE_t$	Sicherheitsäquivalent der Ausschüttungsverteilung in Periode t
t	Periodenindex
z_t	Risikozuschlag für die Ausschüttungsverteilung in Periode t

1. Problemstellung

Am 1.1.2002 ist in Deutschland die Squeeze-out-Regelung (§§ 327a-327f AktG) in Kraft getreten. Dadurch wird dem Hauptaktionär erstmals die Möglichkeit eröffnet, Minderheitsaktionäre gegen ihren Willen und auf einfache Weise aus der (Ziel-)Gesellschaft in der Rechtsform der AG oder der KGaA zu drängen, um der Obergesellschaft sämtliche Aktien zu verschaffen. Wesentliche Voraussetzung ist, dass die Obergesellschaft mindestens 95 % des Grundkapitals der Zielgesellschaft direkt oder indirekt hält (§ 327a Abs. 1 S. 1 AktG). Eine zwingende und damit die schlichte Koexistenz zweier kapitalmarktorientierter Regelungen übersteigende Querverbindung zu dem als WpÜG bezeichneten Übernahmegesetz besteht trotz eines gemeinsam durchlaufenen Gesetzgebungsverfahrens nicht.

Die Beweggründe des Gesetzgebers für eine Ausschlussbefugnis fußen zum einen auf der Behauptung, dass bei Zielgesellschaften mit geringem Streubesitz die Kosten aus der Beachtung zwingender Normen des Minderheitenschutzes in einem deutlichen Missverhältnis zu den Vorteilen der Aktienemission stehen. Zum anderen werden rechtsvergleichende Überlegungen angestellt.[1] Insgesamt stehen dem Interesse der Obergesellschaft an einer Vereinfachung der einheitlichen Leitung der Zielgesellschaft Ansprüche der herausgedrängten Minderheit an einer angemessenen Abfindung gegenüber.

Ziel der Arbeit ist die kritische Analyse, ob die Squeeze-out-Regelung ein zweckadäquates und gleichzeitig praktikables Instrument darstellt, das dem Interessenausgleich der Gesellschaftergruppen gerecht wird. Besondere Aktualität wird der Auseinandersetzung mit §§ 327a-327f AktG durch den Vorschlag für eine EU-Übernahmerichtlinie[2] vom 2.10.2002 zuteil, der erstmals ein Ausschluss- und Austrittsrecht von Minderheitsaktionären vorsieht. Im Gegensatz zu den vorhandenen, überwiegend von formalrechtlichen Argumenten geprägten Diskussionsbeiträgen[3] steht die ökonomische Perspektive im Mittelpunkt. Besonderes Gewicht fällt zwei eigenen empirischen Auswertungen zu.[4] Damit sollen sowohl die Besonderheiten und Problemfelder bereits vollzogener Ausschlüsse innerhalb einer bestimmten Branche als auch die Kosten bei potenziellen Zielgesellschaften, die in Zusammenhang mit der Existenz von Streubesitzaktionären anfallen, untersucht werden.

---

1 Vgl. zum allgemeinen Teil des Gesetzesbegründung BT-Drs. 14/7034, S. 31f.

2 Vgl. *Kommission der Europäischen Gemeinschaften* (Hrsg.) [KOM (2002) 534].

3 Vgl. insbesondere *Baums* [Ausschluss, 2001], *Ehricke/Roth* [Übernahmerecht, 2001], *Fleischer* [Recht, 2002], *Gesmann-Nuissl* [Regeln, 2002], *Grunewald* [Squeeze-out-Regelung, 2002], *Habersack* [Finanzplatz, 2001], *Kallmeyer* [Ausschluß, 2000], *Krieger* [Zweifelsfragen, 2002], *Küting* [Ausschluss, 2003], *Rühland* [squeezeout, 2001], *Sieger/Hasselbach* [Minderheitsaktionäre, 2002] und *Vetter* [Squeeze-out, 2002]; bereits aus ökonomischer Sicht *Helmis/ Kemper* [Squeeze-out, 2002] und *Wenger/Kaserer/Hecker* [Minderheitenschutz, 2001].

4 Vgl. die erste Kapitalmarktuntersuchung zu Squeeze-out in Deutschland bei *Moser/Prüher* [Vorteilhaftigkeit, 2002], S. 363-366, die Kursreaktionen auf die Ankündigung eines Zwangsausschlusses untersuchen; ähnlich jüngst *Hecker/Kaserer* [Bestandsaufnahme, 2003], S. 145-159.

Um die Eigenschaften der Squeeze-out-Regelung einordnen und würdigen zu können, ist in einem ersten Schritt formalrechtliche Grundlagenarbeit notwendig. Es gilt, auf Basis des AktG und des UmwG herauszuarbeiten, in welchem Bereich der Gesetzgeber mit §§ 327a-327f AktG materiell Neuland betritt und wo er auf vorhandene, artverwandte Detailregelungen zurückgreift, die der Obergesellschaft bereits in der Vergangenheit mittelbar einen Erwerb von Streubesitzaktien der Zielgesellschaft ermöglicht haben. Darauf aufbauend können Spruchstellenverfahren als gerichtliche Wertkontrolle der angebotenen Leistung bei unterschiedlichen Abfindungsanlässen aus der *de lege lata*- und der *de lege ferenda*-Perspektive diskutiert werden. In den Mittelpunkt rückt einerseits die Entwicklung der Rechtsprechung zur Ermittlung einer angemessenen (Minderheiten-)Abfindung, speziell der Relevanz und Anwendbarkeit von Börsenkursen als Element der Verkehrswertorientierung. Andererseits werden die Ergebnisse von zwei empirischen Untersuchungen zur gerichtlichen Anteilsbewertung überwiegend als Folge des Abschlusses von Beherrschungs- und Gewinnabführungsverträgen verglichen und interpretiert. In den vorhandenen Beiträgen fehlen trotz der großen und aktuellen praktischen Bedeutung der Thematik konkrete Aussagen darüber, inwieweit sich die vorliegende Rechtsprechung auf Squeeze-out übertragen lässt.[5] Diese Lücke zu füllen, ist Gegenstand der Arbeit.

Die systematische Gegenüberstellung von Ausschluss- und Austrittsrechten in Europa und den USA soll die Vielfalt der Ausgestaltungsmöglichkeiten für das Regelungsproblem verdeutlichen und gleichzeitig wesentliche Unterschiede dokumentieren. Eine solche Gegenüberstellung liefert die Literatur gerade unter Berücksichtigung des Spannungsverhältnisses zwischen der noch jungen aktienrechtlichen Regelung und der Fortentwicklung der Arbeiten an der EU-Übernahmerichtlinie derzeit nur in Fragmenten.[6] Sie ist jedoch unabdingbar für die Beurteilung der rechtsvergleichenden Überlegungen des deutschen Gesetzgebers. Von herausragendem Interesse für die Arbeit ist die Situation in Großbritannien und den USA. Im Unterschied zu Kontinentaleuropa herrscht dort zwar das Fallrecht vor, jedoch kann in beiden Ländern hinsichtlich des Erwerbs von Streubesitzaktien auf langjährige Erfahrungen zurückgegriffen werden.

Um die bisher überwiegend theoretischen Erkenntnisse hinsichtlich der Bemessung einer angemessenen Minderheitenabfindung speziell bei Squeeze-out der Vorgehensweise in der Praxis gegenüberstellen zu können, werden im Rahmen einer Fallstudie sämtliche per Ende des ersten Quartals 2003 angekündigten Zwangsausschlüsse aus der Energiewirtschaft nach einem einheitlichen Kriterienkatalog untersucht. Die Branche eignet sich für empirische Auswertungen, da die Unternehmen auch nach der weitgehenden Liberalisierung einzelner Marktsegmente vergleichbaren wettbewerblichen und

5 Vgl. erste Ansätze bei *Vetter* [Squeeze-out, 2002], S. 188. Demgegenüber unterstellen *Helmis/ Kemper* [Squeeze-out, 2002], S. 516 exemplarisch für eine Vielzahl von Autoren stillschweigend analoge Geltung.

6 *Wenger/Kaserer/Hecker* [Minderheitenschutz, 2001] beziehen sich noch auf den Stand des WpÜG-RegE, während *Fleischer* [Recht, 2002] und *Sieger/Hasselbach* [Ausschluss, 2001] zwar einen Einstieg in die Materie vermitteln, ohne aber die Unterschiede nach einheitlichen Kriterien zu analysieren.

rechtlichen Rahmenbedingungen unterliegen. Bei den Zielgesellschaften handelt es sich um die Braunschweigische Kohlen-Bergwerke AG, die Kraftübertragungswerke Rheinfelden AG[7] und die Neckarwerke Stuttgart AG. Als Datengrundlage dient in erster Linie der öffentlich zugängliche Bericht der jeweiligen Obergesellschaft. Besonderes Augenmerk der Fallstudie gilt der Wertfindung. Empirische Aussagen darüber sind gespalten nach Gesamtbewertungsverfahren und Verkehrswertberücksichtigung derzeit nur in Ansätzen vorhanden.[8]

Die Erkenntnisse aus der Bündelung deutscher Ausschluss- und Austrittsnormen, dem internationalen Rechtsvergleich sowie der Fallstudie bilden die Grundlage für die Ableitung ökonomischer und rechtlicher Analysekriterien. Die Argumentation wird stellenweise durch neue empirische Erkenntnisse über Minderheitenkosten gestützt. Obwohl der kostspielige Formalaufwand als Rechtfertigung für den Ausschluss von Minderheitsaktionären in der Literatur allgemein gebilligt wird,[9] bestehen über dessen Ausmaß bislang allenfalls bruchstückhafte Informationen.[10] Auch in diese Lücke stößt die zeitnah zu den ordentlichen Hauptversammlungen des Jahres 2002 durchgeführte eigene empirische Untersuchung.[11] Mit Hilfe eines Fragebogens wurden erstmals die Publizitäts- und Beschlussfassungskosten bei inländischen börsennotierten Unternehmen mit geringem Streubesitz erhoben. Die Auswertung des Rücklaufs sollte abgesehen von grundlegenden Informationen über die Unternehmens- und Aktionärsstruktur der Squeeze-out-Kandidaten vor allem die aktuelle Diskussion der Angemessenheit des Börsenkurses als Wertuntergrenze[12] einer Minderheitenabfindung befruchten. Ziel war, zuerst zu zeigen, welche Kosten in welcher Höhe nach einem Herausdrängen von Minderheitsaktionären einsparungsfähig sind. In einem zweiten Schritt interessierte deren Verhältnis zum Börsenkurs als Approximation des anteiligen Unternehmenswerts. Es sollte die Frage beantwortet werden, ob über den Trennungseffekt ein Minderheitenaufschlag auf den Referenzwert begründet werden kann.

---

7 Das Unternehmen ist im Zuge des Squeeze-out in Energiedienst AG umbenannt worden. Um Verwechslungen mit dem Tochterunternehmen Energiedienst GmbH auszuschließen, wird im Rahmen der Arbeit von diesem Formalakt abgesehen.

8 Vgl. insbesondere die zu Lasten der Nachvollziehbarkeit teilweise stark aggregierten Ausführungen bei *Wilts/Schaldt/Nottmeier* [Unternehmensbewertung, 2002].

9 Der Gesetzgeber (vgl. BT-Drs. 14/7034, S. 31) sowie *Baums* [Ausschluss, 2001], S. 26, *Drygala* [Vereinfachung, 2001], S. 298, *Fleischer* [Recht, 2002], S. 761, *Habersack* [Finanzplatz, 2001], S. 1231, *Helmis/Kemper* [Squeeze-out, 2002], S. 513, *Kallmeyer* [Ausschluß, 2000], S. 59, *Krieger* [Zweifelsfragen, 2002], S. 53, *Küting* [Ausschluss, 2003], S. 839, *Moser/Prüher* [Vorteilhaftigkeit, 2002], S. 361-363, *Picot* [Neuregelungen, 2002], S. 442, *Sieger/Hasselbach* [Minderheitsaktionäre, 2002], S. 123f., *Vetter* [Squeeze-out, 2002], S. 177 und *Wenger/Kaserer/Hecker* [Minderheitenschutz, 2001], S. 322 beschränken ihre Argumentation auf die qualitative Ebene.

10 Vgl. die vagen Ausführungen bei *Korts/Korts* [Weg, 2001], S. 254f. bzw. im internationalen Kontext *DeAngelo/DeAngelo/Rice* [Going Private, 1984], S. 372.

11 Um die Aktualität der Untersuchung, die den Kern der Abschnitte 5.2.3 und 5.3.3.2 bildet, zu sichern, wurden die Daten und wesentliche Erläuterungen vorab veröffentlicht. Vgl. *Gampenrieder* [Trennungseffekt, 2003].

12 Vgl. z.B. *Ballwieser* [Fragen, 2002], S. 748f.

Insgesamt soll eine ökonomisch begründbare Ideallösung für die Ausschlussbefugnis abgeleitet werden. Empirische Daten sowie zum Teil widerstreitende Literaturmeinungen liefern Anhaltspunkte. Dieser Referenzpunkt erlaubt es, konkrete Handlungsempfehlungen an den deutschen Gesetzgeber hinsichtlich einer späteren Novellierung von §§ 327a-327f AktG zu geben, die durch künftige europarechtliche Vorgaben unumgänglich erscheint. Hierin liegt ein weiterer wesentlicher Neuigkeitsgehalt der Arbeit.

2. Erwerb von Streubesitzaktien in Deutschland

2.1. Verhandlungsfiktion als Grundlage einer gesetzlichen Ausschlussbefugnis

Der aktien- und umwandlungsrechtliche Minderheitenschutz basiert auf der Wertung, dass die Bedingungen, zu denen ein Gesellschafter einem Unternehmen Eigenkapital zur Verfügung stellt, im Zeitablauf nicht beliebig verändert werden dürfen.[13] Durch die zunehmende Konzentration von Anteilen auf den Hauptgesellschafter kann eine Situation entstehen, in der der Formalaufwand aus der Beachtung zwingender Schutzvorschriften zu Gunsten weniger außen stehender Aktionäre für die Zielgesellschaft aus Sicht ihres Mehrheitsaktionärs eine übermäßige Belastung darstellt. Originär gilt die Eigenkapitalbeschaffung als Hauptmotiv für die breite Streuung von Unternehmensanteilen.[14] Ein Börsengang wird oft als Abschluss der Entwicklung der Finanzierung im Lebenszyklus eines Unternehmens verstanden.[15] Je geringer jedoch der von Minderheitsaktionären gehaltene Kapitalanteil ist, desto größer wird das Missverhältnis zwischen den Kosten und dem Nutzen ihres Finanzierungsbeitrags: „Die Situation ist durch eine Entwicklung gekennzeichnet, in der eine ursprünglich sinnvolle wirtschaftliche Gestaltung nunmehr ihren Sinn verloren hat."[16]

Unter der Prämisse, dass die Vermeidung künftiger Minderheitenkosten, welche nicht durch entsprechende Vorteile kompensiert werden,[17] den Unternehmensgesamtwert erhöht und damit im Interesse aller Gesellschafter liegt, bietet sich eine private Verhandlung über den Austritt von Minderheitsaktionären als Lösung an. Von einem positiven Abschluss einer solchen Verhandlung profitieren neben dem Haupt- auch sämtliche Minderheitsgesellschafter, wenn Letztere zusätzlich zum quotalen Unternehmenswert einen Anteil am Barwert der einsparungsfähigen Minderheitenkosten vereinnahmen können. Diese Vorgehensweise trägt ökonomischen Effizienzüberlegungen Rechnung, indem alle Beteiligten im Sinne des Pareto-Kriteriums[18] an der Steigerung des Unternehmenswerts teilhaben.[19]

Das Hauptproblem der privaten Verhandlungslösung, die eine gesetzliche Regelung überflüssig machen könnte, besteht in den Vereinbarungskosten. Diese wachsen überproportional mit der Anzahl der in den Konsens einzubeziehenden Minderheitenanteile.[20] Übersteigen die Vereinbarungskosten den Barwert der einsparungsfähigen Minderheitenkosten, unterbleiben aus Kosten-/Nutzen-Sicht ökonomisch sinnvolle Ausschlüsse. Daneben sind strategische Kalküle von Minderheitsgesellschaftern zu beach-

---

13 Vgl. *Wiedemann* [Interessenausgleich, 1978], S. 484f.

14 Vgl. *Schwichtenberg* [Going Private, 2001], S. 2075.

15 Vgl. *Burghof/Schilling* [Going private, 2003], S. 117.

16 *Drygala* [Vereinfachung, 2001], S. 298.

17 Ein Beispiel hierfür stellt der Wechsel von einer Publikumshauptversammlung zu einer nichtöffentlichen Veranstaltung in den Räumen der Gesellschaft dar.

18 Vgl. die anschauliche Darstellung bei *Kreps* [Theorie, 1994], S. 135-137.

19 Vgl. ausführlich *Wenger/Kaserer/Hecker* [Minderheitenschutz, 2001], S. 322.

20 Vgl. *Wenger/Kaserer/Hecker* [Minderheitenschutz, 2001], S. 323.

ten. Da die Minderheitenkosten auch bei schrumpfendem Streubesitz im Wesentlichen konstant bleiben, kann es sich für einzelne Kleinaktionäre lohnen, darauf zu spekulieren, ihre Anteile als Letzte zu veräußern.[21] *Easterbrook* und *Fischel* bezeichnen dieses strategische Verhalten von Minderheitsgesellschaftern mit dem Ziel, die höchstmögliche Verkäuferrente abzuschöpfen, als *holdout*.[22]

Kostenintensive Verhandlungen sowie die in der Körperschaft auf freiwilliger Basis praktisch nicht erreichbare Einstimmigkeit können durch eine gesetzliche Ausschlussbefugnis umgangen werden. Jene ist Resultat einer gesetzgeberischen Wertung, wobei dem Interesse der Obergesellschaft an einer Vereinfachung der einheitlichen Leitung der Zielgesellschaft ein höheres Gewicht zuteil wird als dem Interesse der Minderheit an dem Erhalt ihres Status.[23] Dass mit der Ausschlussbefugnis eine Verhandlung zwischen den Gesellschaftergruppen fingiert werden soll, zeigt sich *de lege lata* in den – wenn auch unterschiedlich ausgestalteten – Zustimmungserfordernissen in den einzelnen europäischen Rechtsordnungen.[24]

Für die Interpretation einer dem unbestimmten Rechtsbegriff der Angemessenheit verpflichteten Minderheitenabfindung ist erheblich, wer die Zustimmung erbringen muss. Dabei kann die Verhandlungsposition der Minderheitsgesellschafter gleichberechtigt mit der Obergesellschaft oder entsprechend ihres geringen Kapitalanteils ausgestaltet sein. Von Erstgenanntem und damit einem umfassenden Fairnessgrundsatz lassen sich jene ausländischen Gesetzgeber leiten, die den Ausschluss an die möglichst breite Zustimmung der von der Minderheit gehaltenen Kapitalanteile koppeln.[25] Dies entspricht der ordnungsethischen Sicht von *Homann*, der von „der Etablierung des Konsenses auch als Organisationsprinzip [...] lediglich aus Kostengründen und mit Zustimmung der Betroffenen, d.h. zu ihrem Vorteil,“[26] abweicht. Der zweite Gedanke, verbunden mit der gleichzeitigen Abkehr von marktmäßigen oder zumindest marktähnlichen Verhandlungen, findet sich in denjenigen Rechtsordnungen wieder, die entsprechend der deutschen Vorgehensweise einzig auf den Kapital- oder auch Stimmrechtsanteil der Obergesellschaft vor Durchführung der Maßnahme abstellen.[27]

---

21 Vgl. *Fleischer* [Recht, 2002], S. 762.
22 Vgl. *Easterbrook/Fischel* [Structure, 1991], S. 134.
23 Vgl. *Wiedemann* [Interessenausgleich, 1978], S. 478.
24 Siehe Abschnitte 3.1.1 und 3.1.2.
25 Vgl. *Wenger/Kaserer/Hecker* [Minderheitenschutz, 2001], S. 323.
26 *Homann* [Kooperation, 1995], S. 4.
27 *o.V.* [Meinungsspiegel, 2002], S. 500.

2.2. Umwandlungs- und aktienrechtliche Gestaltungsmöglichkeiten vor dem Squeeze-out

2.2.1. Verschmelzung durch Aufnahme

Bei der Verschmelzung durch Aufnahme (§§ 4-35 UmwG) handelt sich um den Übergang des Vermögens der übertragenden Gesellschaft (Zielgesellschaft) auf die übernehmende Gesellschaft (Obergesellschaft) im Wege der Gesamtrechtsnachfolge gegen Gewährung von Anteilen.[28] Die Zustimmung zum Verschmelzungsvertrag bedarf bei den beteiligten Unternehmen einer Mehrheit von jeweils 75 % des bei Beschlussfassung vertretenen Grundkapitals (§ 13 Abs. 1 UmwG i.V.m. § 65 Abs. 1 UmwG).[29] Als wesentliches Element enthält der Verschmelzungsvertrag das Umtauschverhältnis der Anteile und fallweise die Höhe der baren Zuzahlung (§ 5 Abs. 1 UmwG).

Das Umtauschverhältnis gibt an, für wie viele Aktien der Zielgesellschaft eine Aktie der Obergesellschaft zu gewähren ist. Diese Wertrelation der beteiligten Unternehmen bezogen auf eine Aktie stellt idealtypisch das Ergebnis von Fusionsverhandlungen der beteiligten Gesellschaften dar.[30] Ausgangspunkt für die Verhandlungen ist ein analog zu Grenzpreisen ausgestaltetes Grenzumtauschverhältnis. Letztgenanntes stellt diejenige Wertrelation dar, die die Anteilseigner der Obergesellschaft mindestens durchsetzen (Mindest-Umtauschverhältnis) bzw. die Aktionäre der Zielgesellschaft mindestens erzielen müssen (Höchst-Umtauschverhältnis), ohne sich gegenüber dem Verzicht auf die Transaktion zu verschlechtern. Da gerade bei konzernierten Fusionspartnern die Verhandlungen durch die Interessen der Obergesellschaft dominiert sein können, verlangt das Umwandlungsrecht Transparenz erhöhend einen Verschmelzungsbericht (§ 8 UmwG) und die Prüfung des Verschmelzungsvertrags durch unabhängige Sachverständige (§§ 9-12 UmwG i.V.m. § 60 UmwG).[31] Im Mittelpunkt steht die Beurteilung der Angemessenheit des Umtauschverhältnisses. Letzteres ist nicht zu beanstanden, „wenn es im Falle eines positiven Verbundeffekts nicht außerhalb des durch die beiden Grenz-Umtauschverhältnisse begrenzten Einigungsbereiches liegt und bei einem nicht-

---

28 Obwohl sich nach § 3 UmwG in Bezug auf verschmelzungsfähige Rechtsträger ein weiter Anwendungsbereich eröffnet, beschränkt sich die Darstellung auf Aktiengesellschaften, deren rechtsformspezifische Besonderheiten in §§ 60-72 UmwG geregelt sind. Ebenso werden die technischen Details einer Verschmelzung durch Neugründung, der verschiedenen Formen der Mischverschmelzung sowie der Auf- und Abspaltung im Folgenden nicht vertieft, da die grundsätzliche Wirkungsweise einer Verschmelzung im Vordergrund steht.

29 Neben einer 75 %-Kapitalmehrheit (sog. qualifizierte Mehrheit) ist auch eine einfache Stimmenmehrheit erforderlich (§ 133 Abs. 1 AktG). Die Höhe von Kapital- und Stimmenmehrheit kann durch die im Rückzug befindlichen Mehrstimmrechtsaktien sowie durch Stimmrechtsbeschränkungen auseinanderfallen. Vgl. die tabellarische Darstellung in Anhang 1 für weitere Tatbestandsvoraussetzungen und Rechtsfolgen; speziell zu den Ausnahmen der Zustimmungserfordernis zum Verschmelzungsvertrag *Kahling* [Bilanzierung, 1999], S. 25.

30 Vgl. *Nonnenmacher* [Umtauschverhältnis, 1982], S. 153.

31 Vgl. zu den Publizitäts- bzw. Prüfungspflichten im Einzelnen insbesondere *Kahling* [Bilanzierung, 1999], S. 21-24.

positiven Verbundeffekt mit dem Höchst-Umtauschverhältnis der Aktionäre der übertragenden Gesellschaft übereinstimmt."[32]

Im Rahmen einer Verschmelzung ist den außen stehenden Aktionären der Zielgesellschaft nur in den in § 29 Abs. 1 S. 1 u. 2 UmwG aufgeführten Fällen zwingend ein Austrittsrecht im Sinne eines Barabfindungsangebots zu unterbreiten. Aus Sicht der Obergesellschaft handelt es sich um einen Erwerb von (späteren) eigenen Aktien.[33] Diese Verpflichtung besteht bei Mischverschmelzungen[34] und im Fall von Verfügungsbeschränkungen, beispielsweise Vinkulierungen, bei den Aktien der Obergesellschaft. Die austrittswilligen Aktionäre müssen zur Wahrung ihres Austrittsrechts gegen den Verschmelzungsbeschluss Widerspruch zur Niederschrift erklären. Zur Wertfindung fordert § 30 Abs. 1 S. 1 UmwG, dass „die Verhältnisse des übertragenden Rechtsträgers im Zeitpunkt der Beschlußfassung über die Verschmelzung [zu] berücksichtigen [sind]." Der Minderheit steht bei einer vermuteten Unangemessenheit des geprüften Umtauschverhältnisses oder der Barabfindung keine Anfechtungsklage, sondern das umwandlungsrechtliche Spruchverfahren[35] als gerichtliche Wertkontrolle offen.

Mit der Verschmelzung ist der Vorteil verbunden, dass die Geschäftstätigkeit der Zielgesellschaft von der Obergesellschaft vollständig übernommen werden kann. Durch den explizit vorgeschriebenen Aktientausch wird das Problem der Existenz von Minderheitsgesellschaftern auf die Obergesellschaft transferiert. Selbst bei einer Verpflichtung zur Abgabe eines Barabfindungsangebots ist nicht zu erwarten, dass die Austrittsmöglichkeit von allen Berechtigten angenommen wird.

2.2.2. Formwechsel

Besteht bei der Obergesellschaft keine Notwendigkeit, die Zielgesellschaft weiterhin in der Rechtsform der AG zu führen, kann ein Formwechsel gem. §§ 190-213 UmwG erfolgen. Der Formwechsel einer AG in die Rechtsform einer anderen Kapitalgesellschaft[36] erfordert nach § 240 Abs. 1 UmwG einen Umwandlungsbeschluss mit qualifizierter Kapitalmehrheit.[37] Obwohl das Eigentum der außen stehenden Aktionäre an der Zielgesellschaft vollständig erhalten bleibt, kann der Formwechsel für sie mit erheblichen Konsequenzen verbunden sein. Insbesondere bei einem Wegfall der Börsennotierung büßt der Anleger zwar nicht den (Ertrags-)Wert seiner Beteiligung ein, jedoch die

---

32 *Nonnenmacher* [Umtauschverhältnis, 1982], S. 158.

33 Vgl. *Grunewald* [Austritt, 1997], S. 107.

34 Vgl. die Regelungslücke der Verschmelzung einer börsennotierten AG auf eine nicht-börsennotierte AG anmahnend *Adolff/Tieves* [Rückzug, 2003], S. 805.

35 Siehe ausführlich Abschnitt 2.4. Den Anteilseignern der Obergesellschaft stehen keine vergleichbaren Rechte zu. Vgl. *Lutter/Bezzenberger* [Spruchverfahren, 2000], S. 434.

36 §§ 226-271 UmwG regeln speziell Kapitalgesellschaften als Form wechselnde Rechtsträger.

37 Zusätzlich ist analog zur Verschmelzung eine einfache Stimmenmehrheit erforderlich. Für den Formwechsel in eine Personengesellschaft gelten gem. § 233 Abs. 2 UmwG weitere Zustimmungserfordernisse.

Möglichkeit der jederzeitigen, unkomplizierten Veräußerbarkeit seiner Anteile.[38] Das BVerfG spricht speziell dem börsengehandelten Aktieneigentum „eine Sphäre individueller Freiheit in finanzieller Hinsicht [zu]. Dieser Freiraum fußt auf der besonderen Verkehrsfähigkeit von Aktien."[39]

Um die Minderheitsaktionäre vor diesem Fungibilitätsverlust zu schützen, muss der Umwandlungsbeschluss ein Barabfindungsangebot enthalten (§ 207 Abs. 1 UmwG). Der Kreis der Austrittsberechtigten umfasst jedoch nur diejenigen Aktionäre, die in der Hauptversammlung gegen den Umwandlungsbeschluss Widerspruch zur Niederschrift erklärt haben. In diesem Zusammenhang wird kritisiert, dass insbesondere unerfahrene Anleger ihren Anspruch auf eine angemessene Barabfindung sowie deren gerichtliche Überprüfung ebenfalls im Rahmen eines Spruchverfahrens nach §§ 305-312 UmwG verlieren können.[40]

Von dem Formwechsel zunächst zu trennen ist die in letzter Zeit vermehrt genutzte Möglichkeit des Widerrufs der Börsenzulassung auf Antrag des Emittenten (§ 38 Abs. 4 BörsG)[41]. Bei einer regulären Dekotierung, also unter Beibehaltung der bisherigen Rechtsform, sind die für alle Aktionäre geltenden Schutzvorschriften der lokalen Börsenordnung[42] zu beachten. Die Verpflichtung zur Abgabe eines Kaufangebots für Titel, die dem Amtlichen oder dem Geregelten Markt angehören, besteht inzwischen nicht

---

38 Vgl. *Piltz* [Börsenkurs, 2001], S. 211 sowie *Steck* [Delisting, 1998], S. 464. A.A. *Land/Hasselbach* [Going Private, 2000], S. 559, die speziell abstellend auf die Verschmelzung in dem Fungibilitätsverlust von Anteilen ein allgemeines Anlagerisiko sehen, das alle Aktionäre gleichermaßen trifft und für die Bemessung des Umtauschverhältnisses ohne Belang ist. Ähnlich auch *Krämer/Theiß* [Delisting, 2003], S. 229, die der Aktie generell eine Verkehrsfähigkeit zubilligen, die diejenige anderer Gesellschaftsanteile übersteigt.

39 *BVerfG* (Beschl. v. 27.4.1999 – 1 BvR 1613/94), S. 1695. Obwohl sich der Beschluss originär auf Beherrschungs- oder Gewinnabführungsverträge und Mehrheitseingliederungen bezieht, lassen sich Rückschlüsse auf andere Transaktionen, etwa den Formwechsel, ableiten. Vgl. *Piltz* [Börsenkurs, 2001], S. 211-213 sowie im Kontext des Börsenrückzugs *BGH* (Urt. v. 25.11.2002 – II ZR 133/01), S. 546.

40 Vgl. *Decher* in *Lutter* [Umwandlungsgesetz, 2000], Kommentierung zu § 207 UmwG, Rn. 11. *Wenger* kritisiert überdies ein Urteil des BGH, wonach abfindungswertbezogene Informationsmängel ausschließlich im Spruchverfahren gerügt werden können. Vgl. ders. [Kurzkommentar, 2001b] in Bezug auf *BGH* (Urt. v. 18.12.2000 – II ZR 1/99).

41 In den Kalenderjahren 2000 und 2001 wurden jeweils 30 Notierungen an deutschen Handelsplätzen eingestellt. Darin sind allerdings auch Dekotierungen auf Grund von Verschmelzungen und Liquidationen enthalten. Vgl. *o.V.* [Delistings, 2002] sowie zu den Motiven für einen Börsenrückzug *Burghof/Schilling* [Going private, 2003], S. 123-131 und aus empirischer Sicht *Beck/Stinn* [Börsenrückzugs-Gesellschaften, 2002], insbesondere S. 653f. u. 659.

42 Vgl. etwa die Börsenordnung für die Frankfurter Wertpapierbörse; *Deutsche Börse AG* (Hrsg.) [Börsenordnung, 2003]. Nach § 58 u. § 73 des Regelwerks ist den Inhabern von Wertpapieren, die dem Amtlichen oder dem Geregelten Markt angehören, seit dem 26.3.2002 nicht länger ein Kaufangebot zu unterbreiten, dessen Preis in einem angemessenen Verhältnis zum höchsten Börsenpreis der letzten sechs Monate vor Stellung des Widerrufantrags stehen muss. Stattdessen ist den Aktionären für die Veräußerung ihrer Papiere am Markt eine Frist von höchstens sechs Monaten einzuräumen. Vgl. kritisch *Pluskat* [Delisting, 2002], S. 599-601.

mehr an allen inländischen Handelsplätzen.[43] Dem hat der BGH jüngst widersprochen, indem er die Zulässigkeit des Börsenrückzugs an einen Hauptversammlungsbeschluss der Zielgesellschaft sowie die Abgabe eines gerichtlich überprüfbaren Pflichtangebots seitens der Ziel- oder der Obergesellschaft knüpft.[44] Als Folge sind kurzfristige Änderungen der Börsenordnungen zu erwarten. Die bestehenden Schutzvorschriften greifen jedoch nicht bei einem gezielten Formwechsel in eine nicht-börsenfähige Rechtsform. Da die Zulassungsstelle bei diesem Sachverhalt keinen Ermessensspielraum besitzt, die Börsennotierung aufrechtzuerhalten,[45] wird von einem „kalten Delisting"[46] gesprochen. Inwiefern von einer Übertragbarkeit des BGH-Urteils auf solche Fälle auszugehen ist, wird derzeit kontrovers diskutiert.[47]

Insgesamt bietet ein Formwechsel wegen des umwandlungsrechtlichen Prinzips der Kontinuität der Mitgliedschaft[48] keine Gewissheit, dass die außen stehenden Aktionäre die Zielgesellschaft verlassen. Vor dem Hintergrund, Splitterbeteiligungen an der Zielgesellschaft möglichst vollständig eliminieren zu wollen, erscheint der Formwechsel wenig geeignet.

2.2.3. Beherrschungs- oder Gewinnabführungsvertrag

Mit dem Abschluss eines Beherrschungsvertrags, der in der Regel mit einem Gewinnabführungsvertrag kombiniert wird, kann eine Obergesellschaft beliebiger Rechtsform ihre Konzernleitungsmacht im Rahmen eines gesetzlich gesicherten Weisungsrechts ausüben (§ 291 Abs. 1 S. 1 AktG i.V.m. § 308 Abs. 1 AktG). Voraussetzung ist die Zustimmung der Hauptversammlungen beider[49] Vertragsparteien mit jeweils qualifizierter Kapital- und einfacher Stimmenmehrheit.

Das AktG sieht während der Laufzeit des Vertrags spezielle Schutzvorschriften für die Gläubiger, etwa die Verlustausgleichspflicht des § 302 Abs. 1 AktG, und die außen stehenden Aktionäre der abhängigen AG oder KGaA vor. Es räumt den Streubesitzaktionären der Zielgesellschaft eine grundsätzliche Wahlmöglichkeit zwischen Ausgleich (§ 304 Abs. 1 AktG) und Abfindung (§ 305 Abs. 1 AktG) ein. Danach kann die Minderheit gegen Gewährung eines angemessenen Ausgleichs für die Beeinträchtigung ihrer Vermögens- und Leitungsrechte in der Zielgesellschaft verbleiben oder gegen Abfindung ausscheiden. Im ersten Fall ist zu beachten, dass die außen stehenden Aktionäre der Zielgesellschaft von der Teilhabe an der künftigen wirtschaftlichen Entwick-

---

43 Vgl. im Detail *Adolff/Tieves* [Rückzug, 2003], S. 797f., insbesondere Fn. 11 und *Streit* [Delisting, 2002], S. 1281-1284 sowie mit konkreten Reformvorschlägen *Hellwig/Bormann* [Abfindungsregeln, 2002].

44 Vgl. *BGH* (Urt. v. 25.11.2002 – II ZR 133/01).

45 Vgl. *Even/Vera* [Techniken, 2002], S. 1317.

46 *Steck* [Delisting, 1998], S. 466.

47 Vgl. bejahend *Adolff/Tieves* [Rückzug, 2003], S. 805. A.A. *Krämer/Theiß* [Delisting, 2003], S. 240.

48 Vgl. *Schwichtenberg* [Going Private, 2001], S. 2077.

49 Dies gilt für den Fall einer Obergesellschaft in der Rechtsform der AG oder der KGaA.

lung des Unternehmens mindestens während der Vertragsdauer ausgeschlossen werden.[50]

Der angemessene Ausgleich kann in zweierlei Weise gestaltet werden: Neben der Bestimmung eines gesetzlich umrissenen, durchschnittlichen Gewinnanteils je Aktie[51] besteht nach § 304 Abs. 2 S. 2 AktG auch die Möglichkeit der Koppelung des Ausgleichs an die Dividende der Obergesellschaft. Während die zweite Variante als variabler Ausgleich bezeichnet wird, hat sich im Gegensatz dazu für die erste Gestaltungsmöglichkeit der Begriff fester Ausgleich durchgesetzt.[52]

Ergänzt wird der Vermögensschutz des § 304 AktG, dessen Ausgestaltung allein den Vertragsparteien zusteht,[53] durch eine Abfindungsverpflichtung der Obergesellschaft. Nach § 305 Abs. 2 AktG ist die Obergesellschaft zusätzlich gehalten, den außen stehenden Aktionären der Zielgesellschaft ein Abfindungsangebot in Aktien oder in bar zu unterbreiten. Abhängig von der Konzernstruktur sind drei gesetzlich geregelte Situationen zu unterscheiden. Wenn die Obergesellschaft eine unabhängige und nicht in Mehrheitsbesitz stehende inländische AG oder KGaA ist, muss sie den außen stehenden Aktionären der Zielgesellschaft eigene Aktien anbieten.[54] Dies gilt nicht, falls die Obergesellschaft ihrerseits eine abhängige oder in Mehrheitsbesitz stehende AG oder KGaA ist und das herrschende oder mit Mehrheit beteiligte (inländische) Unternehmen in gleicher Rechtsform existiert. Der Minderheit sind in dieser Situation entweder Aktien dieses obersten Mutterunternehmens oder eine Barabfindung anzubieten.[55] In allen anderen Fällen, insbesondere bei einer ausländischen Obergesellschaft oder einer Obergesellschaft anderer Rechtsform, ist ausschließlich eine Barabfindung vorgesehen. In diesem Zusammenhang ist zu beachten, dass selbst bei einer fehlenden Verpflichtung zur Abfindung in Aktien die Minderheit durch die grundsätzliche Wahlmöglichkeit des Ausgleichs nicht zur Aufgabe ihrer mitgliedschaftlichen Stellung im Konzern als wirtschaftliche Einheit gezwungen werden kann.

Bei der Bemessung der Abfindung ist eine volle wirtschaftliche Entschädigung für den Verlust der Rechtsposition zu gewährleisten. Nach jüngerer Rechtsprechung, die ausführlich in Abschnitt 2.4.2 thematisiert wird, ist ein vorhandener Börsenkurs bei der Bestimmung der fiktiven Verschmelzungswertrelation zu beachten. Insbesondere stellt er bei der Ermittlung des Unternehmenswerts für das Barabfindungsangebot in der Re-

---

50 Vgl. *Hecker/Kaserer* [Bestandsaufnahme, 2003], S. 142.

51 § 304 Abs. 2 S. 1 AktG nimmt Bezug auf die bisherige Ertragslage der Zielgesellschaft sowie ihre zukünftigen Ertragsaussichten, die unter Berücksichtigung angemessener Abschreibungen und Wertberichtigungen, aber ohne die Bildung anderer Gewinnrücklagen zu bestimmen ist.

52 Vgl. zur Kritik an diesen Bezeichnungen *Lutter/Drygala* [Ausgleich, 1995], S. 54-57.

53 Vgl. *Emmerich* in *Emmerich/Habersack* [Konzernrecht, 2001], Kommentierung zu § 304 AktG, Rn. 28.

54 Bei der Berechnung der Anzahl der zu gewährenden Anteile ist die Verschmelzungswertrelation bei einer fiktiven Verschmelzung von Ober- und Zielgesellschaft zu Grunde zu legen.

55 Es besteht Uneinigkeit darüber, ob im Fall des § 305 Abs. 2 Nr. 2 AktG das Wahlrecht den Vertragsparteien (h.M.) oder den außen stehenden Aktionären zusteht. Vgl. *Emmerich* in *Emmerich/Habersack* [Konzernrecht, 2001], Kommentierung zu § 305 AktG, Rn. 16 m.w.N.

gel die Wertuntergrenze dar. Mit dem Argument, Verschmelzung und Beherrschungs- oder Gewinnabführungsvertrag seien rechtlich austauschbare Instrumente, wurde 1994 nach umwandlungsrechtlichem Vorbild die Berichtspflicht des Vorstands (§ 293a AktG) und die Vertragsprüfung (§§ 293b-293e AktG) eingeführt.

Die Wahlfreiheit zwischen Ausgleich und Abfindung sowie die situationsbezogenen Vorschriften zur Ausgestaltung der Abfindungsverpflichtung führen dazu, dass die künftige Anteilseignerstruktur der Zielgesellschaft für alle Beteiligten schwer kalkulierbar ist. Durch die geforderte wertmäßige Gleichheit[56] von Ausgleich und Abfindung entsteht für die außen stehenden Anteilseigner zumindest aus diesem Blickwinkel kein Anreiz zur Aufgabe ihrer Aktionärsstellung.

2.2.4. Eingliederung durch Mehrheitsbeschluss

Die sog. Mehrheitseingliederung (§§ 320-327 AktG) bewirkt die intensivste Unterwerfung einer Zielgesellschaft in der Rechtsform der AG unter die Herrschaft einer Obergesellschaft. Mit der Handelsregistereintragung wird die Obergesellschaft gem. § 320a AktG Alleinaktionärin der Zielgesellschaft. Dafür sind drei Voraussetzungen kumulativ zu erfüllen. Erstens sind ein mit einfacher Mehrheit der Stimmen[57] zu fassender Eingliederungsbeschluss der Zielgesellschaft und ein Zustimmungsbeschluss der Obergesellschaft mit einer Mehrheit von mindestens 75 % des vertretenen Grundkapitals notwendig.[58] Zweitens muss die Kapitalbeteiligung der Obergesellschaft an der Zielgesellschaft zum Zeitpunkt der Anmeldung der Handelsregistereintragung mindestens 95 % betragen.[59] Schließlich ist für die Obergesellschaft die Rechtsform der AG mit Sitz im Inland unabdingbar.[60]

Die eingegliederte AG besteht nach der Zwangsübertragung sämtlicher Minderheitenanteile auf die Obergesellschaft als rechtlich selbstständige Gesellschaft fort. Da das uneingeschränkte Weisungsrecht der Obergesellschaft nach § 323 Abs. 1 AktG die mit einem Beherrschungsvertrag verbundenen Rechte übersteigt, wird die eingegliederte Zielgesellschaft nicht zuletzt wegen ihrer engen organisatorischen Anbindung an die Obergesellschaft als „rechtlich selbständige [...] Betriebsabteilung"[61] charakterisiert.

---

56 Vgl. *Emmerich* in *Emmerich/Habersack* [Konzernrecht, 2001], Kommentierung zu § 304 AktG, Rn. 38; kritisch mit Gegenbeispielen *Lutter/Drygala* [Ausgleich, 1995], S. 50-54.

57 Vgl. *Habersack* in *Emmerich/Habersack* [Konzernrecht, 2001], Kommentierung zu § 320 AktG, Rn. 11. A.A. *Halm* [Squeeze-Out, 2000], S. 1164 und *Land/Hasselbach* [Going Private, 2000], S. 559, die jeweils eine Stimmenmehrheit von 95 % fordern.

58 Zusätzlich zu der Kapitalschwelle des § 320 Abs. 1 S. 3 AktG i.V.m. § 319 Abs. 2 S. 2 AktG ist auch hier eine einfache Stimmenmehrheit notwendig.

59 Eine Zurechnung von Anteilen solcher Unternehmen, die von der Obergesellschaft beherrscht werden, erfolgt entgegen § 16 Abs. 4 AktG nicht. Vgl. *Habersack* in *Emmerich/Habersack* [Konzernrecht, 2001], Kommentierung zu § 319 AktG, Rn. 8 m.w.N.

60 Nach h.M. ist durch § 320 Abs. 1 S. 1 AktG eine Eingliederung in eine KGaA nicht erfasst. Vgl. zur Mindermeinung *Habersack* in *Emmerich/Habersack* [Konzernrecht, 2001], Kommentierung zu § 319 AktG, Rn. 6 m.w.N.

61 *Habersack* in *Emmerich/Habersack* [Konzernrecht, 2001], Kommentierung zu § 319 AktG, Rn. 3.

Die Schutzvorschriften der §§ 320-327 AktG sind Ausfluss der weit reichenden Befugnisse der Obergesellschaft und betreffen sowohl die Gläubiger[62] als auch die außen stehenden Aktionäre der Zielgesellschaft. Den Letztgenannten sind nach § 320b Abs. 1 S. 1 u. 2 AktG für ihre untergegangenen Mitgliedschaften als Regelabfindung Aktien der Obergesellschaft zu gewähren. Ein grundsätzlicher Anspruch der Minderheitsaktionäre auf einen Austritt gegen Barabfindung besteht nicht. Das Austrittsrecht ist der Minderheit optional nur dann zu gewähren, falls die Obergesellschaft ihrerseits eine abhängige Gesellschaft ist (§ 320b Abs. 1 S. 3 AktG). Die Abfindungsbemessung sowie die gerichtliche Wertkontrolle über das aktienrechtliche Spruchstellenverfahren ist entsprechend den Modalitäten bei Beherrschungs- oder Gewinnabführungsverträgen ausgestaltet. Ebenso sind bei einer Mehrheitseingliederung inhaltlich vergleichbare Publizitäts- und Prüfungspflichten zu erfüllen.[63]

Die Mehrheitseingliederung ermöglicht der Obergesellschaft ein Herausdrängen aller Minderheitsaktionäre aus der Zielgesellschaft, nicht jedoch aus dem eigenen Konzern. Nur im Fall einer abhängigen Obergesellschaft besteht ein explizites Wahlrecht, gegen Barabfindung aus der Zielgesellschaft auszuscheiden. In allen anderen Konstellationen wird das Problem nicht gelöst, sondern auf eine höhere Konzernstufe verlagert.[64]

2.2.5. Übertragende Auflösung

Die übertragende Auflösung ist idealtypisch als zweistufiges Verfahren ausgestaltet: Der Übertragung des gesamten Vermögens einer AG oder KGaA als Zielgesellschaft auf eine Obergesellschaft beliebiger Rechtsform im Wege der Einzelrechtsnachfolge (§ 179a Abs. 1 AktG) folgt die Auflösung der Zielgesellschaft (§ 262 Abs. 1 Nr. 2 AktG).[65] Voraussetzung dafür sind ein Übertragungsvertrag mit Zustimmungsbeschluss sowie ein Liquidationsbeschluss bei der Zielgesellschaft mit jeweils qualifizierter Kapital- und einfacher Stimmenmehrheit.

Die Minderheitsaktionäre der Zielgesellschaft partizipieren quotal an der Verteilung des nach der Berücksichtigung von Verbindlichkeiten verbleibenden Vermögens (§ 271 Abs. 1 u. 2 AktG). Eine Abfindung in bar oder in Aktien der Obergesellschaft ist gesetzlich nicht vorgesehen. Hinsichtlich des Rechtsschutzes wird die Minderheit auf die Beschlussanfechtung sowie die allgemeinen Schadenersatzansprüche verwiesen.[66] Die eingeschränkten Rechte der ausscheidenden Minderheit erscheinen fragwürdig, weil es sich wirtschaftlich bei Verschmelzung durch Aufnahme und übertragender

---

62 Gem. § 322 Abs. 1 AktG haftet die Obergesellschaft gesamtschuldnerisch für alle Alt- und Neuschulden der Zielgesellschaft.

63 § 320 Abs. 3 AktG verweist direkt auf §§ 293a Abs. 3, 293c-293e AktG.

64 Vgl. *Schiessl* [Aktienrecht, 1999], S. 451.

65 *Lutter/Leinekugel* trennen die Vermögensübertragung mit anschließender Liquidation und die übertragende Auflösung. Während bei der ersten Variante von einem Vertrag mit einem externen Dritten ausgegangen wird, steht bei der zweiten Variante ein potenzieller Mehrheits-/ Minderheitenkonflikt beim Preisbildungsprozess im Vordergrund. Vgl. dies. [Unterschiede, 1999], S. 263f.

66 Vgl. *Peters* [Übertragung, 1999], S. 803 in Bezug auf *BayObLG* (Beschl. v. 17.9.1998 – 3Z BR 37/98).

Auflösung um nahezu austauschbare Vorgänge handelt.[67] Auch aus Sicht der Obergesellschaft erweist sich als nachteilig, dass ein unangemessener Kaufpreis der übertragenen Vermögensgegenstände im Anfechtungsverfahren nicht rückwirkend korrigiert werden kann, sondern zur Nichtigkeit (§ 249 Abs. 1 AktG) und Neuansetzung des Zustimmungsbeschlusses führt.[68] Die Literatur fordert deshalb die entsprechende Anwendung derjenigen Schutzvorschriften des UmwG und AktG, die ein Ausscheiden gegen Abfindung betreffen.[69] Konkret soll das System des schriftlichen Berichts, der Prüfung und der gerichtlichen Wertkontrolle herangezogen werden. Das BVerfG erwägt dies zwar, kommt jedoch zu dem Ergebnis, dass „es verfassungsrechtlich nicht geboten [ist], den Weg einer analogen Anwendung des § 306 AktG zu begehen. [...] Die gerichtliche Kontrolle kann auch im Rahmen einer Anfechtungsklage erfolgen."[70]

Die übertragende Auflösung stellt vor Einführung des Squeeze-out die einzige gesetzliche Gestaltungsmöglichkeit dar, Minderheitsaktionäre gegen ihren Willen mittelbar aus der Zielgesellschaft herauszudrängen und gleichzeitig vom Konzern der Obergesellschaft fernzuhalten. Kritisch aus Sicht der Obergesellschaft ist, dass die Vermögensübertagung regelmäßig zur Aufdeckung stiller Reserven führt[71] und darüber hinaus mit einer Wertkontrolle via Anfechtungsklage erhebliche Risiken einer Verzögerung der Transaktion verbunden sind.

2.3. Squeeze-out als aktienrechtliche Neuerung

2.3.1. Beweggründe

Bestrebungen, neben den bestehenden unbedeutenden Möglichkeiten zum Erwerb von Streubesitzaktien ein unmittelbares[72] Ausschlussrecht im AktG zu implementieren, gehen auf das Jahr 1997 zurück. Insbesondere der BDI, der DAV sowie die Börsensachverständigenkommission beim BMF haben an Gesetzesinitiativen mitgewirkt, die es der Obergesellschaft ermöglichen sollen, sämtliche Eigentumsrechte von Minderheitsaktionären der Zielgesellschaft gegen eine zwangsweise Barabfindung zu erwerben.[73]

---

67 Inhaltliche Unterschiede bestehen einerseits hinsichtlich der Frage, wie das Vermögen übergeht (Gesamtrechtsnachfolge versus Einzelrechtsnachfolge), andererseits bezüglich der Anzahl und der zeitlichen Abfolge von Rechtsakten (einzelner Akt versus Vielzahl von Rechtsakten). Vgl. insbesondere *Lutter/Drygala* [Auflösung, 1997], S. 201f.

68 Vgl. *Schwichtenberg* [Going Private, 2001], S. 2078.

69 Vgl. grundlegend *Lutter/Drygala* [Auflösung, 1997], S. 213-215 sowie *Wolf* [Minderheitenausschluss, 2002], S. 157-160. Parallelen zur Fallgestaltung des Börsenrückzugs auf Antrag des Emittenten sehen *Adolff/Tieves* [Rückzug, 2003], S. 805.

70 *BVerfG* (Beschl. v. 23.8.2000 – 1 BvR 68/95 und 1 BvR 147/97), S. 1907.

71 Vgl. *Schwichtenberg* [Going Private, 2001], S. 2078.

72 Vgl. ausführlich zu weiteren, wenig gebräuchlichen unmittelbaren Ausschlussverfahren wie z.B. die Kaduzierung (§ 64 AktG) oder Einziehung von Aktien (§ 237 AktG) *Baums* [Ausschluss, 2001], S. 74-110.

73 Vgl. im Überblick *Sieger/Hasselbach* [Minderheitsaktionäre, 2002], S. 125f. m.w.N.

Obwohl die Begriffe Zwangsausschluss und Börsenrückzug teilweise wenig trennscharf verwendet werden,[74] bestehen inhaltliche Unterschiede. Während ein Börsenrückzug bei Existenz von Streubesitzaktien zwar selten erwünscht, aber möglich ist, folgt auf das Squeeze-out die Einstellung der Notierung, da ohne Streubesitz ein ordnungsgemäßer Börsenhandel nicht mehr möglich ist. Die Dekotierung ist daher eine zwingende Folge des Squeeze-out. Nachfolgend soll von Börsenrückzugsplänen zur einmaligen Überwindung von Widerständen gegen wertsteigernde Veränderungen in der Kapital- und Eigentümerstruktur abstrahiert werden.[75] Vielmehr stehen Motive im Vordergrund, die die Existenz von Minderheitsaktionären auf Dauer nicht mehr vorteilhaft erscheinen lassen.

In dem allgemeinen Teil der Gesetzesbegründung zur Squeeze-out-Regelung finden sich die drei Hauptargumente der Befürworter wieder. Erstens wird „darauf hingewiesen, dass es ökonomisch keinen Sinn mache, sehr kleine Minderheiten in Aktiengesellschaften zu belassen."[76] Die Aussage zielt in erster Linie auf den kostspieligen Formalaufwand ab, der aus den Mitwirkungsrechten von Minderheitsaktionären sowie den Vorschriften zu ihrem Schutz resultiert.[77] Einer reibungslosen Führung der Zielgesellschaft im Konzern der Obergesellschaft stehen zudem rechtsmissbräuchliche Anfechtungsklagen von Kleinaktionären entgegen. In der Vergangenheit haben Inhaber von Splitterbeteiligungen ihre Einflussmöglichkeiten bei Umstrukturierungsmaßnahmen oftmals benutzt, um finanzielle Zugeständnisse seitens der Obergesellschaft zu erzielen.[78] Zweitens wird rechtsvergleichend darauf verwiesen, dass einige Mitgliedstaaten der EU bereits heute über – wenn auch unterschiedlich ausgestaltete – Squeeze-out-Verfahren verfügen.[79] Schließlich soll einem Bieter, der nach dem Übernahmegesetz auf freiwilliger Basis ein Wertpapiererwerbsangebot (§§ 10-28 WpÜG) bzw. Übernahmeangebot (§§ 29-34 WpÜG) abgibt oder ein Pflichtangebot (§§ 35-39 WpÜG) unterbreiten muss,[80] im Gegenzug die Möglichkeit eingeräumt werden, Kleinstbeteiligungen abzufinden, um die vollständige Kontrolle der Zielgesellschaft zu erlangen.[81]

---

74 Vgl. etwa *Beck/Stinn* [Börsenrückzugs-Gesellschaften, 2002], S. 660. *Hecker/Kaserer* [Bestandsaufnahme, 2003], S. 138 stellen dieser rechtlichen Einordnung eine ökonomische gegenüber. Danach wird „als entscheidendes Merkmal eines Going Private der notfalls zwangsweise Ausschluß von außenstehenden Aktionären [...] gesehen".

75 Nach Überwindung der Widerstände erscheint eine spätere Rückkehr an die Börse zumindest plausibel, da bei diesen Unternehmen die grundsätzliche Vorteilhaftigkeit der Börsennotierung erhalten bleibt. Vgl. kritisch *Burghof/Schilling* [Going private, 2003], S. 124-128 u. 130f.

76 BT-Drs. 14/7034, S. 31.

77 Vgl. *Deutscher Anwaltverein e.V.* (Hrsg.) [Stellungnahme, 1999], S. 850.

78 Vgl. BT-Drs. 14/7034, S. 31. Ebenso bereits *Deutscher Anwaltverein e.V.* (Hrsg.) [Stellungnahme, 1999], S. 850.

79 Vgl. BT-Drs. 14/7034, S. 32 mit Blick auf *Forum European Konzernrecht* (Hrsg.) [Europa, 1998], S. 734-736.

80 Vgl. zu den drei Angebotsarten im Detail *Hopt* [Praxisprobleme, 2002], S. 401-418.

81 Vgl. BT-Drs. 14/7034, S. 32.

Abgesehen von diesen Argumenten, die die flexiblere und kostengünstigere Ausübung der einheitlichen Leitung der Zielgesellschaft durch die Obergesellschaft verglichen mit dem *status quo* stützen, existiert ein wesentlicher Vorteil für die Minderheit: Deren Anteile werden oftmals nur sporadisch oder gar nicht gehandelt. Nach dem Squeeze-out können sich die jetzigen Streubesitzaktionäre von ihrer illiquiden Geldanlage spesenfrei trennen und in eine liquide Anlageform wechseln.[82]

2.3.2. Verfahren

Die Einzelvorschriften der §§ 327a-327f AktG lehnen sich eng an die Bestimmungen der Mehrheitseingliederung an. Bei den Tatbestandsvoraussetzungen hat der Gesetzgeber jedoch deutliche Erleichterungen vorgesehen. So erfasst § 327a Abs. 1 S. 1 AktG neben der inländischen AG auch die KGaA als Zielgesellschaft. Bei der Obergesellschaft sind zum einen sowohl die Rechtsform als auch der Sitz unerheblich, zum anderen wird bei der Bemessung der notwendigen 95 %-Kapitalquote eine Ab- und Zurechnung von Anteilen nach § 16 Abs. 2 u. 4 AktG ausdrücklich gestattet (§ 327a Abs. 2 AktG). Danach ist auch derjenige Hauptaktionär im Sinne von § 327a Abs. 1 S. 1 AktG, der selbst nur den kleineren Teil der Aktien unmittelbar hält. Gerade die Zurechnung von Anteilsbesitz soll helfen, das kostenträchtige Umhängen von Beteiligungen im Konzern der Obergesellschaft zu vermeiden.[83]

Das in Abbildung 1 nach dem zeitlichen Ablauf systematisierte Squeeze-out-Verfahren wird formal durch das schriftlich gegen die Zielgesellschaft zu richtende Übertragungsverlangen der Obergesellschaft angestoßen. Darin wird der Vorstand der Zielgesellschaft ersucht, eine Hauptversammlung einzuberufen und die Übertragung der Aktien der Minderheitsaktionäre gegen Gewährung einer angemessenen Barabfindung als einzige Abfindungsart beschließen zu lassen. Erst mit der Eintragung des Übertragungsbeschlusses in das Handelsregister gehen alle Aktien des Streubesitzes auf die Obergesellschaft über (§ 327e Abs. 3 AktG).

Die Barabfindung, die durch eine Bankbürgschaft oder Vergleichbares[84] zu besichern ist, wird von der Obergesellschaft unter Berücksichtigung der Verhältnisse der Zielgesellschaft zum Zeitpunkt der Beschlussfassung festgelegt.[85] Grundlage für die Wertfindung stellt regelmäßig eine durch Wirtschaftsprüfungsgesellschaften erstellte Unter-

---

[82] Vgl. *Ehren* [Ausgequetscht, 2002], S. B3. Dabei ist zu beachten, dass Privatanleger künftig die Börse meiden werden, falls sie zu ungünstigen Konditionen aus der Zielgesellschaft herausgedrängt werden können. Vgl. *Burghof/Schilling* [Going private, 2003], S. 122.

[83] Vgl. BT-Drs. 14/7034, S. 72.

[84] Vgl. ausführlich zu Inhalt und Grenzen der in § 327b Abs. 3 AktG verankerten Gewährleistungserklärung *Singhof/Weber* [Bestätigung, 2002], S. 1166-1169.

[85] § 327b Abs. 1 S. 1 AktG übernimmt den Wortlaut artverwandter Normen des UmwG und des AktG. Inhaltlich identisch ausgestaltet sind § 30 Abs. 1 S. 1 UmwG, §§ 305 Abs. 3 S. 2 u. 320b Abs. 1 S. 5 AktG.

nehmensbewertung dar.[86] Seitens der Zielgesellschaft besteht gem. § 327b Abs. 1 S. 2 AktG eine umfassende Auskunftspflicht gegenüber der Obergesellschaft.[87]

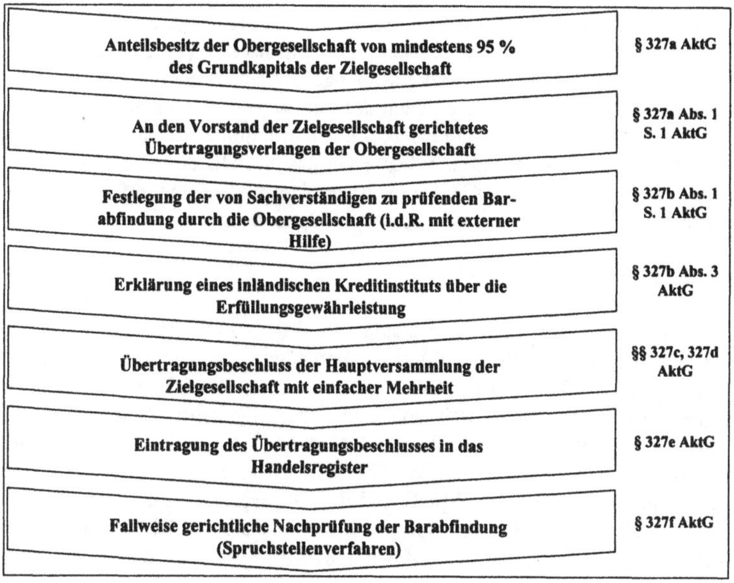

Abbildung 1: Squeeze-out-Verfahren

§ 327c Abs. 2 S. 1 AktG sieht einen schriftlichen Bericht der Obergesellschaft gegenüber der Hauptversammlung der Zielgesellschaft vor. Darin sind die Voraussetzungen der Aktienübertragung darzulegen sowie die durch Sachverständige geprüfte Angemessenheit der Barabfindung zu erläutern und zu begründen. Zusätzlich zur Vorlage des Berichts kann der Vorstand der Zielgesellschaft der Obergesellschaft die Möglichkeit geben, dessen Inhalte in der Hauptversammlung mündlich zu erläutern (§ 327d S. 2 AktG).[88] Im Vergleich zur Mehrheitseingliederung ist der Rechtsakt an sich weder rechtlich noch wirtschaftlich zu erläutern und insbesondere nicht zu begründen.[89] In diesem Zusammenhang zeigt sich der besondere Charakter des Squeeze-out: Es handelt sich um ein „einseitiges Gestaltungsrecht des Hauptaktionärs, der für die Ausübung

86 Vgl. *Picot* [Neuregelungen, 2002], S. 442, der die Bewertung der Zielgesellschaft in der Praxis dem Squeeze-out-Verfahren vorgelagert sieht.

87 Vgl. zu den Grenzen der Auskunftspflicht *Grunewald* [Squeeze-out-Regelung, 2002], S. 19.

88 Vgl. kritisch zur Kollision von Interessen der Obergesellschaft mit den Handlungspflichten des Vorstands der Zielgesellschaft *Grunewald* [Squeeze-out-Regelung, 2002], S. 19f. Ebenso *Habersack* [Finanzplatz, 2001], S. 1237, der in Anlehnung an *Vetter* [Hauptversammlungsbeschluss, 2001] an Stelle einer Hauptversammlung für ein gerichtliches Übertragungsverfahren plädiert.

89 Vgl. *Bolte* [Umgehungstatbestände, 2001], S. 2588f. A.A. *Baums* [Ausschluss, 2001], S. 39-44.

dieses Rechts nur dessen Voraussetzungen, aber keine besonderen Rechtfertigungsgründe darzulegen hat."[90]

Beanstandungen gegen die Höhe der Barabfindung können die ausgeschlossenen Minderheitsaktionäre nur im Spruchstellenverfahren geltend machen (§ 327f Abs. 1 S. 2 AktG i.V.m. § 306 AktG). Bei der Prüfung der Angemessenheit der Barabfindung im Vorfeld der Beschlussfassung ergibt sich nach der Intervention des Finanzausschusses des Bundestags ein Novum:[91] Nicht die Obergesellschaft unmittelbar, sondern das mit einem etwaigen Spruchstellenverfahren befasste Gericht bestellt den Prüfer auf ihren Antrag hin (§ 327c Abs. 2 S. 3 AktG). Davon abgesehen wird direkt auf die entsprechenden Normen zur Prüfung von Unternehmensverträgen verwiesen.[92]

2.3.3. Verhältnis zum WpÜG

Obwohl die Squeeze-out-Regelung gemeinsam mit dem WpÜG entstanden und in Kraft getreten ist,[93] wirken die beiden Regelungsbereiche in der endgültigen Fassung unabhängig voneinander. Damit ist der Gesetzgeber in dieser Hinsicht zu den Inhalten des ursprünglichen Diskussionsentwurfs von 2000[94] zurückgekehrt. Zwischenzeitlich sahen der Regierungs-[95] und vorher der Referentenentwurf[96] ein vereinfachtes Verfahren gem. § 327b Abs. 1 S. 3 AktG vor, das eine direkte Verbindung zwischen einem Angebot nach den Vorschriften des WpÜG und dem Zwangsausschluss von Minderheitsaktionären schuf. Danach hätte die Obergesellschaft, so sie die Schwelle von 95 % des Grundkapitals der Zielgesellschaft im Zuge eines Angebots gem. WpÜG mit einer Annahmequote von mindestens 90 %[97] erreicht, den Abfindungspreis für das Squeeze-out mit dem Angebotspreis gem. WpÜG gleichsetzen können. Als weitere Voraussetzung wäre eine Frist von sechs Monaten zwischen der Angebotsabgabe und der Beschlussfassung auf der Hauptversammlung der Zielgesellschaft zu wahren gewesen.

Der Referentenentwurf schloss in diesem Fall über § 327f Abs. 1 S. 3 AktG-RefE ein Spruchstellenverfahren explizit aus, da unterstellt wurde, dass es sich bei dem Ange-

---

90 *Vetter* [Hauptversammlungsbeschluss, 2001], S. 744. Ebenso *Krieger* [Zweifelsfragen, 2002], S. 59.

91 Vgl. BT-Drs. 14/7477, S. 54. Diese Vorschrift kann als Vorstufe der Reform des Spruchstellenverfahrens gedeutet werden. Siehe ausführlich Abschnitt 2.4.4.

92 § 327c Abs. 2 S. 4 u. 5 AktG nimmt Bezug auf §§ 293a Abs. 2 u. 3, 293c Abs. 1 S. 3-5 u. Abs. 2, 293d-293e AktG.

93 Während Art. 1 WpÜG das gleichnamige Übernahmegesetz enthält, fügt Art. 7 WpÜG das Squeeze-out in das AktG ein. Vgl. *Hopt* [Praxisprobleme, 2002], S. 392.

94 Vgl. *Bundesministerium der Finanzen* (Hrsg.) [Diskussionsentwurf, 2000].

95 Vgl. BT-Drs. 14/7034. Es ist zu beachten, dass die Gesetzesbegründung mit Stand 5.10.2001, abgesehen von BT-Drs. 14/7477, S. 52-54, im Gesetzgebungsprozess keine weiteren Änderungen erfahren hat.

96 Vgl. *Bundesministerium der Finanzen* (Hrsg.) [Referentenentwurf, 2001].

97 Dabei sollte die Kopfzahl der Aktionäre und nicht der Kapitalanteil ausschlaggebend sein. Vgl. BT-Drs. 14/7034, S. 72 sowie kritisch *Hüffer* [Aktiengesetz, 2002], Kommentierung zu § 327b AktG, Rn. 1 und *Wenger/Kaserer/Hecker* [Minderheitenschutz, 2001], S. 331.

botspreis durch die hohe Akzeptanz der Adressaten um einen marktgerechten Preis handelt, der den Interessen der Minderheitsaktionäre angemessen Rechnung trägt.[98] Im Regierungsentwurf wurde diese Bestimmung zwar formal zurückgenommen, jedoch durch ein Instrument gleicher Wirkung ersetzt,[99] der unwiderlegbaren Vermutung eines marktgerechten Preises.[100] Auf die zum Teil vehement geäußerten verfassungsrechtlichen Bedenken[101] hinsichtlich eines Ausschlusses des Rechtswegs hat der Finanzausschuss des Bundestags mit Blick auf die mögliche zeitliche Verzögerung des gesamten Gesetzgebungsverfahrens mit einem tiefen Einschnitt reagiert: Die preisliche Querverbindung zum Übernahmegesetz wurde gestrichen und §§ 327a-327f AktG als allgemeines Ausschlussrecht etabliert.[102]

2.3.4. Zweifelsfragen und Missbrauchstatbestände

Seit der Verabschiedung der Squeeze-out-Regelung diskutiert die Literatur schwerpunktmäßig die Voraussetzungen des Squeeze-out, etwa Zweifelsfragen bei der Bestimmung der notwendigen Kapitalbeteiligung. Problematisch sind insbesondere Bezugsrechte auf Aktien der Zielgesellschaft.[103] Unstrittig erscheint vor dem Hintergrund der Übertragung einer BGH-Entscheidung[104] zu einer Mehrheitseingliederung auf Squeeze-out, dass unausgeübte Bezugsrechte bei der Berechnung des Anteilsbesitzes der Obergesellschaft unberücksichtigt bleiben.[105] Dies gilt jedoch nur, solange diese in Summe 5 % des (erhöhten) Grundkapitals der Zielgesellschaft nicht übersteigen.[106] Als Differenzierungskriterium gilt die Möglichkeit aller Bezugsrechtsinhaber, das Squeeze-out verhindern zu können. Ebenso findet eine Umdeutung des Bezugsrechts in einen Barabfindungsanspruch gegen die Obergesellschaft fast einhellige Zustimmung. Die h.M. argumentiert, dass bei einem Belassen der Bezugsmöglichkeit von Aktien der Zielgesellschaft nach einem bereits erfolgten Squeeze-out dieser erneut durchgeführt

---

98 Vgl. *Bundesministerium der Finanzen* (Hrsg.) [Referentenentwurf, 2001], S. 182.

99 Vgl. *Rühland* [squeezeout, 2001], S. 454 m.w.N.

100 Vgl. BT-Drs. 14/7034, S. 72f. *Heidel/Lochner* kritisieren die gesetzgeberische Übertragung des Kriteriums einer ausreichenden Kontrolle durch Marktmechanismen aus einer Entscheidung, der eine übertragende Auflösung zu Grunde liegt, auf Squeeze-out. Vgl. dies. [Eigentumsschutz, 2001], S. 2032f. in Bezug auf *BVerfG* (Beschl. v. 23.8.2000 – 1 BvR 68/95 und 1 BvR 147/97), S. 1907.

101 Vgl. insbesondere *Heidel/Lochner* [Eigentumsschutz, 2001], S. 2032f., *Rühland* [squeezeout, 2001], S. 453f. sowie *Ehricke/Roth* [Übernahmerecht, 2001], S. 1123 u. 1127.

102 Vgl. BT-Drs. 14/7477, S. 54.

103 Vgl. ausführlich *Baums* [Ausschluss, 2001], S. 152-162, der getrennt nach Aktienoptionen, Wandelanleihen und Optionsanleihen argumentiert, jedoch zu einem einheitlichen Ergebnis gelangt.

104 Vgl. *BGH* (Urt. v. 2.2.1998 – II ZR 117/97).

105 Vgl. z.B. *Gesmann-Nuissl* [Regeln, 2002], S. 1206f.

106 Vgl. *BGH* (Urt. v. 2.2.1998 – II ZR 117/97), S. 561 sowie *Gesmann-Nuissl* [Regeln, 2002], S. 1207, *Grunewald* [Squeeze-out-Regelung, 2002], S. 18 und *Krieger* [Zweifelsfragen, 2002], S. 61. A.A. *Wilsing/Kruse* [Aktienbezugsrechte, 2002], S. 1469, die mit der allenfalls theoretischen Möglichkeit der vollständigen Ausübung aller Bezugsrechte argumentieren.

werden müsste, um die Obergesellschaft wieder als Alleinaktionärin zu qualifizieren.[107] Demgegenüber sieht die Mindermeinung von *Baums* keinen Unterschied, ob die Bezugsrechte vor oder erst nach dem Zwangsausschluss ausgeübt werden, da anders als etwa bei der Mehrheitseingliederung mit Squeeze-out weder besondere Herrschaftsrechte der Obergesellschaft noch Gläubigerschutzbestimmungen verbunden sind.[108]

Ein weiterer Diskussionspunkt betrifft mögliche Missbrauchstatbestände. Von einem Rechtsmissbrauch ist im Fall des Squeeze-out auszugehen, wenn die Mehrheit eine Beschlussmöglichkeit dazu ausnutzt, ein Ziel zu erreichen, das den gesetzgeberischen Zweck der Norm unterläuft.[109] Dies wird bei der Installation einer (in aller Regel zeitlich befristeten) Zwischenholding oder ähnlichen Zusammenschlussformen als Hauptaktionär im Sinne des § 327a Abs. 1 S. 1 AktG diskutiert. Eine Bündelung der Anteile mehrerer Eigner kann im Ergebnis den Ausschluss bestimmter Aktionäre zur Folge haben, ohne dass die bezweckten Vereinfachungen der einheitlichen Leitung eintreten. Als Anzeichen für einen Rechtsmissbrauch gilt die Auflösung einer institutionalisierten Bündelung von Kapitalanteilen kurz nach der Durchführung des Squeeze-out.[110] Es wird mehrheitlich die Auffassung vertreten, dass einzig eine auf Dauer angelegte Verbindung das Squeeze-out ordnungsgemäß zu Stande kommen lässt.[111] Die Mindermeinung gibt zu bedenken, dass es sich bei Squeeze-out um ein Gestaltungsinstrument ohne inhaltliche Vorgaben handelt. Eine gerichtliche Inhaltskontrolle würde leer laufen und darüber hinaus zu unvorhersehbaren zeitlichen Verzögerungen führen.[112]

Darüber hinaus kann ein von der Obergesellschaft veranlasster Rückerwerb eigener (Streubesitz-)Aktien bei der Zielgesellschaft zur Rechtsmissbräuchlichkeit führen. Dies gilt, falls die Obergesellschaft erst durch die gem. § 327a Abs. 2 AktG i.V.m. § 16 Abs. 2 S. 2 AktG gebotene Ausklammerung eigener Aktien der Zielgesellschaft bei der Berechnung der Besitzverhältnisse in die Rolle der zum Zwangsausschluss Berechtigten gelangt.[113]

---

107 Vgl. *Ehricke/Roth* [Übernahmerecht, 2001], S. 1122, *Fleischer* [Recht, 2002], S. 776f., *Gesmann-Nuissl* [Regeln, 2002], S. 1207, *Grunewald* [Squeeze-out-Regelung, 2002], S. 18, *Krieger* [Zweifelsfragen, 2002], S. 61 sowie *Wilsing/Kruse* [Aktienbezugsrechte, 2002], S. 1468. In den Niederlanden führt diese Praxis zu erheblichen zeitlichen Verzögerungen und daher zu einer geringen Akzeptanz des Ausschlussrechts. Vgl. *Sieger/Hasselbach* [Ausschluss, 2001], S. 928 sowie Abschnitt 3.1.1.

108 Vgl. *Baums* [Einzelfragen, 2001], S. 1848, ders. [Ausschluss, 2001], S. 159.

109 Vgl. *Bolte* [Umgehungstatbestände, 2001], S. 2588.

110 Vgl. *Gesmann-Nuissl* [Regeln, 2002], S. 1206.

111 Vgl. *Baums* [Einzelfragen, 2001], S. 1847, ders. [Ausschluss, 2001], S. 143f., *Bolte* [Umgehungstatbestände, 2001], S. 2590, *Fleischer* [Recht, 2002], S. 778, *Grunewald* [Squeeze-out-Regelung, 2002], S. 19 sowie *Halberkamp/Grewe* [Barabfindung, 2002], S. 588.

112 Vgl. *Hasselbach* in *Hirte/von Bülow* [WpÜG, 2003], Kommentierung zu § 327a AktG, Rn. 56 i.V.m. Rn. 53 und *Krieger* [Zweifelsfragen, 2002], S. 62. Vgl. das Squeeze-out bei einer gemeinschaftlich beherrschten Zielgesellschaft bejahend *Mertens* [Auskauf, 2002], S. 381.

113 Vgl. *Halberkamp/Grewe* [Barabfindung, 2002], S. 588 sowie mit Beispiel *Riegger* [Schicksal, 2003], S. 543.

Ebenso kritisch ist die Zulässigkeit des Formwechsels beispielsweise einer GmbH in die Rechtsform einer AG unmittelbar vor einem Squeeze-out zu sehen. Dadurch würde der Anwendungsbereich von §§ 327a-327f AktG entgegen der Intention des Gesetzgebers *de facto* auf andere Rechtsformen, etwa die GmbH, ausgeweitet werden.[114] Als Gegenargument wird analog zu dem Fall einer kurzfristigen Bündelung von Anteilen der Zielgesellschaft auf die fehlenden inhaltlichen Vorgaben der Ausschlussbefugnis verwiesen.[115]

2.4. Spruchstellenverfahren zur Überprüfung der angebotenen Abfindung

2.4.1. Eigenschaften von Spruchstellenverfahren

Spruchstellenverfahren stellen die einzige Möglichkeit dar, um die Angemessenheit der von der Obergesellschaft angebotenen Leistung gerichtlich überprüfen zu lassen. Im Fall von Beherrschungs- oder Gewinnabführungsvertrag, Mehrheitseingliederung und Squeeze-out wurde bei Antragstellung bis 1.9.2003 auf § 306 AktG verwiesen.[116] Ehe in Abschnitt 2.4.4 die Kernpunkte der geplanten Novellierung skizziert werden, ist die bisherige Rechtslage zu erläutern, um Gerichtsentscheidungen und darauf basierende empirische Untersuchungen diskutieren zu können.

Bei Spruchstellenverfahren handelt es sich um ein echtes Streitverfahren der freiwilligen Gerichtsbarkeit, das sich in erster Linie nach dem FGG und hilfsweise nach der ZPO richtet. Dies impliziert, dass kein Anwaltszwang besteht und der Amtsermittlungsgrundsatz gilt.[117] Zuständig ist in erster Instanz das LG, in dessen Bezirk die Zielgesellschaft ihren Sitz hat (§ 306 Abs. 1 S. 1 AktG).

Antragsberechtigt ist jeder außen stehende bzw. ausgeschiedene Aktionär binnen einer Frist von zwei Monaten seit Bekanntmachung der Eintragung des Rechtsakts in das Handelsregister.[118] Neben dem Erstantragsteller können weitere durch das Spruchstellenverfahren betroffene Aktionäre eigene Anträge stellen. Den sog. Anschlussantragstellern wird hierfür gem. § 306 Abs. 3 S. 2 AktG wiederum eine Frist von zwei Monaten nach Bekanntmachung des Erstantrags eingeräumt. Weitere Verfahrensbeteiligte nach § 306 Abs. 4 AktG sind die Vertragsparteien sowie der gemeinsame Vertreter. Bei Squeeze-out wird kein gesonderter (Unternehmens-)Vertrag geschlossen: Un-

---

114 Vgl. *Gesmann-Nuissl* [Regeln, 2002], S. 1210f., *Grunewald* [Squeeze-out-Regelung, 2002], S. 22, *Habersack* [Finanzplatz, 2001], S. 1234f. sowie *Krieger* [Zweifelsfragen, 2002], S. 61f.

115 Vgl. *Hasselbach* in *Hirte/von Bülow* [WpÜG, 2003], Kommentierung zu § 327a AktG, Rn. 56 i.V.m. Rn. 52.

116 Eine inhaltlich weithin übereinstimmende Regelung findet sich mit dem sog. Spruchverfahren für Verschmelzung und Formwechsel in §§ 305-312 UmwG. Die zum eingehend betrachteten § 306 AktG korrespondierenden Vorschriften sind der Tabelle in Anhang 2 zu entnehmen.

117 Vgl. insbesondere zum Spannungsverhältnis von Amtsermittlung (§ 12 FGG) und Mitwirkungspflicht der Antragsteller bei der Aufbereitung des klärungsbedürftigen Sachverhalts *Bilda* [Dauer, 2000], S. 298.

118 §§ 304 Abs. 4 S. 2, 320b Abs. 3 S. 2 u. 327f Abs. 2 S. 2 AktG enthalten übereinstimmende Fristen.

streitig kommt es zu einer Beteiligung der Obergesellschaft, da diese Schuldnerin des Abfindungsanspruchs ist.[119] Ob die Zielgesellschaft durch das Verfahren in ihren Rechten und Pflichten unmittelbar betroffen und damit beteiligt sein wird,[120] erscheint mehr als zweifelhaft.[121] Mit Stichtag 1.1.1995 wurde die Stellung des gemeinsamen Vertreters derjenigen (passiven) Aktionäre aufgewertet, die weder Erst- noch Anschlussantragsteller sind. Dieser Vertreter hat seitdem das Recht, das Verfahren auch nach Rücknahme aller Anträge selbstständig weiterzuführen (§ 306 Abs. 4 S. 10 AktG i.V.m. § 308 Abs. 3 UmwG). Dadurch soll die Attraktivität von rechtsmissbräuchlichen Abstandszahlungen für die Rücknahme von Anträgen verringert werden.[122]

Das LG entscheidet durch einen begründeten Beschluss, der den betreffenden Rechtsakt rückwirkend umgestaltet. Der Beschluss wirkt „für und gegen alle“ (§ 99 Abs. 5 S. 2 AktG). Damit erhalten nach h.M. auch passive Aktionäre einen sog. Abfindungsergänzungsanspruch.[123] Gegen den Beschluss kann eine sofortige Beschwerde bei dem zuständigen OLG als zweite Instanz eingereicht werden (§ 306 Abs. 2 AktG i.V.m. § 99 Abs. 3 S. 2 u. 5 AktG).[124] Da eine weitere Beschwerde beim BGH ausgeschlossen ist, tritt an ihre Stelle das Vorlageverfahren des § 28 FGG.[125] Danach ist ein OLG gegenüber dem BGH zur Vorlage verpflichtet, wenn es von einer Entscheidung abweichen will, die zuvor von einem anderen OLG in einem vergleichbaren Sachverhalt gefällt wurde. Bei der Beurteilung, ob und inwieweit der Präzedenzfall für den vorliegenden Fall einschlägig ist, besteht ein weiter Ermessensspielraum. Dadurch kann sich ein OLG *de facto* einer Überprüfung durch den BGH entziehen.[126]

Charakteristisch für Spruchstellenverfahren ist das praktisch fehlende Kostenrisiko auf Seiten der Antragsteller (§ 306 Abs. 7 S. 7 u. 8 AktG). Grundsätzlich ist der Antragsgegner auch Schuldner der Gerichtskosten.[127] Davon kann abgewichen werden, wenn die einseitige Kostenbelastung unbillig erscheint. Von Letzterem ist insbesondere bei

---

119 Vgl. *Hasselbach* in *Hirte/von Bülow* [WpÜG, 2003], Kommentierung zu § 327f AktG, Rn. 8.

120 Vgl. etwa *Emmerich* in *Emmerich/Habersack* [Konzernrecht, 2001], Kommentierung zu § 306 AktG, Rn. 16. Indizien für eine Beteiligung könnten sich aus §§ 327c u. 327d AktG ergeben, die die Zielgesellschaft mit der Vorbereitung und Durchführung derjenigen Hauptversammlung betrauen, die über den Übertragungsbeschluss abstimmt.

121 Ablehnend *Halberkamp/Grewe* [Barabfindung, 2002], S. 587 und *Grzimek* in *Geibel/Süßmann* [WpÜG, 2002], Kommentierung zu § 327f AktG, Rn. 19.

122 Vgl. *Bilda* [Dauer, 2000], S. 297f.

123 Vgl. z.B. *Seetzen* [Spruchverfahren, 1999], S. 565 sowie speziell zu Squeeze-out *Grzimek* in *Geibel/Süßmann* [WpÜG, 2002], Kommentierung zu § 327f AktG, Rn. 32.

124 Die Beschwerde, die den Fall sowohl in rechtlicher als auch in tatsächlicher Hinsicht neu aufarbeitet, kann sich auf neue Tatsachen und Beweise stützten. Vgl. kritisch *Lutter/Bezzenberger* [Spruchverfahren, 2000], S. 441. Dabei ist eine Frist von zwei Wochen nach Zustellung des Beschlusses zu wahren.

125 Vgl. den Verweis von § 99 Abs. 3 S. 6 AktG auf § 28 Abs. 2 u. 3 FGG zusammenfassend *Emmerich* in *Emmerich/Habersack* [Konzernrecht, 2001], Kommentierung zu § 306 AktG, Rn. 47-49.

126 Vgl. *Hecker* [Regulierung, 2000a], S. 299. *Meilicke* illustriert dies an der Frage der Beendigung des Spruchstellenverfahrens durch Beendigung des Unternehmensvertrags. Vgl. ders. [Beendigung, 1995].

127 Vgl. zur Problematik der Festsetzung des Geschäftswerts *Seetzen* [Spruchverfahren, 1999], 568f.

Missbrauch des Antragsrechts sowie bei eindeutiger Unzulässigkeit oder Unbegründetheit des Antrags auszugehen.[128] In aller Regel sind analog die außergerichtlichen Kosten der Antragsteller von dem Antragsgegner zu übernehmen.[129]

2.4.2. Angemessene Abfindung und Börsenkurs

2.4.2.1. Leitsatz der wirtschaftlich vollen Entschädigung

Das BVerfG hat 1962 in dem sog. Feldmühle-Urteil[130] die Mehrheitsumwandlung[131] einer AG auf eine andere AG nicht als Enteignung, sondern als verfassungskonforme Inhalts- und Schrankenbestimmung des Eigentums klassifiziert. In diesem Rahmen fällt dem Gesetzgeber ein weiter Gestaltungsspielraum zu, sofern er die grundlegende Wertentscheidung des Grundgesetzes zu Gunsten des Privateigentums beachtet.[132]

Da Konzernierungs- und Strukturmaßnahmen regelmäßig sowohl die wirtschaftliche Entfaltung als auch den vermögens- und gesellschaftsrechtlichen Status der Zielgesellschaft grundlegend ändern, fordert das BVerfG einen umfassenden Interessenschutz der ausscheidenden Minderheit. Dies setzt einerseits wirksame Rechtsbehelfe gegen den Missbrauch wirtschaftlicher Macht, andererseits eine wirtschaftlich volle Entschädigung für den Verlust der Rechtsposition voraus.[133] Mit dem Leitsatz der wirtschaftlich vollen Entschädigung verweist das BVerfG auf kein bestimmtes Bewertungsverfahren, sondern grenzt bewusst die Enteignungsentschädigung[134] aus. So stellt die Beschlussmöglichkeit der Hauptversammlung über die Mehrheitsumwandlung keine Enteignungsbefugnis dar, sondern eine Ermächtigung „zu einer Umgestaltung der privatrechtlichen Beziehungen zwischen den Aktionären"[135] bei bestimmten Mehrheitsverhältnissen. Dies ist Ausfluss einer Grundrechtsabwägung zwischen der Eigentumsgarantie der Minderheit (Art. 14 Abs. 1 S. 1 GG) und dem Recht der freien unternehmerischen Initiative im Konzern (Art. 2 Abs. 1 GG). Das Gericht gewährt dem Interesse der Allgemeinheit an der Konzernbildung und damit der aus dem Aktieneigentum vermit-

---

128 Vgl. *Emmerich* in *Emmerich/Habersack* [Konzernrecht, 2001], Kommentierung zu § 306 AktG, Rn. 55 sowie zu drei Fällen aus dem Bereich der Vertragskonzerne *Hecker* [Regulierung, 2000a], S. 275f.

129 Vgl. *Krieger* in *Lutter* [Umwandlungsgesetz, 2000], Kommentierung zu § 312 UmwG, Rn. 6 m.w.N.

130 Vgl. *BVerfG* (Urt. v. 7.8.1962 – 1 BvL 16/60).

131 § 15 UmwG i.d.F. v. 12.11.1956 gestattet der Obergesellschaft, das Vermögen der Zielgesellschaft unter gleichzeitigem Ausschluss der Minderheitsaktionäre gegen Barabfindung auf sich zu übertragen.

132 Vgl. *BVerfG* (Urt. v. 7.8.1962 – 1 BvL 16/60), S. 1074.

133 Vgl. *BVerfG* (Urt. v. 7.8.1962 – 1 BvL 16/60), S. 1075.

134 Demzufolge ist nach Art. 14 Abs. 3 S. 2 GG ein gerechter Interessenausgleich zwischen der Allgemeinheit und den Beteiligten zu bestimmen. Der Rechtsverlust muss jedoch nicht „voll" ausgeglichen werden. Vgl. *Hüttemann* [Börsenkurs, 2001], S. 456; ebenso schon *Drukarczyk* [Barabfindung, 1973], S. 359.

135 *BVerfG* (Urt. v. 7.8.1962 – 1 BvL 16/60), S. 1074.

telten Leitungsbefugnis Vorrang vor dem individuellen Vermögensrecht der Minderheit.[136]

In der allgemeinen Begründung der Squeeze-out-Regelung geht der Gesetzgeber explizit auf deren Verfassungskonformität ein.[137] Er argumentiert mit den Leitsätzen aus dem Feldmühle-Urteil. Dies setzt voraus, dass sich Squeeze-out und Mehrheitsumwandlung hinsichtlich wesentlicher Charakteristika entsprechen. Beide Instrumente stimmen insofern überein, als die Minderheitsaktionäre der Zielgesellschaft jeweils als Folge einer Strukturmaßnahme zwangsweise in bar abgefunden werden. Nicht deckungsgleich ist jedoch die Tatsache, dass bei einer Mehrheitsumwandlung die Zielgesellschaft ihr Gesellschaftsvermögen auf die Obergesellschaft überträgt und anschließend erlischt, während bei Squeeze-out lediglich sämtliche in Streubesitz befindliche Aktien zwangsweise auf die Obergesellschaft übergehen. Im Fall des Squeeze-out müssen die Aktionäre nicht liquidationsbedingt ausscheiden. Die Literatur ignoriert diese Differenzierung einhellig.[138] *Ehricke* und *Roth* bejahen die Verfassungskonformität mit Hinweis auf die jederzeit bestehende Möglichkeit der Herbeiführung eines Auflösungsbeschlusses (§ 262 Abs. 1 Nr. 2 AktG) sowie die BVerfG-Leitentscheidung[139] zur übertragenden Auflösung.[140] Letztgenannte, auf die sich auch das OLG Oldenburg in seinem Beschluss über die Verfassungsmäßigkeit des Squeeze-out stützt,[141] stellt zwar fest, dass Art. 14 Abs. 1 S. 1 GG nicht grundsätzlich ausschließt, eine Aktionärsminderheit gegen ihren Willen legal aus einer AG zu drängen,[142] geht im konkreten Fall aber ebenfalls von der Liquidation der Zielgesellschaft aus.

Der Problemlösung zuträglich könnte sich die Aussage des BVerfG im sog. DAT/Altana-Beschluss[143] erweisen, dass es sich hinsichtlich des Interessenausgleichs von Mehrheits- und Minderheitsaktionären im Zuge von Konzernierungsmaßnahmen bei der Eingliederung nach § 320 AktG „um die gleiche Sachverhaltskonstellation [handelt], die dem Feldmühle-Urteil zugrunde lag."[144] Unverständlich ist, dass der Gesetzgeber nicht müde wird, auf die Nähe des Squeeze-out zur Mehrheitseingliederung

---

136 Vgl. *BVerfG* (Urt. v. 7.8.1962 – 1 BvL 16/60), S. 1075 sowie allgemein den Kompromisscharakter einer gesetzlichen Abfindung betonend *Schildbach* [Abfindung, 1984], S. 534-536.

137 Vgl. BT-Drs. 14/7034, S. 32.

138 So z.B. *Hasselbach* in *Hirte/von Bülow* [WpÜG, 2003], Kommentierung zu § 327a AktG, Rn. 11 m.w.N.

139 Vgl. *BVerfG* (Beschl. v. 23.8.2000 – 1 BvR 68/95 und 1 BvR 147/97).

140 Vgl. *Ehricke/Roth* [Übernahmerecht, 2001], S. 1020f.; ähnlich *Baums* [Ausschluss, 2001], S. 171-174, *Gesmann-Nuissl* [Regeln, 2002], S. 1205, *Krieger* [Zweifelsfragen, 2002], S. 54 und *Vetter* [Squeeze-out, 2002], S. 181-183.

141 Vgl. *OLG Oldenburg* (Beschl. v. 30.9.2002 – 1 W 45/02), S. 687 sowie die Vorinstanz (*LG Osnabrück* (Urt. v. 5.7.2002 – 13 O 177/02)) kommentierend *Wirth/Arnold* [Verfassungswidrigkeit, 2002]; ebenso jüngst *LG Berlin* (Urt. v. 17.2.2003 – 99 O 111/02), S. 108. A.A. *LG Hamburg* (Beschl. v. 13.1.2003 – 415 O 140/02), S. 279, das konstatiert, dass „es sich bei der Bejahung der Verfassungsmäßigkeit lediglich um eine Übertragung der Rechtsprechung des BVerfG auf einen von ihm bisher noch nicht zu beurteilenden Sachverhalt [handelt]."

142 Vgl. *BVerfG* (Beschl. v. 23.8.2000 – 1 BvR 68/95 und 1 BvR 147/97), S. 1906.

143 Vgl. *BVerfG* (Beschl. v. 27.4.1999 – 1 BvR 1613/94).

144 *BVerfG* (Beschl. v. 27.4.1999 – 1 BvR 1613/94), S. 1694.

hinzuweisen, diese Brücke zur Überwindung der Diskrepanz zwischen Squeeze-out und Mehrheitsumwandlung jedoch bei den Ausführungen zur Verfassungskonformität ignoriert.

2.4.2.2. Erfordernis der Berücksichtigung von Börsenkursen

Das BVerfG hat sich in dem Feldmühle-Urteil nicht dazu geäußert, wie die wirtschaftlich volle Entschädigung zu bestimmen ist. Die Gerichte ließen in der Folgezeit einen vorhandenen Börsenkurs bei der Wertbestimmung der „gesellschaftliche[n] Beteiligung an dem arbeitenden Unternehmen“[145] regelmäßig außer Acht.[146] Der BGH begründete dies 1967 mit marktstrukturellen, zufälligen und sonstigen mittelbar wirkenden Faktoren, die Angebot und Nachfrage zum Zeitpunkt der Kursbildung beeinflussen: „Der Börsenkurs kann sich mit dem wahren Wert der Aktien decken, er kann aber auch niedriger oder höher sein.“[147] Die volle Entschädigung wurde in der Rechtsprechung und der juristischen Literatur fast ausnahmslos mit dem wahren Wert gleichgesetzt,[148] der nach der Ertragswertmethode[149] zu ermitteln ist. Erst 1998 hat das BayObLG den Börsenkurs als Bewertungsgrundlage herangezogen, als ein aussagefähiges Bewertungsgutachten weder vorlag, noch kurzfristig eingeholt werden konnte.[150] Nachdem Betriebswirte schon länger die Relevanz von Börsenkursen theoretisch begründet haben,[151] schlossen sich in Folge des BayObLG-Urteils auch vermehrt Juristen dieser Auffassung an.[152]

Das BVerfG hat 1999 entgegen der damals herrschenden Auffassung im DAT/Altana-Beschluss festgestellt, dass „[d]ie von Art. 14 Abs. 1 GG geforderte ‚volle' Entschädi-

---

145 *BVerfG* (Urt. v. 7.8.1962 – 1 BvL 16/60), S. 1076.

146 Lediglich das OLG Hamm akzeptierte einen „Normalkurs [...], der sich aus der Entwicklung eines längeren Zeitraums abzeichnet“, als Mindesthöhe der Entschädigung. Vgl. *OLG Hamm* (Beschl. v. 23.1.1963 – 8 AR 1/60), S. 219. Vgl. die tabellarische Übersicht der Argumente pro und contra Börsenkursberücksichtigung bei *Ballwieser* [Sicht, 2001], S. 15f.

147 *BGH* (Urt. v. 30.3.1967 – II ZR 141/64), S. 264. A.A. *Busse von Colbe*, der fragt, wie der Wert von Vermögensgegenständen, beispielsweise Aktien, außer durch Angebot und Nachfrage zu bestimmen ist. Vgl. ders. [Vernunft, 2000], S. 1058 mit Verweis auf ders. [Maßgeblichkeit, 1964], S. 266.

148 Vgl. z.B. *Hüttemann* [Börsenkurs, 2001], S. 466f. m.w.N. sowie kritisch zu den teilweise synonym verwendeten Begriffen wahrer, innerer und objektiver Wert *Busse von Colbe* [Vernunft, 2000], S. 1056.

149 Siehe ausführlich im Kontext der Fallstudie Abschnitt 4.3. Das BVerfG hat die Ertragswertmethode als verfassungsrechtlich unbedenklich eingestuft, was jedoch nicht impliziert, dass andere Methoden von vornherein abzulehnen sind. Vgl. *BVerfG* (Beschl. v. 27.4.1999 – 1 BvR 1613/94), S. 1695.

150 Vgl. *BayObLG* (Beschl. v. 29.9.1998 – 3Z BR 159/94), S. 44f. sowie zur Entwicklung der Rechtsprechung *Großfeld* [Börsenkurs, 2000], S. 261-263 und *Stilz* [Verkehrswert, 2001], S. 878-880.

151 Vgl. insbesondere *Busse von Colbe* [Umwandlungsbilanz, 1959], S. 607-611, *Drukarczyk* [Barabfindung, 1973], S. 361f., *Rieger* [Abfindung, 1938], S. 257 und *Wenger/Hecker* [Übernahme- und Abfindungsregeln, 1995], S. 71f. A.A. *Albach* [Probleme, 1966], S. 185 und *Sieben* [Abfindung, 1966], S. 84.

152 Vgl. exemplarisch *Götz* [Entschädigung, 1996], S. 261f., *Luttermann* [Bewertungsgrundlage, 1999], S. 45-52 sowie *Steinhauer* [Bewertungsgrundlage, 1999], S. 302-307.

gung [...] nicht unter dem Verkehrswert liegen [darf]."[153] Aktien erfahren durch eine Börsennotierung eine Wertbestimmung, an der sich insbesondere Kleinaktionäre bei ihrer Investitionsentscheidung orientieren. Da sich gerade die börsengehandelte Aktie durch ihre jederzeitige, unkomplizierte Veräußerbarkeit auszeichnet, kann der Verkehrswert der Unternehmensbeteiligung nicht ohne Berücksichtigung des Börsenkurses festgesetzt werden.[154] Vielmehr ist dieser „mit dem Börsenkurs der Aktie regelmäßig identisch."[155] Entsprechend dem ambivalenten Charakter der börsennotierten Aktie, die einerseits durch Leitungsbefugnis und vermögensrechtliche Ansprüche, andererseits durch eine besonders ausgeprägte Verkehrsfähigkeit gekennzeichnet ist, kommt das BVerfG zu einer doppelten Vorgabe[156] für die Bemessung der angemessenen Abfindung: Es ist weiterhin grundsätzlich zum wahren Wert zu entschädigen, mindestens aber zum Verkehrswert.[157] Dabei fußt die Relevanz des wahren Werts auf der Fiktion, dass eine dauerhaft geplante Aktienanlage durch die beschlossene Maßnahme vereitelt wird, während der Verkehrswert einer freien Desinvestitionsentscheidung zum Zeitpunkt der Maßnahme Rechnung trägt.[158]

2.4.2.3. Problemfelder der zivilgerichtlichen Umsetzung

Das BVerfG hat den Zivilgerichten bezüglich der Wahl des Referenzkurses weitgehend freie Hand gelassen. Diese können ihrer Wertfindung den Tageskurs am Bewertungsstichtag oder einen auf diesen Zeitpunkt bezogenen Durchschnittskurs zu Grunde legen, solange einem Missbrauch beider Seiten vorgebeugt wird.[159] Das OLG Stuttgart etwa verlangt den Durchschnittswert mindestens der letzten fünf Monate vor dem Zeitpunkt der Bekanntgabe des Unternehmensvertrags, während das OLG Düsseldorf den Börsenkurs am Tag der Hauptversammlung der Zielgesellschaft für maßgeblich hält.[160] In der Literatur finden sich unterschiedliche Argumente bezüglich eines Kursstichtags und der Länge einer Beobachtungsperiode.[161] Der BGH hat sich in einem Vorlagever-

---

[153] *BVerfG* (Beschl. v. 27.4.1999 – 1 BvR 1613/94), S. 1695. Dem Beschluss liegen ein Beherrschungs- und Gewinnabführungsvertrag sowie eine darauffolgende Mehrheitseingliederung zu Grunde.

[154] Vgl. *BVerfG* (Beschl. v. 27.4.1999 – 1 BvR 1613/94), S. 1695.

[155] *BVerfG* (Beschl. v. 27.4.1999 – 1 BvR 1613/94), S. 1695.

[156] Vgl. *Hüttemann* [Börsenkurs, 2001], S. 459.

[157] Vgl. *BVerfG* (Beschl. v. 27.4.1999 – 1 BvR 1613/94), S. 1696.

[158] Vgl. *Drukarczyk* [Barabfindung, 1973], S. 362 sowie kritisch zum anteiligen Ertragswert *Busse von Colbe* [Maßgeblichkeit, 1964], S. 265, der anmerkt, dass dieser Wertansatz den Minderheitsaktionären eine wirtschaftliche Position innerhalb der Zielgesellschaft zubilligt, die sie gar nicht besitzen.

[159] Vgl. *BVerfG* (Beschl. v. 27.4.1999 – 1 BvR 1613/94), S. 1696.

[160] Vgl. *OLG Stuttgart* (Beschl. v. 4.2.2000 – 4 W 15/98), S. 709f. gegenüber *OLG Düsseldorf* (Vorlagebeschl. v. 25.5.2000 – 19 W 1/93 AktE), S. 1075-1077.

[161] Vgl. zusammenfassend *Hommel/Braun* [Prüfstand, 2002], S. 14f. m.w.N. Während *Wilm* nur einen gegebenenfalls angepassten Durchschnittskurs akzeptiert, tritt *Hüttemann* außer bei Missbrauchsverdacht für den Stichtagskurs ein. Vgl. *Wilm* [Abfindung, 2000], S. 238f. gegenüber *Hüttemann* [Börsenkurs, 2001], S. 462f.

fahren bei DAT/Altana[162] aus Gründen der Rechtssicherheit für einen Referenzkurs entschieden, der aus einem nicht näher spezifizierten Mittel[163] der Börsenkurse der letzten drei Monate vor dem Bewertungsstichtag gebildet wird. Dabei sind „außergewöhnliche Tagesausschläge oder sprunghafte Entwicklungen binnen weniger Tage, die sich nicht verfestigen",[164] zu bereinigen.

Obwohl der BGH hinsichtlich der Länge des Beobachtungszeitraums Klarheit geschaffen hat, wird vor allem dessen praktische Umsetzbarkeit kritisiert. So kann der Referenzkurs erst am Tag der Hauptversammlung, einen Tag nach dem Ende der Dreimonats-Frist, bestimmt werden. Eine umfassende Information der Hauptversammlung, insbesondere ihrer potenziellen Teilnehmer im Vorfeld, ist damit nicht möglich.[165] Kritisch erscheint zudem, dass mindestens ein Drittel des Dreimonats-Zeitraums innerhalb der gesetzlichen Ladefrist (§ 123 Abs. 1 AktG) liegt. So könnte der Referenzkurs bereits erheblich von der angekündigten Abfindung beeinflusst sein.[166] In der Praxis wird diesem Problem in uneinheitlicher Weise durch Vorverlegung der Beobachtungsperiode begegnet: Bei den bis September 2002 beschlossenen und von *Wilts, Schaldt* und *Nottmeier* untersuchten 20 Squeeze-outs reicht die Spanne der verwendeten Endpunkte der Dreimonats-Frist von dem Datum des schriftlichen Übertragungsverlangens der Obergesellschaft bis zum Abschluss der gutachterlichen Arbeiten.[167]

Eine sachgerechte Verbindung von Verkehrswert und Börsenkurs bei der Abfindungsbemessung setzt voraus, dass notierte Aktien jederzeit von einer nennenswerten Anzahl von Marktteilnehmern zu diesem Kurs an der Börse ge- bzw. verkauft werden können. Im Spruchstellenverfahren hat die Obergesellschaft Umstände darzulegen und gegebenenfalls zu beweisen, die eine angemessene Abfindung unter Börsenkurs zulassen.[168] Der Nachweis, dass zum Bewertungsstichtag Informationen vorlagen, die von den Marktteilnehmern nicht oder verkehrt bei der Kursbildung berücksichtigt wurden, dürfte schwer zu führen sein.[169] Obwohl nicht explizit so bezeichnet, führt das BVerfG als mögliche Indizien für eine unzureichende Informationsverarbeitung des Markts Manipulation und Marktenge an, stellt jedoch fehlenden Handel über längere Zeit heraus.[170]

---

162 Vgl. *BGH* (Beschl. v. 12.3.2001 – II ZB 15/00), S. 737. *Wilts/Schaldt/Nottmeier* [Unternehmensbewertung, 2002], S. 624 sprechen rechtstechnisch unzutreffend von einer aktienrechtlichen Umsetzung der verfassungsrechtlichen Vorgaben.

163 Vgl. die Alternativen aufzeigend *Bungert* [Rätsel, 2001], S. 1166.

164 *BGH* (Beschl. v. 12.3.2001 – II ZB 15/00), S. 737.

165 Vgl. insbesondere *Bungert* [Umtauschverhältnis, 2003], S. 701, ders. [Rätsel, 2001], S. 1164f.

166 Vgl. mit Beispielen *Wenger* [Kurzkommentar, 2001a], S. 606 und *Stilz* [Verkehrswert, 2001], S. 888f., die sich für Börsenkurse vor der Ankündigung der Maßnahme aussprechen.

167 Vgl. *Wilts/Schaldt/Nottmeier* [Unternehmensbewertung, 2002], S. 621 u. 625f., die für das Datum der erstmaligen gezielten Information der Öffentlichkeit als Endpunkt plädieren. Als Argumente werden angeführt, dass dadurch einerseits spekulationsbedingte Kursverzerrungen ausgeblendet werden, andererseits nach Bekanntgabe der Abfindungshöhe bis zur Hauptversammlung in der Regel keine wesentlichen Kursschwankungen zu erwarten sind.

168 Vgl. *BVerfG* (Beschl. v. 27.4.1999 – 1 BvR 1613/94), S. 1696.

169 Vgl. *Hommel* [Abfindungsbeschluss, 2000], S. 54.

170 Vgl. *BVerfG* (Beschl. v. 27.4.1999 – 1 BvR 1613/94), S. 1696.

Die Literatur hat Vorschläge erarbeitet, um die mangelnde Aussagekraft von Börsenkursen über Kriterien wie Handelsvolumen und -frequenz quantitativ fassen zu können.[171] Der BGH lehnt diese schematisierenden Betrachtungen ab. Wesentlich im Fall DAT/Altana war insbesondere, dass der Handel „in dem Bezugszeitraum zu keinem Zeitpunkt über längere Zeit geruht [hat].“[172] Durch die stark auf den Präzedenzfall bezogene Interpretation der Voraussetzungen zur Ablehnung von Börsenkursen sind die Zivilgerichte in den künftigen Spruchstellenverfahren gefordert, möglichst einheitliche Kriterien herauszuarbeiten. Dies wird insbesondere für Squeeze-out-Fälle von Bedeutung sein, da gerade bei jenen Papieren wegen des hohen Kapitalanteils der Obergesellschaft mangelnde Liquidität[173] zu erwarten ist: Der Untersuchung von *Wilts, Schaldt* und *Nottmeier* folgend, liegt der Anteil der im jeweiligen dreimonatigen Referenzzeitraum gehandelten Aktien meist unter 0,1 % des Grundkapitals bzw. unter 15 % des Streubesitzes.[174]

Von der Ermittlung der fiktiven Verschmelzungsrelation[175] zur Bestimmung der Abfindung in Aktien oder des variablen Ausgleichs zu trennen ist die Frage der Übertragbarkeit des DAT/Altana-Beschlusses auf die umwandlungsrechtliche Verschmelzung. Den Aktionären der übertragenden Gesellschaft wird das Recht auf den Börsenkurs in der Funktion als Wertuntergrenze ihrer Anteile überwiegend abgesprochen.[176] Grund hierfür ist, dass die Anteilseigner beider Unternehmen gleichberechtigt den Schutz des Art. 14 Abs. 1 GG genießen und damit der spezifische Konzernkonflikt

---

171 Insbesondere *Wilm* fordert ein (Jahres-)Gesamtumsatzvolumen von 3 % bis 5 % der ausgegebenen Aktien sowie Börsenhandel im Durchschnitt an jedem zweiten Börsentag. Vgl. ders. [Abfindung, 2000], S. 238; ablehnend *Piltz* [Börsenkurs, 2001], S. 202f., der die individuelle Sachverhaltsanalyse bevorzugt.

172 *BGH* (Beschl. v. 12.3.2001 – II ZB 15/00), S. 738.

173 Ein liquider Markt zeichnet sich durch eine geringe Geld-Brief-Spanne (Marktbreite), hohe Stückzahlen, die zu dieser Spanne quotiert werden (Markttiefe), eine geringe Ausführungszeit (Sofortigkeit) sowie eine schnelle Rückkehr zum Gleichgewichtspreis bei kurzfristigen Orderungleichgewichten (Erneuerungskraft) aus. Vgl. ausführlich *Hielscher/Stenzel* [Ursachen, 1996], S. 529-531.

174 Der durchschnittliche Streubesitz liegt bei 3 % des Grundkapitals. Vgl. *Wilts/Schaldt/Nottmeier* [Unternehmensbewertung, 2002], S. 625.

175 Während das BVerfG feststellt, dass es nicht geboten ist, den Börsenkurs der Obergesellschaft als Wertobergrenze zu sehen, bestimmt sich der Verkehrswert der Obergesellschaft nach Ansicht des BGH ebenso wie derjenige der Zielgesellschaft über den Börsenkurs; ein höherer anteiliger Ertragswert muss im Fall der Obergesellschaft sogar begründet werden. Vgl. *BVerfG* (Beschl. v. 27.4.1999 – 1 BvR 1613/94), S. 1696 gegenüber *BGH* (Beschl. v. 12.3.2001 – II ZB 15/00), S. 738; kritisch zur asymmetrischen Behandlung von Ober- und Zielgesellschaft *Reuter* [Eignersicht, 2001], S. 2485f.

176 Vgl. *Bungert* [Rätsel, 2001], S. 1166, *Bungert/Eckert* [Umsetzung, 2000], S. 1846, *Hüffer* [Aktiengesetz, 2002], Kommentierung zu § 305 AktG, Rn. 24 k, *Hüttemann* [Börsenkurs, 2001], S. 465, *Riegger* [Börsenkurs, 1999], S. 1890f. und *Wilm* [Abfindung, 2000], S. 235. A.A. *Erb* [Untergrenze, 2001], S. 523f., *Hommel/Braun* [Prüfstand, 2002], S. 16, *Reuter* [Eignersicht, 2001], S. 2489, *Weiler/Meyer* [Heranziehung, 2001], S. 2155 sowie differenzierend nach den Stimmrechtsverhältnissen bei den drei vorgehenden ordentlichen Hauptversammlungen der Zielgesellschaft *Wilsing/Kruse* [Maßgeblichkeit, 2001], S. 896.

fehlt.[177] Eine Ausnahme wird in Fällen gesehen, bei denen Aktionäre zur Erlangung einer gesetzlich vorgesehenen Barabfindung gegen den Beschluss Widerspruch zur Niederschrift erklären müssen (§ 29 Abs. 1 S. 1 u. 2 UmwG). Hier ist es nach Ansicht des Gesetzgebers nicht hinnehmbar, dass der widersprechende Minderheitsgesellschafter eine rechtlich grundlegend umgestaltete Mitgliedschaft zu Gunsten der Obergesellschaft akzeptieren muss.[178] Werden diese Argumente auf den der Squeeze-out-Regelung unterstellten Konzernkonflikt[179] übertragen, steht der Relevanz von Börsenkursen bei der Bestimmung der angemessenen Barabfindung nach § 327b Abs. 1 S. 1 AktG nichts entgegen.[180]

2.4.3. Empirische Ergebnisse

2.4.3.1. Häufigkeit und Dauer von Spruchstellenverfahren

In der Untersuchung von *Hecker* bilden 107 erstmalig bzw. mit einer neuen konzernfremden Gesellschaft abgeschlossene Unternehmensverträge nach § 291 AktG die Datenbasis. Der Zeitpunkt der Einberufung derjenigen Hauptversammlung der Zielgesellschaft, die über den Vertrag Beschluss gefasst hat, liegt zwischen dem 1.1.1978 und dem 31.12.1992.[181] Ziel ist u.a. die Überprüfung der Hypothese, dass die vertraglich angebotenen und fallweise gerichtlich überprüften Abfindungen systematisch zu niedrig bemessen sind.[182] Den Kern der Untersuchung stellt eine Stichprobe von 59 Verträgen dar, für die verwertbare Börsenkursreihen vorliegen. Lediglich in fünf Fällen scheint kein Spruchstellenverfahren beantragt worden zu sein. 24 Verfahren waren zum 31.3.1997, mithin über vier Jahre nach dem Ende des Untersuchungszeitraums, noch nicht entschieden.[183] Für die 30 abgeschlossenen Verfahren ergibt sich unter Vernachlässigung eines Sonderfalls[184] eine durchschnittliche Verfahrensdauer von 4,75 Jahren. Ohne Berücksichtigung von neun Verfahren, die vorzeitig durch Antragsrücknahme oder Vertragsablauf endeten, erhöht sich der Wert auf 5,83 Jahre.[185] Bis September

---

177 Vgl. *Bungert* [Umtauschverhältnis, 2003], S. 703. Davon unabhängig ist die Frage, ob die Angemessenheit des Umtauschverhältnisses über Ertragswerte oder Börsenkurse hergestellt wird. Vgl. *Piltz* [Börsenkurs, 2001], S. 203f. m.w.N. sowie *BayObLG* (Beschl. v. 27.3.2000 – 5 HKO 19156/98), S. 100 und *BayObLG* (Beschl. v. 18.12.2002 – 3Z BR 116/00), S. 277.

178 Vgl. *Wilm* [Abfindung, 2000], S. 237; speziell zum Formwechsel *Piltz* [Börsenkurs, 2001], S. 211f.

179 Vgl. BT-Drs. 14/7034, S. 32.

180 So auch im Ergebnis *Wilts/Schaldt/Nottmeier* [Unternehmensbewertung, 2002], S. 624.

181 Vgl. *Hecker* [Regulierung, 2000a], S. 238-241.

182 Vgl. *Hecker* [Regulierung, 2000a], S. 9.

183 Vgl. *Hecker* [Regulierung, 2000a], S. 270. In den fünf Fällen ohne Spruchstellenverfahren könnten Anträge gestellt, jedoch vor der Veröffentlichung nach § 306 Abs. 3 AktG wieder zurückgenommen worden sein. Bei Kenntnis der Antragsrücknahme wird unterstellt, dass ein Verfahren eröffnet wurde.

184 Ein Fall wird ausgeklammert, da angenommen wird, dass die sofort andienenden Aktionäre das attraktivere freiwillige Angebot wählen. Dessen Höhe ist nicht Gegenstand eines Spruchstellenverfahrens. Vgl. *Hecker* [Regulierung, 2000a], S. 309 (Fn. 959) u. 323 (Fn. 1012).

185 Als Verfahrensdauer wird der Zeitraum vom Bewertungsstichtag bis zur Bekanntmachung der Entscheidung angesetzt. Vgl. *Hecker* [Regulierung, 2000a], S. 308-310.

2001 waren noch immer 13 Verfahren anhängig, davon sieben in erster Instanz. Wird eine Restdauer von praxisgerechten vier Jahren für Verfahren in der ersten Instanz sowie von zwei Jahren für die zweite Instanz unterstellt, errechnet sich mittlerweile ein Durchschnittswert von 10,20 Jahren.[186]

Dörfler u.a. haben Wertvergleiche auf Basis von 127 Abfindungsangeboten durchgeführt, die im Zeitraum von 1980 bis 1992 auf Grund einer gesetzlichen Verpflichtung unterbreitet wurden. Die Vergleichsgrößen stellen der Gutachtenwert, das Abfindungsangebot, der Börsenkurs sowie das Ergebnis des Spruchstellenverfahrens dar.[187] Obwohl als Analyseergebnis angekündigt, geht aus der Untersuchung nicht hervor, in wie vielen Fällen ein Spruchstellenverfahren eingeleitet wurde.[188] Der Vergleich von überprüfter und ursprünglicher Abfindung weist namentlich 14 beendete Verfahren aus. Auf deren Dauer wird nicht eingegangen.[189]

2.4.3.2. Verhältnis von angebotener Abfindung und Börsenkurs

Für den Vergleich von angebotener Abfindung und Börsenkurs stehen sich bei *Hecker* in 59 Fällen[190] als Vergleichsgrößen der auf den Ereignistag abgezinste Barwert der Abfindung und der auf diesen Zeitpunkt aufgezinste Börsenkurs gegenüber.[191] Wird als Stichtag der Kurs am vorletzten Börsentag vor dem Ereignistag gewählt, liegt der Wert der angebotenen Abfindung im Durchschnitt 11,56 % unter Börsenkurs.[192] Unabhängig von der verwendeten Methode zur Bereinigung von Dividenden und Bezugsrechten unterschreiten bei einem Stichprobenumfang von 63 Abfindungen 41 den Börsenkurs.[193] Die Hypothese einer gegenüber dem Börsenkurs systematisch zu niedrig bemessenen Abfindung bestätigen – wenn auch in abgeschwächter Form – Vergleiche mit dem Stichtagskurs 40 Tage vor der erstmaligen Veröffentlichung des Angebots sowie den Durchschnittskursen der letzten 60 bzw. 120 Tage vor diesem Zeitpunkt. Die Wertdifferenz zwischen angebotener Abfindung und Börsenkurs verstärkt sich in ei-

---

186 Vgl. *Wenger/Kaserer/Hecker* [Minderheitenschutz, 2001], S. 328.

187 Vgl. *Dörfler* u.a. [Wertermittlung, 1994], S. 157.

188 *Dörfler* u.a. verweisen lediglich auf das fehlende Prozesskostenrisiko der Antragsteller, das „einen Anreiz für räuberische Aktionäre [schafft], persönliche Vorteile zu erzielen"; *Dörfler* u.a. [Wertermittlung, 1994], S. 159. Vgl. richtigstellend zum angeführten Beispiel EKU/Tucher *Wenger/Hecker/Knoesel* [Abfindungsregeln, 1997], S. 122f.

189 Stattdessen ist von langwierigen Verfahren die Rede. Vgl. *Dörfler* u.a. [Wertermittlung, 1994], S. 160.

190 Unter Berücksichtigung von vier Verträgen bei Gesellschaften, die sowohl Stamm- als auch Vorzugsaktien ausgegeben haben, erhöht sich der Stichprobenumfang auf 63. Vgl. *Hecker* [Regulierung, 2000a], S. 241.

191 Der Ereignistag markiert das Datum, an dem das gesetzliche Angebot erstmals veröffentlicht wurde. In den Vergleichsgrößen müssen neben den unterschiedlichen Zeitpunkten auch Dividenden und Bezugsrechte berücksichtigt werden. Vgl. *Hecker* [Regulierung, 2000a], S. 244-251.

192 Dies gilt bei einem Zinssatz von 7,5 %. Die Durchschnittsbildung bedient sich einem ungewichteten arithmetischen Mittel. Bei einer Verzinsung von 9 % liegt die Abweichung bei -12,11 %. Vgl. *Hecker* [Regulierung, 2000a], S. 258f.

193 Bei einer Verzinsung von 9 % trifft dies auf 43 Abfindungen zu. Vgl. *Hecker* [Regulierung, 2000a], S. 252.

nem Bereich von über einem Prozentpunkt, wenn ausschließlich Barabfindungen betrachtet und Abfindungen in Aktien der Obergesellschaft unberücksichtigt bleiben.[194]

In der Untersuchung von *Dörfler* u.a. wird für 30 Abfindungsangebote das Verhältnis von Angebot und Börsenkurs[195] vor Bekanntgabe der Abfindung ermittelt. Die durchschnittliche Abfindung liegt 8,2 % unter dem Börsenkurs der Zielgesellschaft. Insgesamt ergibt sich ein uneinheitliches Bild: 12 der 30 Abfindungsangebote übertreffen den Börsenkurs im Durchschnitt um 16 %, während 18 Abfindungen diesen durchschnittlich um 22 % unterschreiten.[196] Ob die Ergebnisse aussagekräftig sind, darf bezweifelt werden. Es finden sich keinerlei Anhaltspunkte, warum aus der Datenbasis nur knapp ein Viertel der Angebote zu diesem zentralen Vergleich herangezogen werden, während diese Quote bei *Hecker* deutlich höher liegt.[197] Darüber hinaus ist der Untersuchung nicht zu entnehmen, inwieweit in den Ergebnissen Dividendenzahlungen, sonstige Rechte und Zinseffekte berücksichtigt sind.

Hecker und *Kaserer* ermitteln jüngst für 55 Zwangsauschlüsse bei 54 Zielgesellschaften[198] aus dem Jahr 2002 eine um Dividendeneffekte bereinigte, durchschnittliche Abfindungsprämie i.H.v. mindestens 17,04 %.[199] Obwohl in 11 von 55 Fällen die von der Obergesellschaft festgelegte Barabfindung den Börsenkurs unmittelbar vor Ankündigung der Transaktion unterschreitet,[200] dürfte vor dem Hintergrund der Erkenntnisse aus Abschnitt 2.4.2.2 das grundsätzliche Problem einer Abfindung unter Börsenkurs heute nicht mehr bestehen. Den bei Vertragskonzernen festgestellten, circa 10 %-igen Abschlag auf den Börsenkurs wird die Obergesellschaft nur noch in Ausnahmefällen gerichtlich durchsetzen können. Es bleibt abzuwarten, ob sich zügig eine einheitliche Rechtsprechung bezüglich der Umstände herausbildet, die eine fallweise Abfindung unter Börsenkurs als angemessen erachtet.

---

194 Die Ergebnisse kehren sich um, wenn Stichtagskurse ein bzw. zwei Jahre vor dem Ereignistag betrachtet werden. Dies dürfte jedoch Ereignissen zuzuschreiben sein, die zwischenzeitlich unabhängig vom Vertragsschluss eingetreten sind. Vgl. *Hecker* [Regulierung, 2000a], S. 259-262.

195 Der Vergleichskurs wird aus dem Durchschnitt der sechs Monatsfünfzehnten vor der Bekanntgabe des Abfindungsangebots errechnet. Vgl. *Dörfler* u.a. [Wertermittlung, 1994], S. 158.

196 Der Durchschnittsbildung liegt ebenfalls ein ungewichtetes arithmetisches Mittel zu Grunde. Vgl. *Dörfler* u.a. [Wertermittlung, 1994], S. 157.

197 *Hecker* wertet 59 von insgesamt 107 Verträgen aus. Dies entspricht einer Quote von über 55 %.

198 Von den über 100 bis 31.12.2002 angekündigten Zwangsausschlüssen liegt eine Börsennotierung in über 70 Fällen vor. Verwertbare Kursdaten existieren nur für 54 Zielgesellschaften, von denen eine sowohl Stamm- als auch Vorzugsaktien ausgegeben hat. Vgl. *Hecker/Kaserer* [Bestandsaufnahme, 2003], S. 147.

199 Vgl. die tabellarische Übersicht der Untersuchungsergebnisse bei *Hecker/Kaserer* [Bestandsaufnahme, 2003], S. 150. Auf die Berücksichtigung von Zinseffekten wurde verzichtet.

200 Der maximale Kursabschlag beträgt 18,29 %. Vgl. *Hecker/Kaserer* [Bestandsaufnahme, 2003], S. 149, Fn. 39.

2.4.3.3. Verhältnis von überprüfter Abfindung und Börsenkurs

Um einen Vergleich von überprüfter Abfindung und Börsenkurs durchführen zu können, hat *Hecker* den Stichprobenumfang aus Abschnitt 2.4.3.2 auf diejenigen 35 Verträge reduziert, bei denen am 31.3.1997 kein Spruchstellenverfahren mehr bzw. ein solches noch nie anhängig war.[201] Wird als Referenzkurs die Notierung am vorletzten Börsentag vor dem Ereignistag gewählt, erhält ein Aktionär, der in alle Aktien gleichmäßig investiert hat, eine Abfindung, die den Börsenkurs im Durchschnitt um 2,34 % übertrifft.[202] Vergleiche mit dem Stichtagskurs 40 Tage vor der erstmaligen Veröffentlichung des Angebots sowie den Durchschnittskursen der letzten 60 bzw. 120 Tage vor diesem Zeitpunkt ergeben durchgehend positive Abweichungen im einstelligen Prozentbereich. Die Obergrenze stellt der Wert von 6,74 % dar.[203] Die Wertdifferenz zwischen überprüfter Abfindung und Börsenkurs verstärkt sich in einem Bereich von unter einem Prozentpunkt, wenn Abfindungen in Aktien der Obergesellschaft nicht berücksichtigt werden. Damit tritt eine deutliche Steigerung gegenüber der ursprünglich angebotenen Abfindung ein, deren Wert für die verkleinerte Stichprobe im Durchschnitt 12,69 % unter Börsenkurs liegt.[204] Für 29 Verträge, die Gegenstand eines abgeschlossenen Spruchstellenverfahrens sind, ergibt sich eine durchschnittliche Aufbesserung gegenüber der vertraglich vorgesehenen Abfindung von 22,29 %. Dabei schneiden sieben Vergleiche mit einer Aufbesserung von 48,89 % deutlich besser ab als 15 per Geschichtsbeschluss beendete Verfahren mit 19,01 %.[205]

Dörfler u.a. werten lediglich elf Beherrschungs- oder Gewinnabführungsverträge und drei Mehrheitseingliederungen mit jeweils abgeschlossenem Spruchstellenverfahren aus. Es wird eine durchschnittliche Aufbesserung der ursprünglichen Abfindung von 48 % erreicht. Wenn ein Ausreißer (+ 225 %) eliminiert wird, errechnet sich eine durchschnittliche Erhöhung von 34 %. Während sich isoliert bei den Beherrschungs- oder Gewinnabführungsverträgen eine durchschnittliche Steigerung von 24 % ergibt, beträgt dieser Wert bei den drei Eingliederungen 135 % (bereinigt 90 %).[206] Ein Vergleich des Spruchstellenergebnisses mit dem Börsenkurs wird nicht durchgeführt.[207] Da

---

201 Dazu zählen auch fünf Verträge, für die kein Spruchstellenverfahren bekannt gemacht wurde, sowie der in Fn. 184 skizzierte Sonderfall. Vgl. *Hecker* [Regulierung, 2000a], S. 325 u. 328.

202 Dies gilt bei einem Zinssatz von 7,5 %. Bei einer Verzinsung von 9 % liegt die (positive) Abweichung lediglich bei 0,66 %. Vgl. *Hecker* [Regulierung, 2000a], S. 332. Unterstellt wird, dass der Aktionär frühestmöglich seine Aktien andient und den Abfindungsergänzungsanspruch vereinnahmt.

203 Positive Abweichungen in einer Spanne von 20 % bis 30 % ergeben sich, wenn Stichtagskurse ein bzw. zwei Jahre vor dem Ereignisdatum betrachtet werden. Auch hierfür könnten Ereignisse ursächlich sein, die unabhängig vom Vertragsschluss eingetreten sind. Vgl. *Hecker* [Regulierung, 2000a], S. 334f.

204 Die negative Abweichung der größeren Stichprobe aus Abschnitt 2.4.3.2 beträgt 11,56 %. Vgl. *Hecker* [Regulierung, 2000a], S. 329.

205 Vgl. *Hecker* [Regulierung, 2000a], S. 323.

206 Vgl. *Dörfler* u.a. [Wertermittlung, 1994], S. 160.

207 Dies ist unverständlich, da für mindestens acht der 14 Gesellschaften Vergleichskurse bestehen. Vgl. Anhang 4 bei *Hecker* [Regulierung, 2000a], S. 456-473.

sich die Stichprobe von derjenigen des Vergleichs von angebotener Abfindung und Börsenkurs vollständig unterscheidet, ist selbst eine grobe Abschätzung nicht möglich.

Die bei Barabfindungen festgestellte, positive Abweichung von überprüfter Abfindung und Börsenkurs indiziert, dass auch für Squeeze-out-Fälle einem vorhandenen Börsenkurs nur bedingt die Rolle der einzigen Bewertungsgrundlage im Spruchstellenverfahren zufallen kann. Dieser stellt in jedem Fall eine unverzichtbare Referenzgröße und gleichzeitig die Wertuntergrenze dar.

2.4.4. Spruchverfahrensneuordnungsgesetz

Insbesondere die überlange Dauer von Spruchstellenverfahren, der Züge einer „Rechtsverweigerung“[208] attestiert werden, hat Aktionärsvertreter und Rechtswissenschaftler dazu veranlasst, einen gemeinsamen Reformentwurf zu erarbeiten.[209] Das Bundesministerium der Justiz folgte diesem Ansinnen in wesentlichen Punkten durch das als Artikelgesetz konzipierte und inzwischen verabschiedete Spruchverfahrensneuordnungsgesetz, das mit Antragstellung seit 1.9.2003 einschlägig ist. Ziel ist, die bislang schwerpunktmäßig im AktG und UmwG verstreuten, teilweise inhaltsgleichen Regelungen (siehe Anhang 2) mit speziellem Augenmerk auf verbesserte Verfahrensstrukturen zu reformieren und gleichzeitig zu zentralisieren.[210]

Als einer der Eckpunkte der Novelle müssen die Antragsteller nun konkrete Einwendungen insbesondere gegen die vom Antragsgegner durchgeführte Unternehmensbewertung schriftlich vorbringen. Mit der Begründungspflicht ist eine Verlängerung der Antragsfrist auf drei Monate und die gleichzeitige Abschaffung der Anschlussanträge verbunden (§ 4 SpruchG).[211] Darüber hinaus erfolgt die Auswahl und Bestellung der Prüfer analog zu § 327c Abs. 2 S. 3 AktG bei allen Umstrukturierungsmaßnahmen durch das zuständige Gericht (Art. 2 u. 4 SpruchG). Deren Gutachten dienen als Erörterungsgrundlage, auf der alle Beteiligten ihre schriftlichen Äußerungen im Vorfeld und ihre Vorträge während der mündlichen Verhandlung stützen.[212] Da die Prüfer als sachverständige Zeugen jetzt an der Verhandlung teilnehmen (§ 8 Abs. 2 SpruchG), sollen sich zusätzlich bestellte Sachverständige an Stelle von weiteren Gesamtgutachten nur noch zu Detailfragen äußern.[213]

§ 9 SpruchG enthält eine allgemeine Verfahrensförderungspflicht aller Beteiligten und reduziert die Amtsermittlung auf ein Mindestmaß. Einen weiteren Beschleunigungseffekt erhofft sich der Gesetzgeber durch die umfassende Neugestaltung der Kostenvor-

---

208 *Wenger/Kaserer/Hecker* [Minderheitenschutz, 2001], S. 329.

209 Vgl. *Lutter/Bezzenberger* [Spruchverfahren, 2000].

210 Vgl. BT-Drs. 15/371, S. 11f. Kern der Neuordnung stellt Art. 1 dar, der das SpruchG enthält.

211 Vgl. kritisch aus Richtersicht *Pluszkajler* [Diagnose, 2003], S. 520, der in Zukunft wenig zielführende, formelhafte Standardbewertungsrügen erwartet.

212 Vgl. zur zeitlichen Normierung von Erwiderung und Duplik in der Vorbereitungsphase der mündlichen Verhandlung *Neye* [Spruchverfahrensneuordnungsgesetz, 2002], S. 2098.

213 Vgl. BT-Drs. 15/371, S. 15.

schriften,[214] die die im Fall von Squeeze-out bereits ausgeschiedenen Minderheitsaktionäre zumindest einem begrenzten Kostenrisiko aussetzt (§ 15 Abs. 4 SpruchG): Nach der Gesetzesbegründung sollen diese ihre eigenen Kosten vollständig bzw. anteilig tragen, falls die angebotene Leistung nicht bzw. nur geringfügig aufgebessert wird.[215]

2.5. Ergebnisse für die Arbeit

Die bisherigen mittelbaren Möglichkeiten zum Erwerb von Streubesitzaktien sind aus Sicht des Hauptaktionärs unbefriedigend ausgestaltet. Die Squeeze-out-Regelung stellt demgegenüber ein übersichtlich strukturiertes Verfahren zum unmittelbaren und schnellen Zwangsausschluss von Minderheitsaktionären dar, das Rechtssicherheit mit Blick auf die künftigen Eigentumsverhältnisse im Konzern der Zielgesellschaft schafft. Dies gilt jedoch nicht für die Höhe der Barabfindung.

Durch die analoge Anwendbarkeit der BVerfG-Leitentscheidung zum Börsenkurs als Untergrenze der Minderheitenabfindung wird eine Marktwertorientierung als Ergänzung zum herkömmlichen Ertragswertverfahren statuiert. Dadurch dürfte das in der Vergangenheit speziell bei Vertragskonzernen festgestellte Problem einer Abfindung unter Börsenkurs bei Squeeze-out nicht bestehen.

Das BVerfG und im Nachgang der BFH haben versäumt, die Anwendungsbedingungen der Marktwertermittlung zu konkretisieren. Die ausgeschiedenen Aktionäre der Zielgesellschaft sind daher verstärkt auf Spruchstellenverfahren als gerichtliche Wertkontrolle angewiesen. Das SpruchG könnte helfen, die mehrjährige Zeitspanne bis zur endgültigen Festlegung der Höhe der Barleistung für die sofort hingegebenen Anteile spürbar zu verkürzen.

---

214 Vgl. zur Neugestaltung der Kostenregelung im Überblick *Lamb/Schluck-Amend* [Neuregelung, 2003], S. 1262; kritisch zu zwischenzeitlichen Bestrebungen des Bundesrats, eine Beschränkung des Geschäftswerts auf maximal 5 Mio. € zu verhindern, *Deutscher Anwaltverein e.V.* (Hrsg.) [Stellungnahme, 2003], S. 566 mit Blick auf BT-Drs. 15/371, S. 24f.

215 Vgl. BT-Drs. 15/371, S. 18 u. 28. Die Begründung zu § 16 Abs. 3 SpruchG-RefE siedelt eine erhebliche Erhöhung der angebotenen Leistung durch Gerichtsentscheid, die dem Antragsgegner sämtliche Kosten der Antragsteller aufbürdet, bei 15 % bis 20 % des Ausgangswerts an. Vgl. *Bundesministerium der Justiz* (Hrsg.) [Neuordnung, 2001], S. 29. Dieser Anhaltspunkt ist im Laufe des Gesetzgebungsverfahrens ohne weitere Begründung gestrichen worden.

3. Erwerb von Streubesitzaktien in Europa und den USA

3.1. Ausschlussrechte in Kontinentaleuropa

3.1.1. Ausgestaltung als allgemeines Ausschlussrecht

In Deutschland ist beim aktienrechtlichen Ausschluss von Minderheitsaktionären die Rechtsform der Obergesellschaft unerheblich. Die Zielgesellschaft muss zwar im Gewand einer AG oder KGaA bestehen, jedoch nicht an einer Börse notiert sein. Ein Austrittsrecht von Minderheitsaktionären, das mit dem Erreichen eines bestimmten Kapitalanteils seitens der Obergesellschaft verbunden ist, existiert nicht.[216] Abbildung 2 zeigt Charakteristika von Rechtsnormen in Europa, die entsprechend der deutschen Regelung kein vorheriges öffentliches Übernahmeangebot als notwendige Bedingung für das Squeeze-out voraussetzen.

	Schwelle	Börsennotierung der Zielgesellschaft als Voraussetzung	Relevanz vorhandener Börsenkurse	korrespondierendes Austrittsrecht von Minderheiten
Deutschland	95 %-Kapitalanteil	nein	h.M.	nein
Niederlande	95 %-Kapitalanteil	nein	ja (im Anschluss an Übernahmeangebot)	nein
Belgien	95 %-Stimmrechtsanteil	ja (oder weite Steuung der Anteile)	ja	nein
Frankreich	95 %-Stimmrechtsanteil	ja	ja	ja
Schweden	jeweils 90 %-Kapital- und Stimmrechtsanteil	nein	ja	ja
Österreich	90 %-Kapitalanteil	nein	ja	nein

Abbildung 2: Länder mit allgemeinem Ausschlussrecht

Der deutschen Squeeze-out-Regelung am nächsten kommt das im niederländischen Zivilgesetzbuch geregelte Pendant (Art. 2:92a, 2:201a BW). Detailunterschiede ergeben sich hinsichtlich des Geltungsbereichs und des Rechtsschutzes.[217] Zum einen bezieht sich das Ausschlussrecht auch auf die GmbH als Zielgesellschaft, zum anderen kann das mit der Übertragungsklage befasste Gericht das Begehren der Obergesellschaft ablehnen. Letzteres ist insbesondere bei erheblichem materiellen Schaden trotz überprüfter Barabfindung oder satzungsmäßigen Leitungsrechten der betroffenen Anteile eines Minderheitsaktionärs zu erwarten (Art. 2:92a IV, 2:201a IV BW). Ein vorhandener Börsenkurs ist bei der gerichtlichen Festlegung des Abfindungspreises rele-

216 Lediglich bei der GmbH besteht nach h.M. neben dem Ausschlussrecht aus wichtigem Grund ein entsprechendes Austrittsrecht. Im AktG ist der Austritt von Gesellschaftern an bestimmte Konzernierungsformen (siehe Abschnitte 2.2.1 u. 2.2.4) gebunden. Vgl. *Grunewald* [Austritt, 1997], S. 105f.

217 Ein Austrittsrecht ist in den Niederlanden abgesehen von Fällen mit pflichtwidrigem Verhalten der anderen Gesellschafter unbekannt. Vgl. *Timmerman* [Niederlande, 2001], S. 175.

vant, wenn ein öffentliches Übernahmeangebot dem Squeeze-out unmittelbar vorausgeht.[218]

In Belgien besteht seit 1995 ein allgemeines Ausschlussrecht, das sich auf börsennotierte Aktiengesellschaften und solche beschränkt, deren Anteile weit gestreut sind. Diejenigen Aktien, die der Obergesellschaft im Rahmen ihres speziellen Kaufangebots auf die maximal ausstehenden 5 % der Stimmrechte nicht angedient werden, verfallen gegen Entschädigung (Art. 190quinquies L.C.S.C.). Ein Austrittsrecht existiert nur bei einer nicht-börsennotierten AG sowie einer GmbH aus wichtigem Grund.[219]

Einen perfekten Gleichlauf von Ausschluss- und Austrittsrecht sehen das französische und das schwedische Recht vor. In Frankreich gilt dies ab einem Stimmrechtsanteil von 95 % an einer börsennotierten Zielgesellschaft, die entweder dem *Premier* oder dem *Second Marché*[220] angehört. Nach den Regularien der nationalen Börsenaufsichtsbehörde (CMF) kann die Obergesellschaft auf Antrag ein öffentliches Übernahmeangebot für die noch im Streubesitz befindlichen Anteile abgeben (Art. 5-7-1 bis 5-7-3 RG). Entsprechend der Situation in Belgien verfallen in Frankreich nicht angediente Titel gegen Entschädigung, wobei auch hier die Marktbewertung der Zielgesellschaft neben dem Liquidations- und dem Ertragswert nur ein mögliches Kriterium der Wertfindung darstellt.[221] In Schweden, das strenggenommen nicht zu Kontinentaleuropa zählt, entsteht ein allgemeines Ausschlussrecht bei Aktiengesellschaften, sobald die Obergesellschaft mindestens 90 % des Kapitals und der Stimmrechte besitzt (Kap. 14, §§ 31-35 Aktiebolagslag). Fast gleichlautende Regelungen existieren in Dänemark, Norwegen, Finnland und Island.[222] Bei der Bemessung der Entschädigung sind vorhandene Marktwerte gem. einer schwedischen höchstrichterlichen Entscheidung zu berücksichtigen.[223] Als Besonderheit kann die Minderheit sowohl in Schweden als auch in Frankreich ein spiegelbildliches Übernahmeangebot von der Obergesellschaft fordern (Art. 5-6-1 RG; Kap. 14, §§ 31-35 Aktiebolagslag).[224]

In Österreich ist das Squeeze-out derzeit nur innerhalb der verschmelzenden Umwandlung[225] vorgesehen. Nach § 2 Abs. 2 Z. 3 öUmwG kann die Obergesellschaft ab einer Kapitalbeteiligung von 90 % die außenstehenden Aktionäre der Zielgesellschaft zwangsweise bar abfinden, wobei ein vorhandener Börsenkurs die Höhe der Abfindung beeinflusst. Da das Instrument einen engen Anwendungsbereich hat und sich in der

---

218 Eine Anfechtung der Bewertung vor dem Obersten Gerichtshof der Niederlande ist möglich, kann jedoch das Verfahren über Jahre blockieren. Vgl. *Sieger/Hasselbach* [Ausschluss, 2001], S. 928.

219 Vgl. *Wymeersch* [Belgien, 2001], S. 24f.

220 Vgl. zu den Marktsegmenten *Helms* [Frankreich, 2001], S. 74 u. 93f. m.w.N.

221 Vgl. zu den Details *Sieger/Hasselbach* [Ausschluss, 2001], S. 927-929.

222 Vgl. *Andersen* [Skandinavien, 2002], S. 114.

223 Vgl. *Hasselberg/Axelsson* [Sweden, 1998], S. 59.

224 Vgl. *Helms* [Frankreich, 2001], S. 93 und *Hasselberg/Axelsson* [Sweden, 1998], S. 59.

225 Gemeint ist die Vermögensübertragung einer Kapitalgesellschaft per Hauptversammlungsbeschluss auf die Obergesellschaft im Weg der Gesamtrechtsnachfolge. Vgl. *Mandl/Rabel* [Auswahl, 2001], S. 207 u. 215 sowie zum Instrument der nicht-verhältniswahrenden Spaltung *Sieger/Hasselbach* [Ausschluss, 2001], S. 929f. m.w.N.

Praxis als schwerfällig erweist,[226] ist die Existenz eines allgemeinen Ausschlussrechts für Österreich fraglich. Ebenso ist ein Austrittsrecht der Minderheit unbekannt. Eindeutig ist der Sachverhalt in Spanien geregelt, das bislang weder unmittelbare Ausschluss- noch Austrittsrechte kennt.[227]

Die Organe der EU, insbesondere das EU-Parlament, haben erkannt, dass im Rahmen der Neukonzeption der Übernahmerichtlinie die Notwendigkeit besteht, das Squeeze-out in Europa einheitlich zu regeln.[228] Derzeit offenbart selbst der Vergleich einer homogenen Gruppe von Ländern, die auf ein öffentliches Übernahmeangebot als notwendige Bedingung für das Squeeze-out verzichten, deutliche Unterschiede: Einerseits besteht bezüglich des notwendigen Anteilsbesitzes sowie des Kriteriums der Börsennotierung Uneinigkeit, andererseits ist ein Gleichlauf von Ausschluss- und Austrittsrechten zumindest in Frankreich und Schweden Standard. Weitgehender Konsens besteht dagegen bei der Berücksichtigung von vorhandenen Börsenkursen bei der Abfindungsbemessung.

3.1.2. Ausgestaltung als Gegenstück zum Pflichtangebot

Trotz des Fehlens einer verbindlichen EU-weiten Rahmenvorgabe für Unternehmensübernahmen existieren in vielen europäischen Staaten bereits heute Vorschriften, die im Fall eines Kontrollwechsels bei der Zielgesellschaft ein Pflichtangebot an alle außen stehenden Aktionäre auslösen. Das Argument, dass der Bieter durch ein Vollangebot in eine höhere Mehrheitsposition als ursprünglich gewollt gezwungen werden könnte, etabliert das Squeeze-out als Gegenstück zu dieser Verpflichtung.[229] Obwohl der deutsche Gesetzgeber davon ausgeht, dass in der Mehrzahl der Fälle das Squeeze-out auf ein Angebot gem. WpÜG folgen wird,[230] stellt Letzteres keine notwendige Voraussetzung dar.[231] Italien, die Schweiz und Großbritannien[232] haben einen anderen Weg eingeschlagen. In diesen Ländern ist das Squeeze-out zwingend an ein vorausgehendes Übernahmeangebot gekoppelt. Einen Sonderfall stellt Belgien dar. Dort besteht neben einem allgemeinen Ausschlussrecht auch ein bedingtes im Sinne dieses Abschnitts.[233] Abbildung 3 zeigt die Rahmenbedingungen der einschlägigen Rechtsnormen.

---

226 Vgl. *Doralt/Klass* [Österreich, 2001], S. 205.

227 Vgl. *Peris* [Spanien, 2001], S. 278.

228 Vgl. *Europäisches Parlament* (Hrsg.) [A5-0368/2000], S. 170.

229 Vgl. *Forum Europaeum Konzernrecht* (Hrsg.) [Europa, 1998], S. 725-728 u. 738.

230 Vgl. BT-Drs. 14/7034, S. 32.

231 Dies ist rechtstechnisch mit der Squeeze-out-Regelung in der vorliegenden Form nicht möglich, da sich § 1 WpÜG auf Wertpapiere bezieht, die zum Handel an einem organisierten Markt zugelassen sind, während § 327a AktG eine Börsennotierung nicht voraussetzt.

232 Siehe hierzu ausführlich Abschnitt 3.2 sowie im Überblick Anhang 3.

233 Dabei gilt die erforderliche Zustimmungsquote im Rahmen des Übernahmeangebots von 66 % der außen stehenden Aktionäre als unwiderlegbare Vermutung eines marktgerechten Preises, die weitere Überprüfungen ausschließt. Vgl. *Sieger/Hasselbach* [Ausschluss, 2001], S. 929.

	Schwelle	Börsennotierung der Zielgesellschaft als Voraussetzung	Relevanz vorhandener Börsenkurse	korrespondierendes Austrittsrecht von Minderheiten
Belgien	95 %-Stimmrechtsanteil und Annahme Übernahmeangebot von 66 % der Streubesitzaktien	ja (oder weite Steuung der Anteile)	ja	nein
Italien	98 %-Stimmrechtsanteil	nein	ja	ja (Schwelle: 90 %)
Schweiz	98 %-Stimmrechtsanteil	ja	ja	nein (aber im Ergebnis denkbar)
Großbritannien	Annahme Übernahmeangebot von 90 % der Streubesitzaktien je Gattung	nein	ja	ja

Abbildung 3: Länder mit Koppelung von Ausschlussrecht und Pflichtangebot

In Italien hat die Obergesellschaft binnen vier Monaten nach Abschluss des Übernahmeverfahrens das Recht, sämtliche Aktien des Streubesitzes[234] zwangsweise zu erwerben, falls sie in Folge eines Totalangebots die Schwelle von 98 % der stimmberechtigten Aktien erreicht (Art. 111 T.U.). Die Obergesellschaft muss auf ihre Absicht, das Squeeze-out durchführen zu wollen, bereits in der Angebotsunterlage hinweisen.[235] Ein dem Squeeze-out zeitlich vorgelagertes Austrittsrecht besteht in dem Sinn, dass die Obergesellschaft bei Überschreiten der Grenze von 90 % der Stammaktien ein zweites Pflichtangebot zu einem von der Börsenaufsichtsbehörde (CONSOB) festzulegenden Preis abgeben muss (Art. 108 T.U.). Die Kriterien der Preisbildung stellen in beiden Fällen der Preis eines früheren Übernahmeangebots sowie der durchschnittliche Börsenkurs der letzten sechs Monate dar.[236]

Die italienische Regelung des Squeeze-out findet sich in ähnlicher Form in der Schweiz wieder. Dort kann die Obergesellschaft nach Art. 33 u. 54 BEHG i.V.m. Art. 54 u. 55 VB-BEHG binnen drei Monaten nach Ablauf der Angebotsfrist und vorheriger Ankündigung eine Klage auf Kraftloserklärung der restlichen Beteiligungspapiere gegen die börsennotierte Zielgesellschaft erheben.[237] Für die Barabfindung oder eine Tauschleistung ist der Preis des vorangegangenen öffentlichen Kaufangebots bindend.[238] Im Unterschied zu Italien besteht abgesehen von einem unter Umständen Jahre

234 Entgegen der h.M. verengen *Sieger/Hasselbach* den Anwendungsbereich auf börsennotierte Zielgesellschaften. Vgl. dies. [Ausschluss, 2001], S. 928.

235 Vgl. *Hommelhoff/Witt* [Scheitern, 2001], S. 568.

236 Vgl. *Kindler* [Italien, 2001], S. 154. Diese Kriterien sind auch im Fall des Squeeze-out heranzuziehen. Vgl. *Hommelhoff/Witt* [Scheitern, 2001], S. 568.

237 Das Squeeze-out kann sich neben 2 % der Stammaktien auch auf Partizipations- und Genussscheine sowie Wandel- und Optionsrechte erstrecken. Vgl. im Detail *Köpfli* [Ausschluss, 1998], S. 59-62.

238 Dieser muss mindestens dem Börsenkurs entsprechen und darf den höchsten Preis für Vorerwerbe der letzten 12 Monate um maximal 25 % unterschreiten (Art. 32 Abs. 4 BEHG). Der Börsenkurs als Wertuntergrenze entspricht dem Durchschnitt der an einer inländischen Börse während der letzten 30 Handelstage vor Angebotsveröffentlichung ermittelten Eröffnungskurse. Die Übernahmekommission nimmt gem. einer Einzelentscheidung ausreichende Liquidität an, wenn an zwei

zurückliegenden Pflichtangebot ein Austrittsrecht der Minderheit nur im Ergebnis. Die Klage einer Minderheit, die mindestens 10 % des Aktienkapitals auf sich vereinigt, auf Auflösung der Gesellschaft kann mit einem Austritt gegen Barabfindung abgewendet werden.[239]

3.1.3. Der neue Vorschlag für eine EU-Übernahmerichtlinie

Die EU-Kommission hat am 2.10.2002 einen neuen Vorschlag für eine Übernahmerichtlinie veröffentlicht, nachdem die nunmehr über 25 Jahre andauernden Harmonisierungsbestrebungen ein Jahr zuvor im EU-Parlament durch Abstimmung mit Stimmengleichheit scheiterten.[240] Festgehalten wird an dem Konzept, den Mitgliedstaaten eine Reihe von verbindlichen Grundsätzen und allgemeinen Erfordernissen an die Hand zu geben, während die Detailregelungen länderspezifisch auszuarbeiten sind. Mit Art. 14 u. 15 ÜbernahmeRL[241] finden erstmals ein bedingtes Ausschluss- und Austrittsrecht von Minderheitsaktionären Eingang in die Rahmenvorgabe, die aus heutiger Sicht frühestens ab 1.1.2005 in das jeweilige nationale Recht umgesetzt werden kann.

Der neue Richtlinienvorschlag setzt zwingend voraus, dass der zum Ausschluss berechtigende Kapitalanteil im Zuge eines freiwilligen oder verpflichtenden Vollangebots auf börsennotierte Wertpapiere erreicht wird (Art. 14 Abs. 1 S. 1 ÜbernahmeRL i.V.m. Art. 1 Abs. 1 ÜbernahmeRL). Eine zeitliche Befristung der Ausschlussbefugnis besteht nicht. Der bei Existenz von mehreren Aktiengattungen für jede Gattung gesondert zu bestimmende Schwellenwert kann auf zweierlei Weise überschritten werden: Einerseits über einen Anteilsbesitz der Obergesellschaft von mindestens 90 %, wobei länderspezifisch ein höherer Wert festgelegt werden kann, der jedoch 95 % nicht übersteigen darf. Andererseits kann der Ausschluss – entsprechend dem britischen Vorbild der ss 428-430 F CA 1985[242] – auch über eine Annahmequote des Angebots von mindestens 90 % des Grundkapitals betrieben werden. Die zweite Alternative stellt hinsichtlich des zum Ausschluss berechtigenden Kapitalanteils stets die härtere Anforderung dar, falls beide Schwellenwerte 90 % betragen und die Obergesellschaft bereits vor Angebotsabgabe Aktionärin der Zielgesellschaft war.[243] Obwohl der deutsche Wortlaut von Art. 14 Abs. 1 S. 1 Buchstabe b) ÜbernahmeRL für ein kumulatives Umsetzungsgebot spricht,

---

Drittel der Handelstage Börsenhandel stattfindet. Vgl. *Lengauer* [Börsengesetz, 2002], S. 472, insbesondere Fn. 17.

239 Vgl. *Forum Europaeum Konzernrecht* (Hrsg.) [Europa, 1998], S. 736.

240 Vgl. zur Entstehungsgeschichte der Übernahmerichtlinie im Überblick *Hopt* [Praxisprobleme, 2002], S. 387f.

241 Die Fundstellen beziehen sich, wenn nicht gesondert vermerkt, auf den Vorschlag der EU-Kommission mit Datum 2.10.2002.

242 Siehe nachfolgend Abschnitt 3.2.1.1.

243 Besitzt die Obergesellschaft beispielsweise 40 % des Grundkapitals der Zielgesellschaft und erzielt bei einem Übernahmeangebot auf die ausstehenden 60 % die geforderte (Mindest-)Annahmequote von 90 %, steigt ihr Kapitalanteil auf 94 %.

ist nach dem Entstehungsprozess ein Mitgliedstaatenwahlrecht zumindest nicht ausgeschlossen.[244]

Die Zwangsabfindung muss entsprechend der Gegenleistung des Übernahmeangebots ausgestaltet sein. Jene bemisst sich als „der höchste Preis, der vom Bieter [...] sechs bis zwölf Monate vor dem Angebot [...] für die gleichen Wertpapiere gezahlt worden ist",[245] und besteht grundsätzlich aus liquiden Wertpapieren und nur fallweise oder optional in Form einer Geldleistung.[246] Während bei einem vorausgehenden Pflichtangebot die Angemessenheit der Gegenleistung des Angebots auch für das Squeeze-out unwiderlegbar[247] vermutet wird, trifft dies bei einem freiwilligen Angebot nur zu, falls dessen Annahmequote mindestens 90 % beträgt (Art. 14 Abs. 3 S. 2 ÜbernahmeRL). Diese Vermutungen gelten nur, falls zwischen dem Ablauf der Annahmefrist und der Ausübung des Zwangsausschlusses nicht mehr als drei Monate liegen. Andernfalls muss ein Sachverständigengutachten eingeholt werden (Art. 14 Abs. 4 ÜbernahmeRL).

Falls die Obergesellschaft nach der erfolgreichen Unterbreitung eines gegebenenfalls nach Aktiengattungen getrennten freiwilligen Angebots oder Pflichtangebots mindestens 90 % des Grundkapitals besitzt,[248] entsteht auf Seiten der in der Zielgesellschaft verbliebenen Aktionäre ein zeitlich unbefristetes, korrespondierendes Austrittsrecht (Art. 15 Abs. 1 S. 1 ÜbernahmeRL). Ein analog zum Zwangsausschluss an das Erreichen einer bestimmten Annahmequote gebundenes Austrittsrecht sieht der Richtlinienvorschlag nicht vor. Bezüglich der Preisfindung verweist Art. 15 Abs. 3 ÜbernahmeRL direkt auf die entsprechenden Regelungen des Zwangsausschlusses.

Sollte der Richtlinienvorschlag trotz der derzeitigen intensiven Diskussion über Sonderabwehrrechte sowohl auf politischer als auch auf fachlicher Ebene Bestand haben,[249] stellt sich für den deutschen Gesetzgeber die Frage nach der Kompatibilität mit

---

244 Für ein Wahlrecht sprechen sich *Krause* [Kommissionsvorschlag, 2002], S. 2345 und *Seibt/Heiser* [Vorschlag, 2002], S. 2201 aus.

245 Art. 5 Abs. 4 S. 1 ÜbernahmeRL. Vgl. eine Überregulierung anmahnend *Kallmeyer* [Kommissionsvorschlag, 2002], S. 2695, der eine allgemeine Festlegung in Form der Angemessenheit der Gegenleistung als ausreichend erachtet.

246 Beispielsweise ist eine Barabfindung zumindest wahlweise anzubieten, falls die Obergesellschaft mindestens drei Monate vor dem Angebot oder während der Annahmefrist mehr als 5 % der Aktien bar erworben hat (Art. 5 Abs. 5 S. 3 ÜbernahmeRL).

247 Zu dieser Interpretation tendieren *Seibt/Heiser* [Vorschlag, 2002], S. 2201 m.w.N. A.A. *Tröger* [Übernahmerecht, 2003], S. 179, der eine fehlende redaktionelle Anpassung während der kurzfristigen Entstehung der Ausschlussbefugnis vermutet.

248 Vgl. die Kritik von *Krause* [Kommissionsvorschlag, 2002], S. 2346, der den Wortlaut der deutschen Fassung als mehrdeutig einstuft. Den Mitgliedstaaten steht frei, einen von den Regelungen des Zwangsausschlusses prinzipiell unabhängigen, höheren Schwellenwert festzulegen, der 95 % nicht überschreiten darf.

249 In der öffentlichen Diskussion führt die Ausschlussbefugnis ein Schattendasein. Vielmehr wird aktuell über die umfassende Beseitigung von übernahmefeindlichen Strukturen, etwa Mehrfach- oder Höchststimmrechte, debattiert. Vgl. zusammenfassend *Dauner-Lieb* [Tauziehen, 2003].

§§ 327a-327f AktG. Erstens müsste das Squeeze-out als zwingende Voraussetzung[250] mit einem Übernahmeverfahren gem. WpÜG verbunden werden. Als unmittelbare Folge wäre abhängig von der Interpretation des Wortlauts von Art. 14 Abs. 1 S. 1 Buchstabe b) ÜbernahmeRL neben der 95 %-Kapitalschwelle, deren Höhe im Zuge eines Mitgliedstaatenwahlrechts beibehalten werden könnte, eine mit 90 % hinreichend große Annahmequote des Angebots als alternative Voraussetzung in § 327a Abs. 1 AktG zu implementieren. In jedem Fall müsste(n) die Auslösungsschwelle(n) auf jede Aktiengattung getrennt anwendbar sein. Darüber hinaus wäre die Barzahlung als derzeit einzige Abfindungsvariante zumindest um eine Abfindung in liquiden Aktien zu erweitern.

Zweitens müsste im WpÜG oder AktG ein spiegelbildliches Austrittsrecht als eigenständiges Rechtsinstitut geschaffen werden.[251] Da mit Art. 1 Abs. 1 ÜbernahmeRL der Anwendungsbereich nachweislich der beigefügten Erläuterungen[252] einen Mindeststandard darstellt, ist die europarechtlich beabsichtigte Beschränkung auf börsennotierte Gesellschaften nicht explizit aufrechtzuerhalten. In diesem Eckpunkt könnte der deutsche Gesetzgeber an seinem bestehenden Konzept festhalten, was jedoch im Ergebnis bedeuten würde, die Übernahmeregulierung entgegen dem heutigen § 1 WpÜG zumindest partiell auf nicht-börsennotierte Unternehmen auszuweiten.

3.2. Squeeze-out in Großbritannien

3.2.1. Vorschriften des Companies Act 1985

3.2.1.1. Übernahmeangebote gem. ss 428-430 F CA 1985

Das Übernahmerecht in Großbritannien geht als Instrument der freiwilligen Selbstkontrolle auf eine Initiative der Akteure des Finanzplatzes London zurück. Im März 1968 wurde mit dem City Code on Takeovers and Mergers ein Regelwerk geschaffen, das das Verhalten aller Beteiligten faktisch bindet.[253] Der Kodex soll vor allem Missbrauch entgegentreten, der sich in unfairem Verhalten gegenüber den Angebotsempfängern äußert.[254] Das Konzept der ss 428-430 F CA 1985 dient als Vorbild für den neuen EU-Richtlinienvorschlag und verbindet Angebote im Rahmen des City Code sowohl mit

---

250 Für ein allgemeines Ausschlussrecht lässt die Erläuterung von Art. 14 ÜbernahmeRL keinen Raum: „Die Richtlinie beschränkt [die] Möglichkeit [des Zwangsausschlusses] allerdings auf den Fall, dass der Wertpapieranteil im Zuge eines Übernahmeangebots erreicht wurde.“ *Kommission der Europäischen Gemeinschaften* (Hrsg.) [KOM (2002) 534], S. 11. A.A. *Krause* [Kommissionsvorschlag, 2002], S. 2344, der die Richtlinie trotzdem nur als Mindeststandard qualifiziert.

251 Vgl. zu den Berührungspunkten mit der sog. Zaunkönigregelung des § 16 Abs. 2 WpÜG *Seibt/Heiser* [Vorschlag, 2002], S. 2203.

252 Vgl. *Kommission der Europäischen Gemeinschaften* (Hrsg.) [KOM (2002) 534], S. 5 hinsichtlich der Erläuterung von Art. 1 ÜbernahmeRL.

253 Vgl. *Farrar/Hannigan* [Farrar's Company Law, 1998], S. 590 sowie insbesondere zur Vorreiterrolle des City Code für den Harmonisierungsprozess des Übernahmerechts in der EU *Bittner* [EG-Übernahme-Richtlinie, 1992].

254 Vgl. *Triebel* u.a. [Wirtschaftsrecht, 1995], Rn. 772.

einem Ausschluss- als auch mit einem Austrittsrecht von Minderheitsaktionären, ohne die Börsennotierung der Zielgesellschaft zu verlangen.[255]

Wird bei einem Totalangebot[256] innerhalb einer Frist von vier Monaten eine Zustimmung von mindestens 90 % des „value of the shares"[257] erzielt, kann die Obergesellschaft den Zwangserwerb der übrigen Aktien zu den Konditionen des Angebots innerhalb von weiteren zwei Monaten anzeigen. Dabei ist es unerheblich, ob sich das Angebot auf sämtliche Aktien der Gesellschaft oder nur auf alle Aktien einzelner Gattungen bezieht. Bei der Berechnung der Kapitalschwelle sind Anteile abzuziehen, die von dem Bieter selbst oder ihm nahestehenden Aktionären gehalten werden (ss 428 (1), 430 E CA 1985). Darüber hinaus sind gem. s 429 (8a) CA 1985 Zukäufe abzusetzen, die dieser Aktionärskreis während der Angebotsfrist zu einem höheren als dem Angebotspreis, beispielweise an der Börse, erwirbt. Gegenüber den Aktionären der Zielgesellschaft leben alle neben einer Barabfindung bestehenden Wahlmöglichkeiten des vorangegangenen Übernahmeangebots, etwa die in einer Schuldverschreibung verbriefte verzinsliche Stundung des Kaufpreises (sog. *loan note*) oder eine Abfindung in Aktien der Obergesellschaft, neu auf.[258]

S 430 A CA 1985 enthält mit dem korrespondierenden Austrittsrecht eine zweite Möglichkeit für einen zunächst verkaufsunwilligen Aktionär, seine Anteile zu den ursprünglichen Konditionen zu veräußern. Dahinter steht die Überlegung, dass der Aktionär der Zielgesellschaft bei einer überraschend hohen Andienungsquote ungewollt in eine ausgeprägte Minderheitenposition geraten kann.[259] Obwohl das Austrittsrecht inhaltlich fast in Übereinstimmung[260] mit dem Ausschlussrecht abgefasst ist, besteht ein wichtiger Unterschied: Das Andienungsrecht entsteht bereits, wenn der Kapitalanteil der Obergesellschaft unter Zurechnung ihres direkten sowie auch mittelbaren Aktienbesitzes die 90 %-Schwelle überschreitet.[261] Das Austrittsrecht kann nur solange parallel zu dem Ausschlussrecht bestehen, bis die Obergesellschaft ihr Erwerbsrecht anzeigt.

---

255 Die nachfolgend behandelten Gesetze über Kapitalgesellschaften (Companies Act 1985 und 1989) sowie das Insolvenzgesetz (Insolvency Act 1986) haben auch über die Grenzen von England und Wales hinaus Bedeutung erlangt, so in Schottland, Nordirland und Irland. Vgl. *Triebel* u.a. [Wirtschaftsrecht, 1995], Rn. 559f. Die Regelungen entstammen dem Fallrecht und stellen keine Kodifizierungen im kontinentaleuropäischen Sinn dar. Vgl. ders. [Wirtschaftsrecht, 1995], Rn. 35f.

256 Vgl. insbesondere Rule 9 City Code zur Ausgestaltung von Pflichtangeboten.

257 S 429 (1, 2) CA 1985. Darunter ist ein 90 %-Kapitalanteil zu verstehen. Vgl. *Davies* [Gower's Principles, 1997], S. 808 (Fn. 20).

258 Den Aktionären der Zielgesellschaft wird eine Entscheidungsfrist von sechs Wochen beginnend mit der Anzeige durch die Obergesellschaft eingeräumt. (s 430 (3) CA 1985). Vgl. zu den Wahlmöglichkeiten im Detail *Morse* u.a. [Palmer's Company Law, 1992/2003], Rn. 12.208.

259 Vgl. *Farrar/Hannigan* [Farrar's Comany Law, 1998], S. 610.

260 Unterschiede bestehen jedoch bei den Fristen. Die Obergesellschaft muss das Überschreiten der Schwelle gem. s 430 A (1) CA 1985 den Aktionären der Zielgesellschaft binnen eines Monats anzeigen, die ihrerseits dann innerhalb von drei Monaten nach Ende der ursprünglichen Angebotsfrist ausscheiden können. Vgl. *Davies* [Gower's Principles, 1997], S. 809.

261 Vgl. ausführlich *Morse* u.a. [Palmer's Company Law, 1992/2003], Rn. 12.212.

Ausschluss- und Austrittsrecht unterliegen der gerichtlichen Nachprüfbarkeit innerhalb von sechs Wochen nach Zugang der Anzeige der Obergesellschaft (s 430 C (1, 3) CA 1985). Dem Gericht steht frei, den Zwangserwerb ganz zu untersagen oder lediglich dessen Konditionen zu verändern. Für das Austrittsrecht gilt nur Letztgenanntes. Das Gericht misst dem Kriterium der Fairness bei seiner Entscheidung größte Bedeutung zu.[262] Im Gegensatz zu dem bislang in Deutschland einschlägigen Amtsermittlungsgrundsatz obliegt es in Großbritannien allein den widersprechenden Minderheitsaktionären zu beweisen, dass das Übernahmeangebot für die Adressaten in der Gesamtheit unfair ausgestaltet ist. Dabei sind individuelle Aspekte irrelevant, beispielsweise ein Zwangsverkauf mit Verlust.[263]

Die Gerichte werten es als starkes Indiz für die Fairness eines Angebots, dass dieses bereits eine hohe Zustimmung hat erfahren müssen, um überhaupt Gegenstand einer Auseinandersetzung nach s 430 C CA 1985 zu sein.[264] Dahinter steht die Idee, dass die Aktionäre der Zielgesellschaft insgesamt über ausreichend Drohpotenzial verfügen, ein Angebot scheitern zu lassen bzw. diesem die Zustimmung in der erforderlichen Höhe zu verweigern, um so die Obergesellschaft zu einer Nachbesserung zu bewegen. Dies trägt Charakteristika einer paritätischen Verhandlungssituation.[265] Ebenfalls als starkes Indiz für die Fairness eines Angebots wird ein gegebenenfalls revidierter Angebotspreis über Börsenkurs angesehen.[266] In der Vergangenheit ist den Antragstellern der Beweis der Unfairness nur vereinzelt gelungen.[267] Eine Studie von *Franks, Harris* und *Mayer* unterstreicht dies und weist für Großbritannien logarithmierte abnormale Renditen[268] für die Aktionäre der Zielgesellschaft in einer Spanne von 11 % bis 33 % aus. Die Ergebnisse variieren abhängig vom Zeitraum der Übernahme und der angebotenen Gegenleistung.[269] Obwohl wie beim bisherigen deutschen Spruchstellenverfahren eine

---

262 Während *Than* Tendenzen hin zu einer materiellen Prüfung der Fairness ausmacht, beschränken sich britische Autoren im Wesentlichen auf die Diskussion formaler Kriterien. Vgl. hinsichtlich der Verletzung von Informationspflichten *Than* [Ausscheiden, 1997], S. 415 gegenüber *Morse* u.a. [Palmer's Company Law, 1992/2003], Rn. 12.211.

263 Vgl. *Farrar/Hannigan* [Farrar's Comany Law, 1998], S. 608.

264 Vgl. *Davies* [Gower's Principles, 1997], S. 811, insbesondere Fn. 39.

265 Vgl. *Rühland* [Abfindung, 2000], S. 1887.

266 „[W]here the shares are quoted on The Stock Exchange and the offer price is above the market price, that raises a presumption that the price is fair." *Farrar/Hannigan* [Farrar's Comany Law, 1998], S. 608, Fn. 9 in Bezug auf einschlägige Urteile.

267 Vgl. *Davies* [Gower's Principles, 1997], S. 811.

268 Dabei werden in dem Betrachtungszeitraum Vergleichskurse, die die durchschnittliche Rendite am Aktienmarkt verkörpern, mit den tatsächlich beobachteten Kursen verglichen. Vgl. *Franks/Harris/Mayer* [Payment, 1988], S. 233-235. Eine Bestimmung von Übernahmeprämien mit dem Marktmodell ist hierzulande wenig verbreitet. Normalerweise wird als Übernahmeprämie die durchschnittliche prozentuale Abweichung der Abfindung vom Börsenkurs definiert. Vgl. z.B. *Hecker* [Regulierung, 2000a], S. 332 u. 343.

269 Vgl. die Tabellen 8.4 und 8.5 bei *Franks/Harris/Mayer* [Payment, 1988], S. 242 u. 244. Die Studie untersucht für Großbritannien 954 Unternehmensübernahmen im Zeitraum von 1955 bis 1985. Ein Aktionär der Zielgesellschaft erzielt bei Barangeboten im Monat der Bekanntmachung durchschnittlich eine abnormale Rendite von 32,7 % im Zeitraum von 1965 bis 1985 (18,5 % im Zeitraum von 1955 bis 1964 bzw. gesamt 30,2 %). Bei Tauschangeboten in Aktien verringern sich die

Kostenbelastung der Minderheitsaktionäre in der Regel nicht besteht, werden die Gerichte auf Grund der geringen Erfolgsaussichten selten angerufen.

Durch gezielte Verbesserungen an der auf das *Green Committee* aus dem Jahr 1929 zurückgehenden Regelung konnte die Anzahl von Gerichtsverfahren reduziert und gleichzeitig Rechtssicherheit geschaffen werden. Insbesondere wurden die Anforderungen an die 90 %-Schwelle im Rahmen des Ausschlussrechts mit Vorschriften zur Änderung von Angeboten (s 428 (7) CA 1985), zum Aktienerwerb außerhalb von Angeboten (ss 429 (8), 430 E (2) CA 1985) und zu nicht erreichbaren Aktionären (s 430 C (5) CA 1985) sukzessive präzisiert.[270]

Die britische Vorgehensweise weist in struktureller Übereinstimmung mit dem EU-Richtlinienvorschlag vom 2.10.2002 gegenüber der deutschen Squeeze-out-Regelung zwei wesentliche Unterschiede auf: Einerseits wird den Aktionären der Zielgesellschaft als Einheit Drohpotenzial mit Rückwirkung auf den Abfindungspreis eines späteren Squeeze-out eingeräumt,[271] andererseits besteht ein fast perfekter Gleichlauf von Ausschluss- und Austrittsrecht, die zumindest im Fall der ss 428-430 F CA 1985 beide zeitlich begrenzt sind.

An dieser Situation ändert sich auch dann nichts, wenn in Deutschland dem Squeeze-out – wie jüngst empirisch gezeigt[272] – oftmals ein Übernahme- oder Pflichtangebot gem. WpÜG im Rahmen des sukzessiven Anteilserwerbs durch die Obergesellschaft vorausgeht. In Folge des gesetzgeberischen Verzichts auf § 327b Abs. 1 S. 3 AktG-RefE fehlt als wesentliches Element der Verhandlungsfiktion die zwingende preisliche Querverbindung zum Übernahmerecht. Zudem eilt das Austrittsrecht in Gestalt des Pflichtangebots stets dem Ausschlussrecht voraus. Eine zeitliche Begrenzung der Ausschlussbefugnis besteht wegen der Autonomie der Regelwerke nicht, so dass zwischen den beiden Ereignissen ein unbestimmter Zeitraum liegen kann.[273]

Werte auf 16,6 % und 10,8 % bzw. gesamt 15,1 %. Dies entspricht den ersten Erfahrungen mit dem WpÜG. *Blättchen* und *Götz* untersuchen sämtliche 22 Übernahme- und Pflichtangebote im Sinne der §§ 29 u. 35 WpÜG, bei denen die Bietergesellschaften bis zum 31.12.2002 ihre Angebotsunterlagen veröffentlicht haben. Die Untersuchung weist eine Übernahmeprämie, hier gemessen als durchschnittliche prozentuale Kursveränderung eine Woche vor der erstmaligen Bekanntgabe der Übernahmeabsicht bis zum Tagesschlusskurs der Ankündigung, von 28,4 % aus. Von den 22 Angeboten sind 20 als Barangebote ausgestaltet. Vgl. *Blättchen/Götz* [Übernahmen, 2003], S. 186.

270 Vgl. *Farrar/Hannigan* [Farrar's Comany Law, 1998], S. 608.

271 Dies gilt für den EU-Richtlinienvorschlag nur dann uneingeschränkt, falls der deutsche Wortlaut von Art. 14 Abs. 1 S. 1 Buchstabe b) ÜbernahmeRL als kumulatives Umsetzungsgebot gedeutet wird. Siehe Abschnitt 3.1.3.

272 Bei *Blättchen* und *Götz* (siehe Fn. 269) wurde in 12 von 22 möglichen Fallbeispielen im Zuge eines Übernahme- oder Pflichtangebots gem. WpÜG der Anteilsbesitz der Obergesellschaft auf mehr als 95 % des Grundkapitals der Zielgesellschaft ausgeweitet. In zehn Fällen ist das Squeeze-out geplant. Vgl. das Zahlenmaterial bei *Blättchen/Götz* [Übernahmen, 2002], S. 663-665 sowie dies. [Übernahmen, 2003], S. 185f.

273 Vgl. kritisch *Fleischer* [Recht, 2002], S. 770, der u.a. eine Parallele zur angeordneten Zwangseinziehung gem. § 237 Abs. 1 S. 2 AktG anmahnt.

3.2.1.2. Vereinbarungen gem. ss 425-427 A CA 1985

SS 425-427 A CA 1985 decken eine Vielzahl von Transaktionen im Innen- und Außenbereich der Zielgesellschaft ab: Zum einen fallen darunter Kapitalmaßnahmen und Formwechsel, zum anderen können auch Vermögensübertragungen, Verschmelzungen und Übernahmeangebote im Rahmen dieser Vorschriften abgewickelt werden.[274] Ein sog. *scheme of arrangement* durchläuft ein dreistufiges Verfahren und bindet nach seinem Abschluss alle Betroffenen gleichermaßen.

Bei Transaktionen mit externen Dritten wird zu Beginn die Vereinbarung durch die Führungsgremien der beteiligten Unternehmen ausgehandelt. Darin sind für die ausscheidenden Aktionäre der Zielgesellschaft typischerweise Aktien der Obergesellschaft oder eine Barabfindung vorgesehen, wobei Letztgenannte nicht zwingend ist.[275] Um in einem zweiten Schritt das erforderliche Votum der Betroffenen zu erhalten, muss seitens der Zielgesellschaft, ihrer Gläubiger oder Anteilseigner bei Gericht die Einberufung von Versammlungen beantragt werden. Im Zuge der Einladung müssen die Direktoren zu der Vereinbarung Stellung beziehen und darüber hinaus persönliche Interessen offenbaren. Fällt die beabsichtigte Transaktion in den Geltungsbereich von s 427 A CA 1985, sind ähnlich dem deutschen UmwG umfangreiche Berichts-, Offenlegungs- und Prüfungspflichten zu erfüllen.[276] Nach s 425 (2) CA 1985 gilt ein doppeltes Mehrheitserfordernis, wobei die Mehrheit der Gesellschafter nach Köpfen gleichzeitig eine qualifizierte Kapitalmehrheit von 75 % darstellen muss.

Besonderes Merkmal ist das sog. *class voting*.[277] Danach ist für jede von der Vereinbarung betroffene Aktienklasse eine getrennte Versammlung einzuberufen. Die Einteilung von Aktienklassen muss dem Primat der Interessenhomogenität gerecht werden und folgt daher nicht notwendigerweise rechtlichen Differenzierungskriterien.[278] Die Bildung der einzelnen Klassen ist allein Aufgabe der Zielgesellschaft. Der dritte Schritt besteht in der obligatorischen Überprüfung der Vereinbarung durch ein Gericht.[279] Dabei muss der Richter neben der Prüfung des formalen Ablaufs und der Einteilung der Aktienklassen zu der Überzeugung gelangen, dass die Vereinbarung für die betroffenen Aktionäre sachgerecht ist: „[W]hat I have to see is whether the proposal is such that an intelligent and honest man, a member of class concerned and acting in respect of his interest, might reasonably approve."[280] Davon kann ausgegangen werden, sofern die erforderlichen Mehrheiten nicht durch Sondervorteile erlangt wurden.[281]

---

274 Vgl. zu der Bandbreite möglicher Transaktionen, insbesondere mit Gläubigern, die nicht näher thematisiert werden, *Morse* u.a. [Palmer's Company Law, 1992/2003], Rn. 12.001-12.007.

275 Vgl. *Farrar/Hannigan* [Farrar's Comany Law, 1998], S. 603.

276 Vgl. im Überblick *Davies* [Gower's Principles, 1997], S. 766f.

277 Vgl. *Pennington* [Company Law, 2001], S. 750.

278 Vgl. *Morse* u.a. [Palmer's Company Law, 1992/2003], Rn. 12.017.1-12.017.5 m.w.N.

279 Nach s 427 CA 1985 kann das Gericht weitere Auflagen verhängen.

280 Z.B. *Davies* [Gower's Principles, 1997], S. 765 zu Auszügen aus der Leitentscheidung aus dem Jahr 1934.

281 Vgl. *Knoll* [Übernahme, 1992], S. 368.

Transaktionen nach ss 425 bis 427 A CA 1985 haben bei entsprechender Gestaltung der Vereinbarung das Squeeze-out aller Minderheitsaktionäre der Zielgesellschaft zur Folge. Eine Barabfindung ist bei diesem Verfahren, das nicht auf dem Übernahmerecht fußt, nicht zwingend. Fraglich ist die Existenz eines entsprechenden Austrittsrechts. So decken die Vorschriften prinzipiell auch Übernahmeangebote, bei denen ss 428-430 F CA 1985 einschlägig wären.[282] Da jedoch hinsichtlich der analogen Geltung der strengeren Mehrheitsverhältnisse und eines obligatorischen Austrittsrechts bislang keine Leitentscheidung ergangen ist, eröffnet sich neben der fehlenden Verbindung zum Übernahmerecht ein Umgehungstatbestand für den in Abschnitt 3.2.1.1 hervorgehobenen Gleichlauf von Ausschluss- und Austrittsrecht. Dieser ist jedoch keineswegs attraktiv ausgestaltet: Zum einen ist im Rahmen der Einberufung von Versammlungen die Unterstützung durch die Zielgesellschaft notwendig, zum anderen ist das Verfahren wegen der zweimaligen Anrufung von Gerichten äußerst langwierig.[283]

3.2.2. Vorschriften des Insolvency Act 1986

Ein besonderes Verfahren, das die Elemente Liquidation, Verschmelzung oder Vermögensübertragung und Austrittsrecht verbindet, sieht das britische Recht seit 1862 vor.[284] Eine Kapitalgesellschaft kann stets durch einen Beschluss ihrer Anteilseigner mit qualifizierter Mehrheit[285] freiwillig abgewickelt werden.[286] Geben die Direktoren darüber hinaus eine Solvenzerklärung gegenüber den Gläubigern ab, besteht nach s 110 IA 1986 die Möglichkeit der Anteilseigner, durch außerordentlichen Beschluss ebenfalls mit qualifizierter Mehrheit den Liquidator zu einer Verschmelzung oder einer Vermögensübertragung zu ermächtigen. Dadurch kann gegen Gewährung von Aktien oder ähnlichen Anteilen an der Obergesellschaft der Geschäftsbetrieb oder auch das Vermögen der Zielgesellschaft ganz oder teilweise auf diese übertragen werden (s 110 (1, 2) IA 1986). Die Transaktion verpflichtet die Anteilseigner und Gläubiger gleichermaßen. Wirtschaftlich wird dasselbe Ergebnis wie bei einer Verschmelzung durch Aufnahme oder einer übertragenden Auflösung nach deutschem Recht erreicht.

Anteilseigner der Zielgesellschaft, die dem außerordentlichen Beschluss nicht zugestimmt haben, können gem. s 111 IA 1986 binnen sieben Tagen gegenüber dem Liquidator der Transaktion schriftlich widersprechen. Falls dieser an der Vermögensübertragung oder der Verschmelzung dennoch festhalten will, entsteht ein Austrittsrecht mit einem Anspruch auf Barabfindung. Dabei kauft der Liquidator auf Rechnung der Ziel-

---

282 Vgl. zu divergierenden Einzelfallentscheidungen *Farrar/Hannigan* [Farrar's Comany Law, 1998], S. 609f. m.w.N. sowie speziell zum Verhältnis von ss 425-427 A CA 1985 und City Code *Davies* [Gower's Principles, 1997], S. 767.

283 Vgl. *Lüttmann* [Kontrollwechsel, 1992], S. 44f.

284 Eine junge Änderung betrifft die Ausweitung des Anwendungsbereichs auf *limited liability partnerships*. Vgl. *Morse* u.a. [Palmer's Company Law, 1992/2003], Rn. 12.101.

285 *Pennington* [Company Law, 2001], S. 752 fordert in Übereinstimmung mit s 378 (1, 2) CA 1985 eine Stimmrechtsmehrheit von 75 %. A.A. *Knoll* [Übernahme, 1992], S. 366, der darunter eine Mehrheit von 75 % des vertretenen Grundkapitals versteht.

286 An Stelle eines *members's voluntary winding up* ist auch ein *creditor's winding up* denkbar. Vgl. zu den Unterschieden *Triebel* u.a. [Wirtschaftsrecht, 1995], Rn. 780.

gesellschaft die betreffenden Anteile auf, wobei s 111 (2) IA 1986 bezüglich der Preisfindung auf eine Verhandlungslösung oder einen Schiedsspruch verweist. Bisher hat die Literatur einen Rückgriff auf den Marktwert sowohl der Anteile der Zielgesellschaft vor der Abwicklung als auch hilfsweise der Obergesellschaft abgelehnt. Stattdessen wurde ein anteiliger Abwicklungsüberschuss präferiert.[287] Jüngere Quellen relativieren dies und sehen in dem „value of the shares before the reconstruction of the company"[288] eine Basis für die Wertfindung.

Das britische Recht sieht im Rahmen der Barabfindung nach s 111 IA 1986 keinerlei spezifische Berichts-, Offenlegungs- und Prüfungspflichten vor. Insofern verbleibt dem Minderheitsaktionär bei der Entscheidung, ob und zu welchem Preis er ausscheiden soll, nur der Weg über den Schiedsspruch. In Deutschland ist das Austrittsrecht im Rahmen der Verschmelzung enger gefasst: Nach § 29 UmwG existiert ein Barabfindungsanspruch nur bei Mischverschmelzungen und im Fall von Verfügungsbeschränkungen bei den Aktien der Obergesellschaft.[289] Obwohl deutsche Aktionäre mit dem Verschmelzungsbericht und der Verschmelzungsprüfung mit Berichtspflicht einen gesetzlichen Anspruch auf Information haben, werden Spruchverfahren trotzdem in den meisten Fällen angestrengt. Grundlegend verschieden fällt der Vergleich mit der übertragenden Auflösung aus. Da bei dieser Norm abgesehen von der Anfechtungsmöglichkeit weder ein Spruchverfahren noch spezifische Berichts-, Offenlegungs- und Prüfungspflichten vorgesehen sind, hat der britische Minderheitsaktionär im Fall einer (Teil-)Vermögensübertragung immerhin einen Anspruch auf einen Schiedsspruch.

Die o.g. Transaktionen können im Ergebnis auch über eine Vereinbarung nach s 425 CA 1985 oder einen Vertrag in Kombination mit einer entsprechenden Satzungsbestimmung oder -änderung durchgeführt werden. Zweitgenanntes fußt auf s 4 CA 1985, wonach der Zielgesellschaft im *memorandum of association*[290] die Befugnis zu einer Vermögensübertragung bzw. einer Verschmelzung eingeräumt werden kann.[291] Eine Satzungsänderung bedarf einer außerordentlichen Beschlussfassung mit qualifizierter Mehrheit und unterliegt der Überprüfung durch ein Gericht. Letzteres findet auf Antrag von Aktionären statt, die einen Kapitalanteil von mindestens 15 % des Gesamtunternehmens oder einer Aktienklasse auf sich vereinen.[292] Damit die Schutzmechanismen

---

287 Vgl. *Pennington* [Company Law, 1985], S. 980.

288 *Morse* u.a. [Palmer's Company Law, 1992/2003], Rn. 12.108.1. Dies. stellen klar, dass Wertveränderungen, die aus der Vermögensübertragung oder der Verschmelzung selbst resultieren und nach dem Verständnis des IDW echte Synergieeffekte darstellen, nicht berücksichtigt werden dürfen.

289 Siehe Abschnitt 2.2.1.

290 Der britischen Kapitalgesellschaft ist eine einheitliche Satzung fremd. Ihre Verfassung besteht aus zwei getrennten Urkunden: Das *memorandum of association* regelt das Außenverhältnis, während sich die *articles of association* mit dem Innenverhältnis der Gesellschaft befassen. Vgl. *Triebel* u.a. [Wirtschaftsrecht, 1995], Rn. 602f.

291 Vgl. *Pennington* [Company Law, 2001], S. 78. *Morse* u.a. [Palmer's Company Law, 1992/2003], Rn. 12.115 schließen demgegenüber den Weg über die *articles of association* nicht aus. A.A. *Hecker* [Regulierung, 2000a], S. 52f. m.w.N.

292 Vgl. *Pennington* [Company Law, 2001], S. 85.

von ss 110, 111 IA 1986 nicht durch privatrechtliche Vereinbarungen umgangen werden können, gelten nach Einzelfallentscheidungen die Bestimmungen zu widersprechenden Minderheiten analog.[293] Im Ergebnis gestatten ss 110, 111 IA 1986 die Liquidation und damit das vollständige Herausdrängen von Minderheiten aus der Zielgesellschaft auch ohne vorausgehendes Übernahmeangebot, eröffnen diesen aber in verschmelzungsähnlichen Fällen ein im Vergleich zu Deutschland weiter gefasstes Austrittsrecht.

3.3. Squeeze-out in den USA

3.3.1. Ausschlusstechniken

3.3.1.1. Zwangsausschluss als Folge einer Verschmelzung

In den USA findet ein als *freezeout*[294] bezeichneter Zwangsausschluss von Minderheitsaktionären häufig im Zuge einer zeit- und kostenträchtigen Verschmelzung der Zielgesellschaft mit einer ebenfalls von der Obergesellschaft beherrschten Tochtergesellschaft statt.[295] Dabei wird der von beiden Verwaltungsräten zu billigende und von beiden Aktionärsversammlungen zustimmungspflichtige[296] Verschmelzungsplan so gestaltet, dass die Minderheitsaktionäre für ihre hingegebenen Aktien keine Anteile an der aufnehmenden Gesellschaft, sondern Bargeld oder sonstige Wertpapiere erhalten. Entsprechend der Ausgestaltung der Gegenleistung bzw. Mehrheitsverhältnisse lassen sich die nachstehend – zunächst losgelöst von konkreten Normen des Bundes- oder Staatenrechts – charakterisierten Ausschlusstechniken *cash-out merger*, *short-form merger* und *debt merger* unterscheiden.

Unabhängig von den oben herausgegriffenen Gestaltungsvarianten existiert in allen Bundesstaaten ein bedingtes Austrittsrecht in Form des Abfindungsrechts (*appraisal right*). Jenes besagt, dass Anteilseigner, die mehrheitlich beschlossene, schwerwiegende Strukturänderungen ihrer Gesellschaft ablehnen, unter bestimmten verfahrenstechnischen Voraussetzungen[297] grundsätzlich gegen Zahlung einer fairen Abfindung

---

293 Vgl. bezüglich der Berührungspunkte zu ss 425-427 A CA 1985 *Morse* u.a. [Palmer`s Company Law, 1992/2003], Rn. 12.013 sowie zu der Verschmelzung *by arrangement Pennington* [Company Law, 1985], S. 977f. m.w.N.

294 Der in den USA gebräuchlichen Unterscheidung von *freezeout* und Squeeze-out wird nicht gefolgt. Während Erstgenanntes generell als zulässiger Vorgang erachtet wird, charakterisiert die US-amerikanische Literatur Squeeze-out stellenweise durch eine Verletzung der Treuepflicht des Hauptgesellschafters. Vgl. *Peters* [Übertragung, 1999], S. 801 sowie *Clark* [Corporate, 1986], S. 499f.

295 Analog zur Darstellung im deutschen Recht (siehe Abschnitt 2.2.1) wird von einer Verschmelzung durch Aufnahme (*merger*) ausgegangen. Besonderheiten der wenig verbreiteten Verschmelzung durch Neugründung (*consolidation*) werden nicht vertieft. Vgl. hierzu im Überblick *Seiler* [Freezeout, 1990], S. 10f.

296 Vgl. zu den Zustimmungserfordernissen im Detail *Seiler* [Freezeout, 1990], S. 56-60. Generell ist eine dem Aktiengesetz des jeweiligen Bundesstaates oder dem Gesellschaftsvertrag entsprechende einfache oder qualifizierte Mehrheit der Stimmen erforderlich.

297 Vgl. *Schikowski* [Appraisal, 2000], S. 2-8.

ausscheiden können. Erst wenn in einem ersten Schritt eine gütliche Einigung im Rahmen des Vorverfahrens nicht möglich ist, erfolgt ein gerichtliches Bewertungsverfahren auf Antrag der Obergesellschaft bzw. der Aktionäre der Zielgesellschaft. Einschränkend verwehren einige Rechtsordnungen widersprechenden Aktionären von börsennotierten Zielgesellschaften das Austrittsrecht mit Hinweis auf einen jederzeit über den Markt möglichen Anteilsverkauf.[298] Hintergrund ist die vermehrt im Rückzug befindliche Ansicht jener Gesetzgeber, dass es sich insbesondere bei der NYSE und der AMEX sowie den anerkannten US-Regionalbörsen um informationseffiziente[299] Kapitalmärkte handelt, auf denen Wertpapiere zu Kursen gehandelt werden, die den rechtlichen Anforderungen an eine faire Abfindung genügen.[300]

Die gegenwärtig gebräuchlichste Ausschlusstechnik stellt der von den wichtigsten Einzelstaatenrechtsordnungen und der Rechtsprechung gleichermaßen anerkannte *cash-out merger* dar (etwa gem. § 11.01 (a) RMBCA i.V.m. § 11.01 (b) (3) RMBCA).[301] Nachdem die Obergesellschaft eine Mantelgesellschaft mit ausreichender Kapitalausstattung gegründet hat, übernimmt Letztgenannte die Zielgesellschaft im Wege der Verschmelzung durch Aufnahme. Im Gegensatz zur Obergesellschaft erhalten die Minderheitsaktionäre der Zielgesellschaft an Stelle einer Beteiligung an der Mantelgesellschaft generell eine Barabfindung.

Wesentliche Erleichterungen sehen die einzelstaatlichen Aktiengesetze für eine Verschmelzung zwischen der Ober- und der Zielgesellschaft vor, falls die Beteiligung der Obergesellschaft in der Regel mindestens 90 % beträgt.[302] Die Rechtsprechung toleriert überwiegend auch eine Bündelung von Anteilen mehrerer Aktionäre in einer Holding.[303] Im vorliegenden Fall des *short-form merger* muss lediglich der Verwaltungsrat der Obergesellschaft den Verschmelzungsplan billigen (etwa gem. § 11.04 (a) RMBCA i.V.m. § 11.04 (b) (2) RMBCA). Die Zustimmung der Aktionäre der beteiligten Gesellschaften zu dem Verschmelzungsplan ist ebenso wenig notwendig wie die Billigung

---

298 Vgl. ausführlich hinsichtlich der beispielsweise für Delaware und Kalifornien einschlägigen *stock market exception Schikowski* [Appraisal, 2000], S. 44-62. Vgl. zu anderen Problemen des Abfindungsrechts, insbesondere der gesetzlichen Ausschlussmöglichkeit anderer Rechtsmittel, etwa Anfechtungs- oder Schadenersatzklagen gegen die Gesellschaft oder einzelne Mitglieder der Unternehmensführung, *Seiler* [Freezeout, 1990], S. 135-163.

299 „A market in which prices always 'fully reflect' available information is called 'efficient.'" *Fama* [Markets, 1970], S. 383. Vgl. im Überblick *Wagenhofer/Ewert* [Unternehmensrechnung, 2003], S. 104-110.

300 Das US-amerikanische Rahmengesellschaftsrecht sah die *stock market exception* von 1969 bis 1978 vor. Grund für die Abkehr war vor allem die wiederholt instabile Verfassung der Märkte während dieser Zeit. Vgl. *Schikowski* [Appraisal, 2000], S. 46.

301 Die nachfolgend genannten Fundstellen beziehen sich auf den 1950 in der Urfassung eingeführten und im November 2002 letztmalig angepassten Revised Model Business Corporation Act (RMBCA). Das US-amerikanische Rahmengesellschaftsrecht fungiert als Bindeglied zwischen den fünfzig einzelstaatlichen Rechtsordnungen. Die Regelungen in den einzelnen Bundesstaaten können hiervon abweichen (siehe mit Beispiel Abschnitt 3.3.2).

302 Die in den einzelnen Bundesstaaten geforderte Mehrheitsbeteiligung der Obergesellschaft variiert zwischen 80 % und 100 %. Vgl. *Seiler* [Freezeout, 1990], S. 61.

303 Vgl. *Merkt* [Gesellschaftsrecht, 1991], Rn. 1040.

durch den Verwaltungsrat der Zielgesellschaft. Argumente für diesen Verzicht sind auf Seiten der Zielgesellschaft die mangelnden Möglichkeiten zur Einflussnahme auf die Transaktion sowie auf Seiten der Obergesellschaft die nur unwesentlich umgestaltete Mitgliedschaft als Folge der bestehenden klaren Mehrheitsverhältnisse.[304] Den ausscheidenden Minderheitsaktionären kann nach Wahl der Obergesellschaft neben Aktien und Schuldverschreibungen derselben auch ausschließlich eine Barabfindung angeboten werden.

Nicht mehr gebräuchlich sind dagegen Verschmelzungen, die der Minderheit der Zielgesellschaft als Gegenleistung ausschließlich Schuldverschreibungen, üblicherweise mit kurzer Laufzeit, oder rückkaufbare Vorzugsaktien unterbreiten. Der *debt merger* als Ausschlusstechnik gestaltet sich als langwierig, da die Minderheitsaktionäre nicht sofort, sondern erst mit Fälligkeit der Schuldverschreibung als Fremdkapitalgeber bzw. mit Ausübung des Optionsrechts als Anteilseigner ausscheiden werden.[305]

3.3.1.2. Zwangsausschluss ohne Bezug zur Verschmelzung

In Bundesstaaten, deren Rechtsordnungen einem Zwangsausschluss von Minderheitsaktionären als Folge einer Verschmelzung ablehnend oder hindernd gegenüber stehen, bietet sich als Alternative die Zusammenlegung von Aktien an (*reverse stock split*). Grundsätzlich steht es den Aktiengesellschaften in den meisten Bundesstaaten frei, die Anzahl der umlaufenden Aktien einer bestimmten Gattung und damit indirekt ihrer Aktionäre über die Teilung oder Zusammenlegung von Anteilen zu regulieren. Bei Zweitgenanntem können sich Ansprüche von Minderheitsaktionären auf Bruchteilsaktien ergeben, deren Ausgabe aus Vereinfachungsgründen in der Regel gegen Gewährung einer Barleistung vermeidbar ist (etwa gem. § 6.04 (a) (1) RMBCA).[306] Vor diesem Hintergrund kann die Obergesellschaft als Mehrheitsaktionärin eine Aktienzusammenlegung mit einer so hohen Zusammenlegungsquote beschließen, dass auch der bedeutendste Minderheitsaktionär keinen Anspruch auf eine ganze Aktie hat und im Ergebnis ohne Vetorecht aus der Gesellschaft gedrängt wird.[307] Die Gerichte stehen der heute noch gebräuchlichen Aktienzusammenlegung mit dem alleinigen Zweck des Squeeze-out uneinheitlich gegenüber.[308]

In der Nachkriegszeit galten Ausschlusstechniken mit ausschließlich barer Gegenleistung als unzulässig. Folglich wurden Verfahren mit Aktien, Schuldverschreibungen oder sonstigen unbaren Gegenleistungen entwickelt.[309] Dazu zählen insbesondere der

---

304 Vgl. *Seiler* [Freezeout, 1990], S. 61f.

305 Vgl. zusammenfassend *Cary/Eisenberg* [Corporations, 1995], S. 1188.

306 Vgl. *Baums* [Ausschluss, 2001], S. 93-99 rechtsvergleichend zu der als Ausschlusstechnik in der Praxis uninteressanten Alternative der ordentlichen Kapitalherabsetzung durch Zusammenlegung von Aktien (§§ 222-228 AktG).

307 Vgl. mit Zahlenbeispiel *Cary/Eisenberg* [Corporations, 1995], S. 1208.

308 Vgl. *Merkt* [Gesellschaftsrecht, 1991], Rn. 1041 m.w.N. In Deutschland sind dieser Methode des Zwangsausschlusses höchstrichterlich enge Grenzen gesetzt. Vgl. *Küting* [Ausschluss, 2003], S. 838f. mit Blick auf *BGH* (Urt. v. 5.7.1999 – II ZR 126/98).

309 Vgl. im Überblick *Cary/Eisenberg* [Corporations, 1995], S. 1187f.

Zwangsausschluss als Folge einer Auflösung der Zielgesellschaft (*dissolution freezeout*) oder des Verkaufs sämtlicher Vermögenswerte (*sale-of-assets freezeout*). Im ersten Fall kann die Obergesellschaft mit einfacher Mehrheit einen Liquidationsplan beschließen, der im Vorfeld der Auflösung der Zielgesellschaft eine bestimmte Aufteilung sämtlicher Vermögenswerte vorsieht. Dabei fallen den Minderheitsaktionären Forderungen, Beteiligungen an anderen Gesellschaften oder Schuldverschreibungen zu, während der Mehrheitsgesellschafter das zur Fortführung der Zielgesellschaft notwendige Betriebsvermögen erhält.[310] Von den Gerichten wurde wiederholt moniert, dass gegen den Gleichbehandlungsgrundsatz aller Aktionäre derselben Aktiengattung verstoßen wird.[311]

Ebenso kritisch stehen die Gerichte einer Veräußerung des gesamten Betriebsvermögens ohne zwingende Auflösung der Zielgesellschaft gegenüber, was auch dieser Ausschlusstechnik heute nicht mehr als die Rolle eines Präzedenzfalls für die Rechtsprechung zukommen lässt.[312] Im Rahmen des *sale-of-assets freezeout* beschließt die Obergesellschaft eine Veräußerung sämtlicher Vermögenswerte an eine Konzerngesellschaft mit dem Ziel der einstweiligen Unternehmensfortführung. Die Minderheitsaktionäre halten unverändert Anteile an der nunmehr umgestalteten Zielgesellschaft. Deren einzige Aktiva bestehen in Form von Barmitteln oder Wertpapieren, die den Kaufpreis der hingegebenen Vermögenswerte repräsentieren. In der Regel – jedoch nicht zwingend – erfolgt zeitnah die Auflösung der Zielgesellschaft.

3.3.2. Bundes- und Staatenrecht als Rechtsquellen des Minderheitenschutzes

Die US-amerikanischen Regelungen, die Ausschlusstechniken betreffen, befinden sich in einem Schnittbereich von Bundesrecht und Staatenrecht. Während der Bund die Gesetzgebungskompetenz für den Kapitalmarkt hat, steht den Bundesstaaten die Hoheit über das (innerstaatliche) Gesellschaftsrecht zu.[313] Welches Staatenrecht zur Anwendung kommt, ist abhängig vom Ort der Gründung der Gesellschaft. Dabei stellt die der deutschen börsennotierten AG ähnliche *publicly held corporation* die mit Abstand bedeutendste Rechtsform dar.[314]

---

310 Vgl. *Seiler* [Freezeout, 1990], S. 6. Alternativ ist auch ein Erwerb aller Vermögenswerte durch einen Dritten mit anschließendem Rückerwerb durch die Obergesellschaft im Vorfeld der Liquidation denkbar. In diesem Fall erhalten die Minderheitsaktionäre eine bare Gegenleistung.

311 Vgl. *Cary/Eisenberg* [Corporations, 1995], S. 1187 sowie mit Gegenbeispiel *Merkt* [Gesellschaftsrecht, 1991], Rn. 1035.

312 Vgl. *Baums* [Ausschluss, 2001], S. 185, der jedoch übersieht, dass bei beiden Ausschlusstechniken lediglich eine Vermögensübertragung stattfindet. Insofern ist seine Aussage, dass „[d]er Unterschied zwischen dem *dissolution freezeout* und dem *sale-of-assets freezeout* [...] im wesentlichen darin [besteht], daß bei ersterem das Unternehmen, bei letzterem das Vermögen auf einen anderen Rechtsträger übertragen wird", falsch. Vielmehr besteht der Unterschied in dem Verpflichtungscharakter der Auflösung der Zielgesellschaft.

313 Vgl. im Überblick *Knoll* [Übernahme, 1992], S. 46-53.

314 Vgl. *Luttermann* [Kapital, 1998], S. 203f. Die *closely held corporation* ist wegen der beschränkten Übertragbarkeit ihrer Gesellschaftsanteile zu vernachlässigen.

Für den Zwangsausschluss von Minderheitsaktionären sind auf Bundesebene im Wesentlichen zwei Kapitalmarktvorschriften von Bedeutung. Dabei handelt es sich um die auf Grundlage des Securities Act und des Securities Exchange Act von der SEC[315] erlassenen Rules 10b-5 und 13e-3.[316] Erstere soll Täuschungshandlungen und Manipulationen im Wertpapierhandel von Seiten der Unternehmensführung gegenüber den (Minderheits-)Aktionären durch die Veröffentlichung von korrekten und vollständigen Informationen entgegenwirken. Aus der Vorschrift lässt sich jedoch weder der konkrete Umfang der geforderten Publizität noch ein materieller Fairnessgrundsatz ableiten, d.h. „[n]icht die bloße Schädigung, sondern nur die arglistige Schädigung der shareholders verstößt gegen Rule 10b-5."[317] Die Bundesgerichte können bei darauf gestützten Klagen den Minderheitsaktionären entweder Schadenersatz zusprechen oder die Transaktion untersagen. Spezielle Publizitätspflichten im Falle eines Börsenrückzugs beinhaltet SEC-Rule 13e-3 i.V.m. dem gleichnamigen Schedule. Danach müssen bei einem Zwangsausschluss die Gründe für die Wahl der jeweiligen Ausschlusstechnik, der mit der Transaktion verfolgte Zweck, damit verbundene Vor- und Nachteile aus Sicht der außen stehenden Aktionäre und schließlich eine Versicherung offengelegt werden, dass Letztgenannte nicht unangemessen benachteiligt werden (Reg. § 240.13e-3 (d) (1) i.V.m. § 240.13e-100, Items 7 u. 8). Obwohl die Kapitalmarktregeln Fairness nur als Folge einer umfassenden Publizität bewirken sollen,[318] verschwimmt in diesem Fall die Grenze zwischen bundesrechtlicher Wertpapierkontrolle mit dem Augenmerk auf Publizität und staatenspezifischem Gesellschaftsrecht mit dem Schwerpunkt der Fairnesskontrolle.[319]

Für den Minderheitenschutz sind neben dem Abfindungsrecht insbesondere die im jeweiligen Staatenrecht verankerten Grundsätze über In-Sich-Geschäfte bedeutsam. Im Fall des Zwangsausschlusses steht die Obergesellschaft auf beiden Seiten der Transaktion, da sie einerseits den die Modalitäten des Squeeze-out beschließenden Verwaltungsrat der Zielgesellschaft kontrolliert, andererseits als begünstigter Erwerber der Streubesitzaktien auftritt.[320] Der RMBCA bildet einen unverbindlichen Rahmen um die fünfzig einzelstaatlichen Rechtsordnungen. Sog. *conflict of interest transactions* sind in § 8.31 RMBCA geregelt. Letztmalig 1988 grundlegend geändert, ist das Rahmengesellschaftsrecht und damit auch die o.g. Fundstelle inzwischen von vielen Bundesstaaten – teils modifiziert – in geltendes Recht übernommen worden.[321]

---

315 Vgl. zur Rolle der SEC als Verwaltungsagentur *Luttermann* [Bilanzrecht, 1999], S. 34-37.

316 Bei diesen Regelungen handelt es sich nach deutschem Verständnis um Rechtsverordnungen der Exekutive. Vgl. *Baums* [Ausschluss, 2001], S. 191, insbesondere Fn. 58.

317 *Merkt* [Gesellschaftsrecht, 1991], Rn. 1053.

318 Vgl. *Gilson/Black* [Law, 1995], S. 1307.

319 Vgl. *Seiler* [Freezeout, 1990], S. 117-123. Einschränkend *Clark* [Corporate, 1986], S. 524, der dem Erlass von SEC-Rule 13e-3 nur geringen Einfluss bezüglich der Entwicklung des Fallrechts zum Börsenrückzug beimisst.

320 Vgl. *Baums* [Ausschluss, 2001], S. 193.

321 Vgl. *Luttermann* [Kapital, 1998], S. 206f. m.w.N.

Beachtenswert sind vor allem die Rechtsordnungen der Staaten New York als Wirtschafts- und Kulturzentrum, Kalifornien als bedeutendster Flächenstaat sowie insbesondere Delaware. Das als liberal geltende Delaware zählt mit Abstand die meisten Inkorporationen in den USA. Demzufolge stellt die delawaresche Gesetzgebung und Rechtsprechung derzeit die Hauptquelle des US-amerikanischen Gesellschaftsrechts dar.[322] Übereinstimmend sehen die Rechtsordnungen vor, dass ein unter dem Verdacht der Interessenkollision stehender Rechtsakt grundsätzlich Gültigkeit besitzt, wenn er aus Sicht der Zielgesellschaft unter Würdigung aller relevanten Umstände als fair erscheint. Sollte eine offensichtliche Benachteiligung der Zielgesellschaft nicht feststellbar sein, hat die Transaktion dann Bestand, wenn dem Verwaltungsrat, einem seiner Ausschüsse oder den Aktionären die wesentlichen Umstände der Transaktion und die Interessenkollision bekannt waren und trotzdem die Genehmigung erteilt wurde.[323]

3.3.3. Gerichtliche Kontrolle

In der einzelstaatlichen Rechtsprechung hat sich ein Standard herausgebildet, um die Einhaltung der gesetzlichen Treuepflichten bei der Durchführung der in Abschnitt 3.3.1 skizzierten Ausschlusstechniken zu beurteilen. Die Treuepflichten der Obergesellschaft als Mehrheitsaktionärin gegenüber den Minderheitsaktionären der Zielgesellschaft bestehen insbesondere bei der Ausübung ihres Stimmrechts sowie der Einflussnahme auf den Verwaltungsrat und seiner Ausschüsse.[324] In allen Bundesstaaten wird die Einhaltung des Fairnessgebots in Form eines *intrinsic fairness test* verlangt. Darin wird die Angemessenheit der angebotenen Abfindung, des Beschlussverfahrens im Verwaltungsrat sowie der publizierten Informationen beurteilt. Manche Staaten fordern darüber hinaus einen eigenständigen unternehmerischen Zweck, operationalisiert durch den *business purpose test.* Zwangsausschlüssen, die einzig auf die Eliminierung der Minderheitenbeteiligung an der Zielgesellschaft gerichtet sind, wird demzufolge von den Gerichten regelmäßig ein legitimes Interesse abgesprochen.[325]

Der *intrinsic fairness test* in seiner dreigliedrigen Form widmet sich zunächst der Frage der angemessenen Anteilsbewertung (*fair price*), wobei die Grundsätze des allgemeinen Abfindungsrechts gelten. In seiner Leitentscheidung Weinberger versus UOP, Inc.[326] hat der Oberste Delawaresche Gerichtshof alle betriebswirtschaftlich anerkannten Bewertungsmethoden zugelassen. Die bis 1983 vorherrschende *Delaware block method*, ein Mischverfahren[327] aus Kurswert, Liquidationswert und über einen repräsentativen Durchschnittsgewinn-Multiplikator[328] errechneten anteiligen Unterneh-

---

322 Vgl. *Luttermann* [Kapital, 1998], S. 208.

323 Vgl. *Merkt* [Gesellschaftsrecht, 1991], Rn. 705-707.

324 Vgl. *Seiler* [Freezeout, 1990], S. 164 sowie *Cary/Eisenberg* [Corporations, 1995], S. 684-688.

325 Vgl. im Überblick *Peters* [Übertragung, 1999], S. 802.

326 Auszugsweise abgedruckt bei *Cary/Eisenberg* [Corporations, 1995], S. 1189-1204.

327 Vgl. exemplarisch die Kritik von *Ballwieser* [Methoden, 1993], S. 171 hinsichtlich Risikoerfassung im Sinne der Bernoullitheorie bei Kombination von Gesamt- und Einzelbewertungsverfahren.

328 Der Durchschnittsgewinn wird in aller Regel aus den Unternehmensgewinnen der letzten fünf Jahre ermittelt. Vgl. *Schikowski* [Appraisal, 2000], S. 72.

menswert, wurde in der Folgezeit in allen Bundesstaaten durch die DCF-Verfahren[329] und die Multiplikator-Methode abgelöst.[330] Während sich die DCF-Verfahren und die in Deutschland verbreitete Ertragswertmethode ineinander überführen lassen,[331] erscheint eine Schiedspreisermittlung mit Multiplikatoren fragwürdig: Durch die Vermengung von Ertragsprognose und -bewertung ergeben sich allenfalls überschlägige Ergebnisse.[332] Der Börsenkurs findet bei der Bewertung nur insoweit Beachtung, als die Aktionäre bei bestimmten Ausschlusstechniken von den Staatenrechtsordnungen auf eine Verkaufsmöglichkeit über die Börse verwiesen werden.[333] Die Studie von *Franks, Harris* und *Mayer* unterstreicht die Rolle des Börsenkurses als absolute Wertuntergrenze und weist abhängig von der angebotenen Gegenleistung für die USA – ähnlich der Situation in Großbritannien und jüngst in Deutschland – deutliche Übernahmeprämien in Form von logarithmierten abnormalen Renditen[334] für die Aktionäre der Zielgesellschaft in einer Spanne von 11 % bis 25 % aus.[335]

Prüfpunkte hinsichtlich des Verhaltens des Verwaltungsrats der Zielgesellschaft, insbesondere seiner Zustimmung zu der Transaktion (*fair dealing*), sind u.a. die Stellung der Verhandlungspartner sowie die Wahl der Zustimmungserfordernisse der Aktionäre. Als Indizien für Fairness gelten beispielsweise eine Vertretung der Zielgesellschaft bei Verhandlungen mit der Obergesellschaft durch von dieser unabhängige Verwaltungsräte sowie eine Genehmigung der Transaktion durch die Mehrheit der Minderheitsaktionäre.[336] Das zweite Indiz stellt ein unkodifiziertes Vetorecht der Minderheit vor dem Hintergrund einer faktisch paritätischen Verhandlungssituation mit Rückwirkung auf die Abfindungshöhe dar. Die auch speziell für Fälle des Börsenrückzugs nachgewiesenen (Abfindungs-)Prämien im hohen zweistelligen Prozentbereich[337] sind Ausfluss der starken Rechtsposition der Minderheit als Gruppe.[338] Die o.g. Teilaspekte des Fairnessgebots werden durch eine umfassende Offenlegungspflicht konkretisiert (*fair disclosure*). Dabei sollen die Minderheitsaktionäre Einblick in die Einzelheiten des Zwangsausschlusses erhalten, um sich zwischen Einverständnis und rechtlicher Ge-

---

329 Vgl. grundlegend hinsichtlich der Verfahrensvielfalt *Ballwieser* [Discounted Cash Flow, 1998].

330 Vgl. *Schikowski* [Appraisal, 2000], S. 70-76 m.w.N.

331 Vgl. das Zahlenbeispiel bei *Ballwieser* [Verbindungen, 2002], Rn. 720-727.

332 Vgl. *Ballwieser* [Marktorientierung, 2001], S. 24-27.

333 Vgl. *Schikowski* [Appraisal, 2000], S. 45f., der als Beispiel den Aktientausch anführt.

334 Siehe Fn. 268.

335 Vgl. Tabelle 8.4 bei *Franks/Harris/Mayer* [Payment, 1988], S. 242. Die Studie untersucht für die USA 1.555 Unternehmensübernahmen im Zeitraum von 1955 bis 1984. Ein Aktionär der Zielgesellschaft erzielt bei Barangeboten im Monat der Bekanntmachung durchschnittlich eine abnormale Rendite von 25,4 % (Großbritannien 30,2 %). Bei Tauschangeboten in Aktien verringert sich der Wert auf 11,1 % (Großbritannien 15,1 %).

336 Vgl. kritisch *Seiler* [Freezeout, 1990], S. 172-178.

337 *DeAngelo, DeAngelo* und *Rice* bestätigen die Ergebnisse von *Franks, Harris* und *Mayer* und weisen bei ihrer insgesamt 81 Erst- und Folgeangebote umfassenden Untersuchung im Zeitraum von 1973 bis 1980 für die Teilmenge der Angebote im Rahmen von Dekotierungen eine durchschnittliche Abfindungsprämie von 55,49 % aus. Die Prämie wird gemessen als durchschnittliche prozentuale Abweichung der Barabfindung vom dividendenbereinigten Börsenkurs 40 Handelstage vor Bekanntgabe des Angebots. Vgl. *DeAngelo/DeAngelo/Rice* [Going Private, 1984], S. 394.

338 Vgl. *Hecker/Kaserer* [Bestandsaufnahme, 2003], S. 144.

genwehr entscheiden zu können. Bei einem gegen einzelne Teilaspekte verstoßenden Zwangsausschluss sprechen die Gerichte den klagenden Aktionären regelmäßig Schadenersatz in Höhe der Differenz zwischen dem bezahlten und dem gerichtlich festgesetzten Anteilspreis zu; ein Anspruch auf Unterlassung der Transaktion besteht nur in seltensten Fällen.[339]

Zwischen 1977 und 1983 forderte der Oberste Delawaresche Gerichtshof zusätzlich zum allgemeinen Fairnessgebot den Nachweis eines legitimen Unternehmensinteresses hinsichtlich des Zwangsausschlusses. Da dieses Interesse jedoch nicht unbedingt aus Sicht der Zielgesellschaft insgesamt, sondern auch aus Sicht der Obergesellschaft als Kontrollmehrheit bestehen kann, läuft die Prüfung *de facto* leer: Die Gerichte akzeptieren Argumente wie die Beseitigung von Interessenkonflikten oder die Erzielung von Verbundeffekten.[340] Obwohl es der Obergesellschaft regelmäßig keine Schwierigkeiten bereiten dürfte, einen über die bloße Beseitigung von Mitgesellschaftern hinausgehenden Zweck anzuführen,[341] verlangen einige Staaten überflüssigerweise auch heute noch den *business purpose test*.[342]

3.4. Ergebnisse für die Arbeit

Die hinsichtlich der Kriterien Anteilsbesitz der Obergesellschaft, Börsennotierung der Zielgesellschaft, korrespondierendes Austrittsrecht und Koppelung mit dem Übernahmerecht derzeit höchst uneinheitlich ausgestalteten Ausschlussregeln in Europa sind Ausfluss einer seit über 25 Jahren erwarteten, aber im Ergebnis stets gescheiterten Harmonisierung von Übernahmeregelungen in der EU. Der Richtlinienvorschlag vom 2.10.2002 trägt die Handschrift der in der Praxis weitgehend umgehungsfesten britischen ss 428-430 F CA 1985. Danach ist das Squeeze-out untrennbar mit dem Übernahmerecht einschließlich der gewährten Gegenleistung verbunden und korrespondiert mit einem Austrittsrecht.

Im Gegensatz zu dem *de lege ferenda*-Vorschlag der EU ist den Rechtsordnungen in den USA ein Zwangsausschluss via Hauptversammlungsbeschluss fremd. Es existieren zwar zahlreiche praktikable Ausschlusstechniken, die regelmäßig grundlegende, aber mit Blick auf den bloßen Zweck der Vereinfachung der einheitlichen Leitung überflüssige Strukturänderungen der Zielgesellschaft voraussetzen. Die Minderheitsaktionäre erhalten eine nach den DCF-Verfahren oder der Multiplikator-Methode ermittelte Abfindung, der sie in der Regel im Rahmen der Beschlussfassung über die Transaktion mehrheitlich zustimmen müssen.

---

339 Vgl. *Gilson/Black* [Law, 1995], S. 1305f.; ebenso *Merkt* [Gesellschaftsrecht, 1991], Rn. 1064, der auf Grund der Parallelität zum allgemeinen Abfindungsrecht darauf hinweist, dass im Unterschied zum deutschen Recht ein Abfindungsergänzungsanspruch nicht besteht.

340 Vgl. *Seiler* [Freezeout, 1990], S. 174 m.w.N.

341 Vgl. *Clark* [Corporate, 1986], S. 514.

342 Vgl. *Baums* [Ausschluss, 2001], S. 196.

4. Fallstudie: Squeeze-out in der Energiewirtschaft

4.1. Hintergrund, Ziel und Vorgehensweise

Die deutsche Energiewirtschaft befindet sich spätestens seit der Verabschiedung des EnWG im Jahr 1998 im Umbruch. Vor dem Hintergrund der EU-Elektrizitätsbinnenmarktrichtlinie[343] wurde das Konzept vorwiegend geschützter Versorgungsgebiete zu Gunsten eines Rechtsanspruchs externer Anbieter auf freien Netzzugang gegen Netznutzungsentgelt[344] aufgegeben (§ 6 Abs. 1 S. 1 EnWG). Die vollständige Öffnung des deutschen Strommarkts als Vorbote für das Gas- und Wassergeschäft hat die Branche insbesondere in den Jahren 1999 und 2000 mit einem – inzwischen gestoppten – Preisverfall bei sämtlichen Kundengruppen als Folge des bislang weitgehend unbekannten Lieferantenwettbewerbs hart getroffen.[345]

Gem. § 9 Abs. 2 EnWG müssen Energieversorgungsunternehmen, die mehrere Aktivitäten wahrnehmen, separate Konten für jede Aktivität führen und ausweisen. Als Folge des sog. *Unbundling*[346] ist eine verstärkte Segmentierung des Gesamtstrommarkts entlang der Wertschöpfungskette Erzeugung, Handel, Verteilung und Vertrieb auszumachen. Überregional tätige Unternehmen (über-)erfüllen diese Organisations- und Offenlegungspflicht oftmals durch die rechtliche Trennung ihrer Aktivitäten. Davon unabhängig hat sich als mittelbare Folge des Preisdrucks der Trend zur Konzentration, etwa über Unternehmenszusammenschlüsse[347] oder Kooperationen, fortgesetzt. Da Minderheitsaktionäre grundsätzliche Entscheidungen über die künftige Tätigkeit, Größe und Aktionärsstruktur der Zielgesellschaft mit Anfechtungsklagen mindestens verzögern können, bietet sich das Squeeze-out als Mittel zur Beschleunigung der Reorganisation von Unternehmensstrukturen an, die vorwiegend der Monopolzeit entstammen.

Die Fallstudie untersucht mit drei aktuellen Zwangsausschlüssen sämtliche per Ende des ersten Quartals 2003 veröffentlichten Anwendungsfälle von §§ 327a-327f AktG in der Energiewirtschaft. Ziel ist, wesentliche Gemeinsamkeiten und Unterschiede bei der Ermittlung einer angemessenen Minderheitenabfindung bei Zielgesellschaften zu zeigen, die demselben Marktumfeld unterliegen. Im Vordergrund steht weniger die Ableitung von allgemeingültigen Aussagen über grundlegende Bewertungsfragen, als vielmehr die Absicht, die praktische Vorgehensweise bei bestimmten Detailproblemen kritisch zu überprüfen und den bisherigen theoretischen Überlegungen gegenüberzustellen. Schon allein aus Gründen der Einblicksgrenzen kann es kein Ziel sein, eine quasigutachterliche Stellungnahme darüber abzugeben, ob die von der Obergesellschaft

343 Vgl. *Europäisches Parlament* (Hrsg.) [96/92/EG].

344 Vgl. im Überblick *Ballwieser* [Ermittlung, 2001], S. 29-31.

345 Beispielsweise sind seit der Marktöffnung die Preise für Industriekunden von April 1998 bis Mitte 2000 um 20 % bis 30 % gesunken. Bei Privatkunden betragen die Preisnachlässe gut die Hälfte. Vgl. *Steiger/Huber* [Strommarktliberalisierung, 2002], S. 76f.

346 Vgl. im Überblick *Steiger/Huber* [Strommarktliberalisierung, 2002], S. 78.

347 Vgl. rechtsvergleichend *Gampenrieder/Behrendt* [Unternehmensübernahmen, 2003], S. 53-55.

festgelegte Abfindung in ihrer absoluten Höhe angemessen erscheint und um welchen Betrag gegebenenfalls eine Anpassung erfolgen müsste.

Als Datenquelle dienen vorrangig Jahresabschluss und Lagebericht der Zielgesellschaft aus dem Geschäftsjahr 2001[348] sowie der Bericht[349] der jeweiligen Obergesellschaft gem. § 327c Abs. 2 S. 1 AktG. Nach einer kurzen Charakterisierung der Zielgesellschaften wird die Anwendung der bei inländischen Abfindungsfällen vorherrschenden Ertragswertmethode[350] getrennt nach den Komponenten des Bewertungskalküls analysiert. Daran schließt sich die Diskussion der Berücksichtigung von Verkehrswerten an. Besonderes Augenmerk gilt der Umsetzung der in Abschnitt 2.4.2 analysierten höchstrichterlichen Rechtsprechung zum Börsenkurs als Wertuntergrenze einer angemessenen Minderheitenabfindung.

4.2. Eckdaten der untersuchten Zielgesellschaften

Zu den untersuchten Zielgesellschaften zählen neben der dem E.ON-Konzern zugehörigen Braunschweigischen Kohlen-Bergwerke AG (BKB) die Kraftübertragungswerke Rheinfelden AG (KWR) und die Neckarwerke Stuttgart AG (NWS). Die beiden Letztgenannten werden von der Energie Baden-Württemberg AG (EnBW) als oberstes Mutterunternehmen vollkonsolidiert. Bei KWR gilt für die schweizerische Obergesellschaft Kraftwerk Laufenburg AG (KWL) die Abhängigkeitsvermutung des § 17 Abs. 2 AktG. Während NWS mit der Obergesellschaft, die gleichzeitig als oberstes Mutterunternehmen fungiert, über einen Beherrschungsvertrag verbunden ist, besteht bei BKB ein Beherrschungs- und Gewinnabführungsvertrag mit der E.ON Energie AG, einer Zwischenholding im E.ON-Konzern, die gleichzeitig (zum Teil mittelbar) Alleineigentümerin der Obergesellschaft E.ON Kraftwerke GmbH ist.

BKB hat ihre Wurzeln im Braunkohletagebau. Neben der Verstromung von eigengeförderter Salzbraunkohle bietet das Unternehmen als zweites Standbein Entsorgungsdienstleitungen an. KWR ist entlang der gesamten Wertschöpfungskette im Strombereich tätig. Grundlage der Geschäftstätigkeit stellen traditionell eigene Wasserkraftwerke entlang des Rheins dar, die jedoch derzeit nur knapp 15 % der gesamten Strombeschaffung ausmachen.[351] NWS ist demgegenüber als integrierter Energieversorger zusätzlich in den Sparten Gas, Fernwärme und Wasser aktiv. Der Strombedarf wird zu

---

348 Vgl. *Braunschweigische Kohlen-Bergwerke AG* (Hrsg.) [Geschäftsbericht, 2002], *Kraftübertragungswerke Rheinfelden AG* (Hrsg.) [Geschäftsbericht, 2002] sowie *Neckarwerke Stuttgart AG* (Hrsg.) [Geschäftsbericht, 2002].

349 Vgl. *E.ON Kraftwerke GmbH* (Hrsg.) [Bericht, 2002], *Kraftwerk Laufenburg AG* (Hrsg.) [Bericht, 2002], Teil II sowie *Neckarwerke Stuttgart AG* (Hrsg.) [Dokumentation, 2003], Teil B. Erstgenannte Quelle enthält eine Abschrift der Ausführungen des neutralen Gutachters, die im Folgenden mit *Flick Gocke Schaumburg GmbH* (Hrsg.) [Gutachten, 2002] zitiert werden, um Inkonsistenzen bei den Seitenangaben zu vermeiden.

350 Vgl. mit Blick auf Squeeze-out uneingeschränkt bejahend *Wilts/Schaldt/Nottmeier* [Unternehmensbewertung, 2002], S. 622.

351 Vgl. *Kraftübertragungswerke Rheinfelden AG* (Hrsg.) [Geschäftsbericht, 2002], S. 21.

über drei Vierteln aus Kernkraftwerken gedeckt, die im anteiligen Eigentum von NWS-Tochtergesellschaften stehen.[352]

Zur Festlegung der Barabfindung bemühen die Obergesellschaften auf freiwilliger Basis sachverständige Dritte, meist Wirtschaftsprüfungsgesellschaften, in der Funktion als neutrale Gutachter. Obwohl bei KWR ein ausländischer Finanzdienstleister die Wertermittlung vorgenommen hat, wird auch in diesem Fall der berufsständische IDW S 1 zu Grunde gelegt. Während Wirtschaftsprüfer ein abweichendes Verhalten begründen müssen, kann der Standard für andere Bewerter als Anregung verstanden werden.[353] Als gerichtlich ausgewählte und bestellte Prüfer im Sinne von § 327c Abs. 2 S. 2-4 AktG fungieren Einzelpersonen oder mittelständische Prüfungsgesellschaften. Die Entscheidung der Gerichte, große Prüfungsgesellschaften nicht zu berücksichtigen, könnte in deren Geschäftsbeziehung zu den obersten Mutterunternehmen als neutrale Gutachter bei anderen Bewertungsanlässen oder als Prüfer des Konzernabschlusses begründet sein.[354]

Abbildung 4 vermittelt einen Überblick über die Beteiligten am Squeeze-out-Verfahren, die Bewertungsergebnisse sowie weitere für die Untersuchung wesentliche Eckdaten der Zielgesellschaften.

---

352 Vgl. *Neckarwerke Stuttgart AG* (Hrsg.) [Geschäftsbericht, 2002], S. 19.
353 Vgl. *Ballwieser* [Ermittlung, 2001], S. 13.
354 Vgl. zum Begriff der Unabhängigkeit des Prüfers *Ballwieser* [Unabhängigkeit, 2001], S. 102.

	Braunschweigische Kohlen-Bergwerke AG (BKB)	Kraftübertragungswerke Rheinfelden AG (KWR)	Neckarwerke Stuttgart AG (NWS)
Obergesellschaft (Anteilsbesitz (%))	E.ON Kraftwerke GmbH (99,95 %, unmittelbar)	KWL AG (97,39 %, unmittelbar)	EnBW AG (99,45 %, unmittelbar und mittelbar)
oberstes Mutter-unternehmen	E.ON AG	EnBW AG	EnBW AG
bestehender Unter-nehmensvertrag	Beherrschungs- und Gewinnabführungsvertrag mit E.ON Energie AG seit 1.1.1989	nein	Beherrschungsvertrag mit EnBW AG vom 20.7.2000
Anzahl Streubesitzaktien	1.476	50.212	46.769
wesentliche Geschäftsfelder	Bergbau, Stromerzeugung, Entsorgung	Strom entlang der Wertschöpfungskette	Strom, Gas, Fernwärme und Wasser entlang der Wertschöpfungskette
Anzahl Mitarbeiter per 31.12.2001	1.181	N.N.	4.042
Umsatzerlöse 2001 ohne Stromsteuer (Mio. €, HGB)	137,0	152,2	2.118,3
Jahresüberschuss 2001 (Mio. €, HGB)	14,9 (vor Gewinnabführung)	17,6	43,2
Datum des Übertragungsbegehrens	26.8.2002	24.9.2002	26.11.2002
gerichtlich bestellter Prüfer (Datum)	Dr. Meyer, Bochum (9.8.2002)	Dr. Ebner, Dr. Stolz GmbH, Frankfurt/Main (20.9.2002)	Fasselt & Partner, Duisburg (28.11.2002)
Bewertungsstichtag (Datum der Hauptversammlung)	8.11.2002	10.12.2002	15.4.2003
freiwilliges Gutachten	Flick Gocke Schaumburg GmbH, Bonn	Bank Sarasin & Cie., Zürich	KPMG AG, Stuttgart
zeitnah vorangehendes Übernahmeangebot (€, Datum)	nein	305,00 sowie eine KWL-Option (1.7.2002)	nein
anteiliger Ertragswert (€)	175,96	297,05	396,16
durchschnittlicher Börsenkurs auf Dreimonats-Basis (€, Schlusstag)	375,67 (13.9.2002; Datum des neutralen Gutachtens)	290,29 (16.5.2002; Tag vor Bekanntgabe des Übernahmeangebots)	356,75 (25.11.2002; Tag vor Bekanntgabe des Squeeze-out)
Barabfindung (€)	375,67	300, freiwillig erhöht auf 310,50 durch Vergleich	396,50
Börsenplätze (Segment)	Hannover (Freiverkehr)	Frankfurt/Main, Berlin (Amtlicher Markt), Swiss Exchange	Stuttgart, Frankfurt/Main, Berlin, Hamburg, München (Amtlicher Markt)

Abbildung 4: Eckdaten der Zielgesellschaften

4.3. Wertermittlung der Zielgesellschaften

Um den Unternehmensgesamtwert zu ermitteln, wird der Wert des betriebsnotwendigen Vermögens um den Wert nicht-betriebsnotwendiger Vermögensteile ergänzt.[355] Die Abgrenzung beider Komponenten ist wenig trennscharf. Die Literatur zur Bilanzanalyse setzt unter Berücksichtigung der handelsrechtlichen Gliederung der Bilanz (§ 266 Abs. 2 HGB) vom Gesamtvermögen vereinfachend Finanzanlagen, sonstige Vermögensgegenstände und Wertpapiere ab, um zum betriebsnotwendigen Vermögen zu gelangen.[356] In Zweifelsfällen soll das – weit interpretierbare – Kriterium der überwiegenden Zugehörigkeit ausschlaggebend sein.[357] Demgegenüber enthalten berufsständische Quellen ein funktionales Abgrenzungskriterium, wonach nicht-betriebsnotwendige Vermögensteile frei veräußert werden können, ohne dass davon die eigentliche Unternehmensaufgabe berührt wird.[358] Von der Rechtsprechung werden die nachfolgend aufgeführten Positionen mehrheitlich als nicht-betriebsnotwendig klassifiziert: „im Betrieb nicht benötigte Liquidität, für die Produktion nicht benötigte Liegenschaften, Wertpapieranlagen außerhalb des Unternehmenszwecks, die auch nicht als Investitionsreserve gehalten werden."[359] Wenngleich die Rechtsprechung beide Sichtweisen verbindet und erste Anhaltspunkte für den Bewerter liefert, bleibt die Abgrenzung im Einzelfall interpretationsbedürftig.

Der als Fortführungswert bezeichnete Wert des betriebsnotwendigen Vermögens wird über Gesamtbewertungsverfahren ermittelt.[360] Dabei steht das zur Unternehmensfortführung benötigte Vermögen als Bewertungseinheit im Blickpunkt. Der Fortführungswert resultiert, wie in Abschnitt 4.4.1 vertieft, aus den gesamten Zahlungen, die aus dem Unternehmen künftig erwartet werden. Im Gegensatz dazu wird der Wert nicht-betriebsnotwendiger Vermögensteile über Einzelbewertungsverfahren unter der Prämisse ihrer bestmöglichen Verwertung bestimmt.[361] Konsequenz ist, dass für alle betreffenden Vermögensgegenstände einschließlich zugehöriger Schulden die erwarteten Liquidationserlöse geschätzt werden müssen. Bei längerer Zerschlagung ist auf den Barwert der Verwertungserlöse zurückzugreifen. Ebenso sind die Nebenkosten der Zerschlagung zu berücksichtigen.[362]

---

355 Vgl. z.B. *Mandl/Rabel* [Unternehmensbewertung, 1997], S. 31.

356 Vgl. *Küting/Weber* [Bilanzanalyse, 2001], S. 304f.

357 Vgl. *Coeneneberg* [Jahresabschlussanalyse, 2003], S. 1018 u. 1021.

358 Vgl. *Siepe* [Unternehmensbewertung, 2002], Tz. 149f.; ebenso IDW S 1, Tz. 64.

359 *Piltz* [Rechtsprechung, 2002], Rn. 1947 m.w.N.

360 Dabei wird unterstellt, dass es sich gegenüber der Unternehmensfortführung als nachteilig erweist, das gesamte Vermögen ganz oder in Teilen zu veräußern. Vgl. IDW S 1, Tz. 5.

361 Vgl. IDW S 1, Tz. 65.

362 Vgl. *Mandl/Rabel* [Unternehmensbewertung, 1997], S. 48f.

4.4. Anwendung von Gesamtbewertungsverfahren

4.4.1. Phasenmodell

Bei der Ertragswertmethode, die neben den DCF-Verfahren zu den Gesamtbewertungsverfahren zählt, werden Zahlungen, die der derzeitige bzw. potenzielle Unternehmenseigner auf Grund seiner Eigentümerstellung erhält, mit den finanziellen Konsequenzen einer Handlungsalternative verglichen.[363] Der Ertragswert (EW) errechnet sich als Barwert der aus Sicht des Bewertungsstichtags erwartungsgemäß an den Eigentümer fließenden Zahlungsströme.[364] Die unsicheren zukünftigen Zahlungsströme[365] stellen Wahrscheinlichkeitsverteilungen dar, die entweder auf Sicherheitsäquivalente[366] ($SÄE_t$) oder entsprechend dem weit verbreiteten Vorgehen der Bewertungspraxis auf Erwartungswerte (μ_t) verdichtet werden können. Der Kalkulationszinsfuß stellt ein Maß für die Opportunitätskosten des (potenziellen) Eigentümers dar und gibt eine zum Ertrag in mehrfacher Hinsicht äquivalente Alternativverzinsung[367] für die im Unternehmen gebundenen Mittel wieder.

Der Bruttokapitalwert des in der Zielgesellschaft bestehenden Investitionsobjekts wird in der Regel zweistufig ermittelt.[368] Während in der ersten Phase mit endlichem Planungshorizont (T) periodengenaue Schätzungen erfolgen, wird in der zweiten (Endwert-)Phase auf Grund der zunehmenden Prognoseunsicherheit mit starken Vergröberungen, beispielsweise unterstellter Konstanz der erwarteten Zahlungsüberschüsse für eine unendlich lange Zeit ab der Periode T+1 (μ_{T+1}), gearbeitet. Formal ergibt sich im Phasenmodell für die Sicherheitsäquivalent- bzw. die Risikozuschlagsmethode:[369]

$$(4.1)\quad EW=\sum_{t=1}^{T}\frac{SÄE_t}{(1+i)^t}+\frac{SÄE_{T+1}}{i(1+i)^T} \text{ bzw. } EW=\sum_{t=1}^{T}\frac{\mu_t}{(1+i+z_t)^t}+\frac{\mu_{T+1}}{(i+z_{T+1})(1+i)^T}$$

mit
- EW = Ertragswert
- $SÄE_t$ = Sicherheitsäquivalent der Ausschüttungsverteilung in Periode t
- μ_t = Erwartungswert der Ausschüttungsverteilung in Periode t
- i = Basiszins
- z_t = Risikozuschlag für die Ausschüttungsverteilung in Periode t
- t = Periodenindex.

---

363 Vgl. *Ballwieser* [Kalkulationszinsfuß, 2002], S. 737.

364 Vgl. zur Ertragsdefinition *Ballwieser* [Methoden, 1993], S. 153.

365 Siehe nachfolgend Abschnitt 4.4.2.

366 Vgl. zur Definition *Bamberg/Coenenberg* [Entscheidungslehre, 2002], S. 88.

367 Vgl. im Überblick *Ballwieser/Leuthier* [Grundprinzipien, 1986], S. 607-610, die Planungshorizont-, Arbeitseinsatz-, Verfügbarkeits-, Kaufkraft- und Unsicherheitsäquivalenz unterscheiden.

368 Vgl. IDW S 1, Tz. 80-83.

369 Von spezifischen Problemen bei der Anwendung der Risikozuschlagsmethode im Nicht-Rentenmodell, etwa sinkenden Risikozuschlägen im Zeitablauf bei konstanter Ertragsverteilung, soll abstrahiert werden. Vgl. ausführlich *Ballwieser* [Methoden, 1993], S. 155-159.

Der Kalkulationszinsfuß bei der Risikozuschlagsmethode enthält neben dem Basiszins (i) im Sinne eines (quasi-)sicheren landesüblichen Zinsfußes mindestens noch eine periodenspezifische Risikokomponente (z_t), die auf annahmegemäß[370] risikoscheues Verhalten der Investoren zurückgeht. Die Risikoerfassung im Nenner ist Ausfluss der fehlenden expliziten Kenntnis von Risikonutzenfunktionen und einer daraus resultierenden Unbeliebtheit der Sicherheitsäquivalentmethode in der Bewertungspraxis.[371] Weitere Komponenten, die in Abschnitt 4.4.3 einzeln für jede Zielgesellschaft diskutiert werden, sind ein Korrekturterm für persönliche Steuern des Anteilseigners sowie der vom risikoangepassten Nettozins fallweise vorgenommene Wachstumsabschlag, dessen theoretische Begründung bei Unsicherheitsmodellen auf restriktiven Annahmen basiert.[372]

4.4.2. Schätzung des Zukunftserfolgs

Ausgehend von einer Vergangenheitsanalyse, die in der Regel mindestes drei bis maximal sieben Jahre umfasst,[373] sind bei Versorgungsunternehmen zur Prognose künftiger Zahlungsüberschüsse für jeden Energieträger drei wesentliche Bestimmungsfaktoren zu unterscheiden, wobei Effekte aus der erwarteten Umweltentwicklung von der beabsichtigten Geschäftspolitik getrennt zu schätzen sind:

1) die künftige Absatzmenge je Kundengruppe,
2) die für die jeweilige Kundengruppe geltenden Absatzpreise sowie
3) die zahlungswirksamen Beschaffungs-, Erzeugungs-, Vertriebs- und Verwaltungskosten, Investitions- und Finanzierungsausgaben sowie Unternehmenssteuern.[374]

Die Vergangenheitsanalyse beruht bei den drei Zielgesellschaften übereinstimmend auf den drei vor dem Tag der Hauptversammlung als Bewertungsstichtag liegenden Geschäftsjahren. Die Schätzung des Zukunftserfolgs basiert auf der jeweiligen internen Konzernmittelfristplanung. Bei KWR und NWS berücksichtigen die neutralen Gutachter die o.g. Bestimmungsfaktoren und führen – soweit vorhanden – die Planung für jeden Energieträger separat aus.[375] Demgegenüber trennt der neutrale Gutachter der BKB zwar bei den Planungsprämissen nach den Sparten Stromerzeugung und Entsorgung, jedoch zeigen seine Ausführungen weder eine Spartenrechnung, noch wird das jeweili-

---

370 Es wird unterstellt, dass Investoren Risiko im Sinne einer negativen Abweichung von einem Referenzwert im Vergleich zu Chance im Sinne einer positiven, gleich hohen Abweichung von jenem Wert stärker betonen. Vgl. *Bamberg/Coenenberg* [Entscheidungslehre, 2002], S. 94f.

371 Vgl. *Ballwieser* [Kalkulationszinsfuß, 2002], S. 738.

372 Vgl. grundlegend *Ballwieser* [Geldentwertung, 1988], S. 810f. sowie ders. [Steuern, 1997], S. 2396. Letztgenannte Quelle fasst die Verbindung von Wachstumsabschlag im Sinne eines Geldentwertungsabschlags und persönlichen Steuern im Kalkulationszinsfuß zusammen.

373 Vgl. *Moxter* [Grundsätze, 1983], S. 99, der darauf verweist, dass älteres Zahlenmaterial besonders sorgfältiger Aufbereitung bedarf, um Fehlhypothesen entgegen zu wirken.

374 Vgl. im Kontext von Niederspannungsnetzen *Ballwieser* [Ermittlung, 2001], S. 25.

375 Vgl. *Kraftwerk Laufenburg AG* (Hrsg.) [Bericht, 2002], Teil II, S. 40-60 sowie *Neckarwerke Stuttgart AG* (Hrsg.) [Dokumentation, 2003], Teil B, S. 48-76.

ge Preis- und Mengengerüst offen gelegt.[376] Der Bericht des gerichtlich bestellten Prüfers enthält diesbezüglich keine Beanstandungen.[377]

Der IDW S 1 geht davon aus, dass die Detailplanungsphase mit drei bis fünf Jahren die nächste Zukunft abbilden soll,[378] ehe der Ansatz der ewigen Rente erfolgt. Bei den drei Zielgesellschaften sind jeweils Sachverhalte abzubilden, deren finanzielle Auswirkungen einerseits in dem vorgeschlagenen expliziten Planungshorizont nicht darstellbar sind, andererseits keinen eingeschwungenen Zustand erzeugen. Während KWR wegen der planerischen Abbildung einer einmaligen mittelfristigen Großinvestition die erste Phase auf 38 Jahre ausdehnt,[379] belassen BKB und NWS diese Zeitspanne übereinstimmend bei vier Jahren. Bei BKB endet 2017 mit der Ausförderung des letzten Tagebaus der Betrieb des einzigen noch verbliebenen Kraftwerks und damit der Bereich Stromerzeugung. Der neutrale Gutachter der BKB rechnet Zahlungsströme, die diesem Bereich zuordenbar sind, „finanzmathematisch in einen der ewigen Rente wertäquivalenten Betrag [um]".[380] Dieser Betrag sowie die methodische Vorgehensweise werden nicht genannt. NWS berücksichtigt die über einen Zeitraum von knapp 80 Jahren aus Kernenergie-Konsensvereinbarungen resultierenden Zahlungsströme über die separate Bewertung der beiden Eigentumsgesellschaften als Sonderwerte innerhalb des Fortführungswerts des betriebsnotwendigen Vermögens.[381]

Die drei Zielgesellschaften sind selbst Mutterunternehmen eines Konzerns. Für die Aktionäre der jeweiligen Zielgesellschaft sind jedoch nicht die künftig aus der fiktiven Rechtseinheit denkbaren, sondern einzig die aus dem Mutterunternehmen tatsächlich entziehbaren Nettozahlungsströme maßgeblich. Ergebnisse von Tochtergesellschaften sind über ihre Ausschüttungen an die Muttergesellschaft als Beteiligungserträge zu berücksichtigen.[382] Während BKB und KWR[383] dieser Vorgehensweise folgen, plant NWS innerhalb des Mutterunternehmens separat für jeden Energieträger als Sparte und macht die in 2002 vollzogene Ausgliederung des operativen Geschäfts in sechs rechtlich selbstständige Einheiten fiktiv rückgängig.[384] Die Höhe der Zahlungsströme bleibt davon unberührt, da es sich jeweils um 100 %-Beteiligungen handelt und zumindest

---

376 Vgl. *Flick Gocke Schaumburg GmbH* (Hrsg.) [Gutachten, 2002], Tz. 48-64.

377 Vgl. *E.ON Kraftwerke GmbH* (Hrsg.) [Bericht, 2002], Anlage 3, S. 12f.

378 Vgl. IDW S 1, Tz. 82.

379 Vgl. *Kraftwerk Laufenburg AG* (Hrsg.) [Bericht, 2002], Teil II, S. 40.

380 *Flick Gocke Schaumburg GmbH* (Hrsg.) [Gutachten, 2002], Tz. 57-59.

381 Siehe Abschnitt 4.5.

382 Vgl. *Schmidbauer* [Konzerne, 2002], S. 1543. Während BKB und NWS nach den für den Einzelabschluss und somit für die Ausschüttungen maßgeblichen handelsrechtlichen Grundsätzen planen, weist KWR seine künftigen Ergebnisse nach IAS aus. Der Pflichtprüfer erachtet dies als sachgerecht, da „die Planergebnisse nur unwesentlich von den Werten abweichen, die sich nach einer Planung auf Basis der HGB-Vorschriften ergeben würden". *Kraftwerk Laufenburg AG* (Hrsg.) [Bericht, 2002], Teil III, S. 9.

383 Allerdings werden Beteiligungen an Partnerwerken, mit denen eine Jahreskostenerstattung vereinbart ist, so berücksichtigt, dass die aus deren Energiebilanz resultierenden Aufwendungen und Erträge anteilsmäßig direkt in die Plan-Erfolgsrechnung bei KWR einfließen. Vgl. *Kraftwerk Laufenburg AG* (Hrsg.) [Bericht, 2002], Teil II, S. 41.

384 Vgl. *Neckarwerke Stuttgart AG* (Hrsg.) [Dokumentation, 2003], Teil B, S. 48.

bei Bewertungen im Rahmen des IDW S 1 die Annahme der Vollausschüttung[385] besteht. Für den Streubesitzaktionär besteht im Vergleich zur Pflichtpublizität lediglich das Transparenzproblem einer permanenten Verschiebung zwischen operativem Ergebnis und Beteiligungsergebnis.

Insgesamt zeigt sich, dass sich aus der Literatur schon aus Gründen der Anschaulichkeit ein nur vordergründig klar umrissenes, einfach strukturiertes und schnell adaptierbares Vorgehen zur Schätzung von künftigen Zahlungsströmen entnehmen lässt. Im Einzelfall sind zum Teil erhebliche Anpassungen an das konkrete Bewertungsobjekt erforderlich. Dies gilt auch für Zielgesellschaften aus einer homogenen Branche wie der inländischen Energiewirtschaft, die vergleichbaren Rahmenbedingungen unterliegen, sich jedoch im Detail deutlich unterscheiden.

4.4.3. Komponenten des Zinsfußes

4.4.3.1. Basiszins

Sind ausreichend Eigenmittel vorhanden, könnte der potenzielle Unternehmenskäufer an Stelle der Investition in das Unternehmen den Kaufpreis risikolos anlegen und eine sichere Verzinsung erhalten. Die Sicherheit bezieht sich auf die Währung, den Zeitpunkt und die Höhe der Zinszahlungen.[386] Die risikolose Anlagealternative besteht in der Bewertungspraxis vereinfachend in Anleihen von Schuldnern bester Bonität, in der Regel Staatsanleihen. Dabei wird stets unterstellt, dass die Papiere bis zur Tilgung gehalten werden und Zahlungen daraus dieselbe Währung aufweisen wie das zu bewertende Unternehmen.[387] Während Zinserträge einem höchstens 30-jährigen Planungshorizont unterliegen, werden Einzahlungsüberschüsse aus dem Unternehmenseigentum regelmäßig in Ermangelung besserer Voraussicht unendlich lange geschätzt. Das Problem der Prognose einer Anschlussverzinsung[388] lässt sich über Wertungen zwar plausibilisieren, jedoch nicht abschließend lösen. Der Basiszins zur Bewertung inländischer Unternehmen ergibt sich demnach als gegebenenfalls um die Zinsen aus einer Anschlussinvestition ergänzte Effektivverzinsung von langlaufenden Bundesanleihen.

Der AKU hat zum 1.1.2003 eine Empfehlung veröffentlicht, wonach bei Ermittlungen des objektivierten Unternehmenswerts von einem für das gesamte Phasenmodell ab diesem Stichtag gültigen Basiszinssatz i.H.v. 5,5 % auszugehen ist.[389] Hintergrund ist die zu diesem Zeitpunkt beobachtete Umlaufrendite von Staatsanleihen mit einer Restlaufzeit von neun bis zehn Jahren[390] sowie die durchschnittliche Rendite solcher Anlei-

---

385 Vgl. IDW S 1, Tz. 44f.; kritisch *Ballwieser* [Sicht, 2001], S. 6.

386 Vgl. *Ballwieser* [Zins, 2003], S. 23.

387 Vgl. *Ballwieser* [Kalkulationszinsfuß, 2002], S. 737.

388 Vgl. drei Methoden unterscheidend *Ballwieser* [Kalkulationszinsfuß, 2002], S. 737f.; ders. [Zins, 2003], S. 24f. mit der Präferenz für eine explizite Prognose.

389 Vgl. *Arbeitskreis „Unternehmensbewertung"* (Hrsg.) [Basiszinssatz, 2003], S. 26.

390 Der AKU hält eine Nichtberücksichtigung von Staatsanleihen mit bis zu 30-jährigen Restlaufzeiten für sachgerecht, da zu befürchten ist, dass deren Marktbewertung angesichts des geringen

hen in der Vergangenheit. Letzteres fußt auf der Erwartung, dass die historische Durchschnittsverzinsung Anhaltspunkte für die Prognose der Rendite einer Wiederanlage nach zehn Jahren liefert. Dabei ist jedoch zu bedenken, dass „ein Subjektivismus [...] nicht nur in der Übertragung von Vergangenheitswerten auf die Zukunft schlechthin [liegt], sondern auch in der Abgrenzung des auszuwertenden Vergangenheitszeitraumes",[391] zu dessen Länge sich der AKU nicht explizit äußert.

Bei NWS folgt das Bewertungsgutachten mit Stichtag 15.4.2003 der Empfehlung des AKU, mit einem konstanten Zins zu rechnen.[392] Die neutralen Gutachter im Fall der BKB bzw. KWR rechnen per 8.11.2002 bzw. 10.12.2002, mithin vor In-Kraft-Treten der Empfehlung, übereinstimmend mit 6 %. Dies geschieht trotz differierender Umlaufrenditen für zehnjährige Bundesanleihen nahe dem Bewertungsstichtag („rund 5 %" versus „etwa 4,6 %"; Letztgenannte als Durchschnittsrendite der letzten drei Monate vor Abschluss der gutachterlichen Arbeiten) und unterschiedlicher Zeiträume bei der Auswertung der Renditeentwicklung dieser Titel in der Vergangenheit (22 Jahre versus 40 Jahre).[393]

Die Höhe des Basiszinses bei BKB und KWR deckt sich mit den Ergebnissen der Untersuchung von *Wilts, Schaldt* und *Nottmeier.* Bei den 20 bis September 2002 ausgewerteten, jedoch nicht einzeln genannten Zwangsausschlüssen lag der Basiszins ausnahmslos bei 6 %.[394] Ungeachtet der jüngst erfolgten berufsständischen Normierung darf davon ausgegangen werden, dass die Höhe des Basiszinses in der Praxis eine derzeit weitgehend unkritische, weil unreflektiert verwendete Komponente des Kalkulationszinsfußes darstellt.

4.4.3.2. Risikozuschlag

Das regelmäßig unterstellte risikoaverse Verhalten des (potenziellen) Unternehmenseigners impliziert, dass – bei Vernachlässigung der Sicherheitsäquivalentmethode – Erwartungswerte von zukünftigen Einzahlungsüberschüssen mit einem Basiszins diskontiert werden, der um einen Risikozuschlag adjustiert ist. Dessen Höhe hängt von der in der Wahrscheinlichkeitsverteilung der Einzahlungsüberschüsse enthaltenen Unsicherheit sowie dem Grad der Risikoaversion des Investors ab.[395]

Die Lehre unterscheidet zwei Methoden zur Bestimmung von Risikozuschlägen. Erstens können gegriffene Risikozuschläge hinsichtlich ihrer theoretischen Fundierung mit Hilfe von implizierten Sicherheitsäquivalenten überprüft werden. Dazu muss eine ex-

---

Handelsvolumens beschränkt aussagekräftig ist. Vgl. *Arbeitskreis „Unternehmensbewertung"* (Hrsg.) [Basiszinssatz, 2003], S. 26; kritisch *Ballwieser* [Zins, 2003], S. 25-30.

391 *Ballwieser* [Kalkulationszinsfuß, 2002], S. 738.

392 Vgl. *Neckarwerke Stuttgart AG* (Hrsg.) [Dokumentation, 2003], Teil B, S. 77.

393 Vgl. *Flick Gocke Schaumburg GmbH* (Hrsg.) [Gutachten, 2002], Tz. 71 sowie *Kraftwerk Laufenburg AG* (Hrsg.) [Bericht, 2002], Teil II, S. 61f.

394 Vgl. *Wilts/Schaldt/Nottmeier* [Unternehmensbewertung, 2002], S. 627.

395 Vgl. *Ballwieser* [Ermittlung, 2001], S. 33.

plizit geschätzte Wahrscheinlichkeitsverteilung der Einzahlungsüberschüsse vorliegen.[396] Zweitens kann auf das CAPM zurückgegriffen werden.[397] Danach ergibt sich der Risikozuschlag der Gesellschaft j multiplikativ aus den Komponenten Betawert (β_j) und Marktpreis für Risiko ($\mu(r_M)$-i). Die Parameter lassen sich als Anhaltspunkte für Zukunftsschätzungen grundsätzlich historisch messen:[398]

(4.2) $$\mu\left(r_{EK,j}\right)=i+\beta_j\left(\mu\left(r_M\right)-i\right)$$

mit μ = Erwartungswertoperator
$r_{EK,j}$ = Rendite der Eigentümer der Gesellschaft j
β_j = Betawert der Gesellschaft j
r_M = Rendite aus dem Marktportfolio,

(4.3) wobei $$\beta_j=\frac{\sigma_{j,M}}{\sigma_M^2}$$

mit $\sigma_{j,M}$ = Kovarianz der Rendite aus dem Wertpapier j mit der Rendite aus dem Marktportfolio
σ^2_M = Varianz der Rendite des Marktportfolios.

Kritisch ist, dass die letztgenannte Vorgehensweise „auf der Modellierung eines Kapitalmarktgleichgewichts [basiert], von der man weiß, dass sämtliche Annahmen nicht erfüllt sind und dass deren Implikationen einer Gleichgewichtssituation jede Bewertungsnotwendigkeit überflüssig werden lässt."[399] Obwohl diese Defizite bekannt sind, wird die Zuschlagsbestimmung auf Basis des CAPM in der Bewertungspraxis oft in Ermangelung einer ähnlich einfach handhabbaren Alternative verwendet. Grund dafür ist neben der vermeintlich breiten und marktmäßig objektivierten Datenbasis auch das Fehlen der Notwendigkeit, die Wahrscheinlichkeitsverteilung der Einzahlungsüberschüsse sowie die Risikoeinstellung des Investors explizit schätzen zu müssen.

Der neutrale Gutachter der BKB lehnt sich an die Vorgehensweise bei der individualistischen[400] Zuschlagsbestimmung an. Er versäumt jedoch, den *a priori* für plausibel erachteten Zuschlagssatz an dem durch ihn implizierten Sicherheitsäquivalent der geschätzten Überschussverteilung zu spiegeln. Statt dessen wird ein konstanter Risikozu-

---

396 Vgl. ausführlich *Ballwieser* [Methoden, 1993], S. 159-162.

397 Vgl. zu den Grundlagen des Kapitalmarktmodells insbesondere *Rudolph* [Kapitalkosten, 1979], S. 1-58.

398 Vgl. formal z.B. *Ballwieser* [Komplexitätsreduktion, 1990], S. 174f.

399 *Ballwieser* [Kalkulationszinsfuß, 2002], S. 738.

400 Vgl. zum individualistischen Ansatz und gleichzeitig kritisch zu dieser Bezeichnung *Ballwieser* [Kalkulationszinsfuß, 2002], S. 738, der konstatiert, dass sowohl der individualistische als auch der marktmäßig objektivierte Ansatz Subjektivismen enthalten.

schlag i.H.v. 3 % gegriffen.[401] Grund dafür ist, dass BKB einerseits auf mittlere Sicht einer hohen Wettbewerbsintensität im Geschäftsfeld Stromerzeugung unterliegt; andererseits werden der Gesellschaft langfristig vergleichsweise risikoarme Entwicklungsmöglichkeiten im Entsorgungsbereich zugebilligt.[402] Auf eine marktgestützte Zuschlagsermittlung durch die Analyse von nationalen und internationalen Vergleichsunternehmen[403] verzichtet der neutrale Gutachter mit dem Argument, dass die Unternehmen inhomogene Geschäftsfelder aufweisen sowie auf internationaler Ebene unterschiedlichen energiewirtschaftlichen Rahmenbedingungen ausgesetzt sind.[404]

Demgegenüber erfolgt bei KWR und NWS der Rückgriff auf das Kapitalmarktmodell. Während sich bei der Bestimmung des Betawerts Unterschiede im Detail ergeben, unterstellen beide neutralen Gutachter mit Hinweis auf nicht näher bezeichnete Kapitalmarktuntersuchungen[405] eine dem Marktpreis für Risiko entsprechende Marktrisikoprämie i.H.v. 5 %.[406] Dies liegt innerhalb der derzeit mehrheitlich anerkannten Bandbreite von 5 % bis 6 %.[407]

Bezüglich des Betawerts werden die unternehmensspezifischen historischen Kapitalmarktdaten übereinstimmend als wenig aussagekräftig eingestuft.[408] Als Gründe gelten der geringe Streubesitz und folglich die geringe Liquidität der Aktien. Gute Regressionsstatistiken verlangen eine hohe Liquidität. Darüber hinaus wird bei NWS mit Blick auf die bestehende Ausgleichsverpflichtung gem. § 304 Abs. 1 S. 1 AktG argumentiert, dass „die Aktionäre seit Abschluss des Beherrschungsvertrages nicht bzw. nur in eingeschränktem Maße an zukünftigen Risiken der NWS teil[nehmen]“.[409]

Bei KWR greift der neutrale Gutachter auf Betawerte vergleichbarer Energieversorger mit Sitz in der EU zurück und begründet sein Vorgehen mit „nach der Liberalisierung der Strommärkte vergleichbare[n] Risikoprofile[n]“,[410] womit er die Argumentation seines Kollegen im Fall der BKB umkehrt. Um dem Einfluss der Verschuldungspolitik eines Unternehmens auf die Renditeforderung seiner Eigentümer Rechnung zu tragen, wird die Umrechnung des Betawerts eines verschuldeten Unternehmens (β^V) in denje-

---

401 Dieser Wert liegt in einem Bereich, der sowohl von berufsständischen Vertretern des IDW als auch der Rechtsprechung als plausibel erachtet wird. Vgl. *Siepe* [Rechtsprechung, 2003], S. 87 mit Verweis auf *BayObLG* (Beschl. v. 11.9.2001 – 3Z BR 101/99), S. 393.

402 Vgl. *Flick Gocke Schaumburg GmbH* (Hrsg.) [Gutachten, 2002], Tz. 75.

403 Vgl. kritisch *Zimmermann* [Prognose, 1997], S. 349-354 sowie mit Beispiel *Timmreck* [Anwendungsprobleme, 2002], S. 304.

404 Vgl. *Flick Gocke Schaumburg GmbH* (Hrsg.) [Gutachten, 2002], Tz. 74.

405 Vgl. hierzu die Tabelle bei *Ballwieser* [Kalkulationszinsfuß, 2002], S. 739.

406 Vgl. *Kraftwerk Laufenburg AG* (Hrsg.) [Bericht, 2002], Teil II, S. 62f. sowie *Neckarwerke Stuttgart AG* (Hrsg.) [Dokumentation, 2003], Teil B, S. 77.

407 Vgl. *Ballwieser* [Kalkulationszinsfuß, 2002], S. 739f. A.A. *Wenger/Kaserer/Hecker* [Minderheitenschutz, 2001], S. 328, die für höchstens 3 % plädieren.

408 Vgl. *Kraftwerk Laufenburg AG* (Hrsg.) [Bericht, 2002], Teil II, S. 63 sowie *Neckarwerke Stuttgart AG* (Hrsg.) [Dokumentation, 2003], Teil B, S. 78.

409 *Neckarwerke Stuttgart AG* (Hrsg.) [Dokumentation, 2003], Teil B, S. 78.

410 *Kraftwerk Laufenburg AG* (Hrsg.) [Bericht, 2002], Teil II, S. 63.

nigen bei fiktiv reiner Eigenfinanzierung (β^U) gem. nachstehender Formel empfohlen:[411]

$$(4.4)\quad \beta^U = \frac{\beta^V}{1+(1-s)\,\frac{FK}{EK}}$$

mit β^V = Betawert des verschuldeten Unternehmens
β^U = Betawert des unverschuldeten Unternehmens
s = unternehmensbezogener Steuersatz
FK = Marktwert des Fremdkapitals
EK = Marktwert des Eigenkapitals.

Aus den neun Vergleichsunternehmen, die im Gegensatz zu KWR zum Teil auch im nationalen und internationalen Gas- und Wassergeschäft tätig sind, ergibt sich ein durchschnittlicher Betawert i.H.v. 0,48 auf schuldenfreier Basis. In der Bewertung wird der Betawert jährlich an die Kapitalstruktur von KWR angepasst, wobei sich bei einem herausgegriffenen Verschuldungsgrad[412] von 30 % ein Betawert i.H.v. 0,63 ergibt. Dieses Vorgehen unterstellt, dass die Annahmen[413] und Implikationen der *Modigliani-Miller*[414]-Welt eine gute Beschreibung der Realität liefern.[415] Gedeckt durch die vagen Aussagen des IDW S 1[416] errechnet sich ungeachtet der theoretischen Einwände unter der Berücksichtigung der Marktrisikoprämie von 5 % für KWR ein (verschuldungsgradabhängiger) Risikozuschlag i.H.v. 3,15 %.[417]

Der neutrale Gutachter der NWS stützt sich auf den Durchschnitt der Betawerte von vergleichbaren börsennotierten Unternehmen i.H.v. 0,32.[418] Da weder erkennbar ist, welche Betrachtungszeiträume und Vergleichsunternehmen herangezogen, noch ob Bereinigungen durchgeführt wurden, erscheint ein Vergleich mit der Vorgehensweise bei KWR anhand des zugänglichen Datenmaterials unmöglich. Als nicht nachvollziehbar erweist sich insbesondere die Aussage im Bewertungsgutachten, wonach „eine Adjustierung zur Berücksichtigung des Kapitalstrukturrisikos nicht notwendig" war, „[d]a die NWS im Planungszeitraum kein zinspflichtiges Fremdkapital aufweist".[419] Dies

411 Vgl. *Timmreck* [Anwendungsprobleme, 2002], S. 305 sowie zu den Grenzen dieses Vorgehens *Rudolph* [Kapitalkostenkonzepte, 1986], S. 894-896.

412 Der Verschuldungsgrad wird berechnet als Quotient aus Nettofinanzschulden und der Summe von Eigenkapital und Nettofinanzschulden. Vgl. *Kraftwerk Laufenburg AG* (Hrsg.) [Bericht, 2002], Teil II, S. 64.

413 Dazu zählen u.a. Vollkommenheits- und Vollständigkeitsannahmen hinsichtlich des Kapitalmarkts sowie fehlendes Liquiditäts- und Konkursrisiko. Vgl. zusammenfassend *Schmidt/Terberger* [Grundzüge, 1997], S. 263-269.

414 Vgl. grundlegend *Modigliani/Miller* [Cost, 1958].

415 Vgl. kritisch *Ballwieser* [Discounted Cash Flow, 1998], S. 91f.

416 Vgl. IDW S 1, Tz. 98 i.V.m. Tz. 136.

417 Vgl. *Kraftwerk Laufenburg AG* (Hrsg.) [Bericht, 2002], Teil II, S. 64.

418 Vgl. *Neckarwerke Stuttgart AG* (Hrsg.) [Dokumentation, 2003], Teil B, S. 78.

419 Jeweils *Neckarwerke Stuttgart AG* (Hrsg.) [Dokumentation, 2003], Teil B, S. 78, jedoch im Original in umgekehrter Reihenfolge.

lässt zwei Schlüsse zu: Entweder wird ein durchschnittlicher Betawert von meist verschuldeten Unternehmen unangepasst auf ein unverschuldetes Unternehmen übertragen, oder der ausgewiesene Vergleichswert von 0,32 versteht sich stillschweigend als bereinigte, unverschuldete Größe. Letzteres würde zwar einen Strukturbruch vermeiden, lässt jedoch die Frage aufkommen, welche finanzierungsunabhängigen Gegebenheiten bei KWR einen gegenüber NWS knapp doppelt so hohen Risikofaktor von 0,63 rechtfertigen, zumal das operative Geschäft in derselben Region unter dem gemeinsamen Dach der EnBW abgewickelt wird.[420] Das Gutachten des Pflichtprüfers enthält diesbezüglich keine weiteren Erläuterungen.[421] Zusammen mit der Risikoprämie von 5 % ergibt sich für NWS ein konstanter Risikozuschlag i.H.v. 1,6 %.

Die Höhe der Marktrisikoprämie bei KWR und NWS deckt sich mit den Ergebnissen der Untersuchung von *Wilts, Schaldt* und *Nottmeier*, die bei den untersuchten Squeeze-outs fast ausnahmslos eine Marktrisikoprämie von 5 % beobachtet haben.[422] Dies spricht einerseits für eine einheitliche Sicht der Praxis, andererseits für die Beliebtheit der marktgestützten Risikozuschlagsbestimmung. Die Betawerte entstammen überwiegend Analogieschlüssen, was kaum verwundert, da in Deutschland je nach Festlegung der Kriterien nur ca. 30 bis 70 Aktien als wirklich liquide gelten.[423] Dadurch sind regelmäßig Anpassungen an die Kapitalstruktur der Zielgesellschaft erforderlich. Angesichts unterschiedlicher Branchen weist die o.g. Untersuchung eine große Bandbreite mit den Extremwerten 0,40 und 1,60 aus.

Zusammenfassend stellt der Betawert im Rahmen der marktgestützten Risikozuschlagsgewinnung die kritische Größe dar. Zur Vermeidung von Spruchstellenverfahren könnten ausführliche Erläuterungen sowohl auf Seiten des neutralen Gutachters als auch des gerichtlich bestellten Prüfers helfen, die einzelnen Ermittlungsschritte nachzuvollziehen. Dies gilt auch für gegriffene Zuschläge, deren qualitative Begründung zumindest bei BKB äußerst dürftig ausfällt.

4.4.3.3. Berücksichtigung persönlicher Steuern

Aus Sicht des Unternehmenseigentümers interessieren nur die für den Konsum verfügbaren Erträge, also Zahlungen, die sowohl um unternehmensbezogene als auch um persönliche Steuern gemindert sind.[424] Für Letztgenannte wird seitens des IDW für den objektivierten Unternehmenswert ein typisierter Steuersatz i.H.v. 35 % zu Grunde gelegt, der die Einkommensteuer, die Kirchensteuer sowie den Solidaritätszuschlag ab-

---

420 Ein Grund könnte in der hohen und zugleich margenschwachen Verbundnetzabgabe von KWR liegen, die im Geschäftsjahr 2001 59,4 % der gesamten Stromabgabe ausmacht. Bei NWS decken Sonderlieferungen und Lieferungen an Kunden außerhalb des Netzgebiets lediglich 3,3 % des Absatzes. Vgl. *Kraftübertragungswerke Rheinfelden AG* (Hrsg.) [Geschäftsbericht, 2002], S. 21 gegenüber *Neckarwerke Stuttgart AG* (Hrsg.) [Geschäftsbericht, 2002], S. 17.

421 Vgl. *Neckarwerke Stuttgart AG* (Hrsg.) [Dokumentation, 2003], Teil C, S. 13.

422 Vgl. im Folgenden *Wilts/Schaldt/Nottmeier* [Unternehmensbewertung, 2002], S. 628.

423 Vgl. *Zimmermann* [Prognose, 1997], S. 53.

424 Vgl. *Ballwieser/Leuthier* [Grundprinzipien, 1986], S. 608.

deckt.[425] Während die Einzahlungsüberschüsse in Folge des Halbeinkünfteverfahrens[426] um 17,5 % gemindert werden, ist die Alternativenrendite entsprechend der Fiktion einer Anlage auf dem Anleihenmarkt der vollen Besteuerung unterworfen.[427]

Diese differenzierende Normierung ist aus zweierlei Hinsicht angreifbar. So sind nach dem Subjektivitätsprinzip[428] erstens die individuelle Steuerlast des Abzufindenden relevant sowie zweitens die tatsächlich in Erwägung gezogene Alternativanlage, die auch in Dividendenpapieren bestehen kann, die wiederum dem Halbeinkünfteverfahren unterliegen.[429] Obwohl die Einwände im Detail begründbar sind,[430] zielen sie nur vordergründig auf die Problematik der Steuererfassung. Im Mittelpunkt der Kritik steht die Fragwürdigkeit des objektivierten Werts schlechthin. Diese Wertkategorie ist durch weitere, ebenso angreifbare Normierungen charakterisiert, etwa die Vernachlässigung von zum Bewertungsstichtag noch nicht eingeleiteten Maßnahmen sowie echten Synergieeffekten. Gleiches gilt für die Annahme einer empirisch kaum zu beobachtenden Vollausschüttung.[431] Auf der anderen Seite sind bei einer Vielzahl von meist unbekannten Verkäufern deren genaue Verhältnisse schwer zu erfahren. Neben dem Argument der Gleichbehandlung der Abzufindenden spricht auch die Einsparung von Erhebungskosten für Normierungen.[432]

Die neutralen Gutachter der drei Zielgesellschaften entsprechen exakt den berufsständischen Vorgaben, indem sie Einzahlungsüberschüsse, die unter Berücksichtigung des Halbeinkünfteverfahrens um typisierte persönliche Steuern gemindert worden sind, auf einen um den vollen Steuersatz gekürzten risikoangepassten Zinsfuß beziehen.[433] Auch wenn dieses Vorgehen mit Blick auf das Subjektivitätsprinzip zumindest zweifelhaft erscheint, so wird es in der ausgewerteten Bewertungs- und Prüfungspraxis[434] zumindest einheitlich angewendet.[435]

---

425 Bei Kapitalgesellschaften wird ein im Inland ansässiger, unbeschränkt steuerpflichtiger Anteilseigner unterstellt, der seine Anteile im Privatvermögen hält. Vgl. IDW S 1, Tz. 51.

426 Vgl. zusammenfassend *Drukarczyk/Lobe* [Halbeinkünfteverfahren, 2002], S. 2f.

427 Vgl. IDW S 1, Tz. 32 i.V.m. Tz. 51 u. Tz. 99.

428 Vgl. *Moxter* [Grundsätze, 1983], S. 23f.

429 Vgl. zusammenfassend *Ballwieser* [Fragen, 2002], S. 748.

430 Vgl. kritisch hinsichtlich der Erfassung persönlicher Steuern gem. IDW S 1 bei der Risikozuschlagsmethode *Schmidbauer* [Kapitalisierungszinssatz, 2002], S. 1254-1256; mit Beispiel *Kohl/Schulte* [Überblick, 2000], S. 1156-1164.

431 Vgl. kritisch zu dieser Wertkategorie *Moxter* [Grundsätze, 1983], S. 27-29 und *Ballwieser* [Sicht, 2001], S. 4-6.

432 Vgl. *Ballwieser* [Rückgriff, 2003], S. 15f.

433 Vgl. *Flick Gocke Schaumburg GmbH* (Hrsg.) [Gutachten, 2002], Tz. 67 u. 76, *Kraftwerk Laufenburg AG* (Hrsg.) [Bericht, 2002], Teil II, S. 64f. u. 68 (Tabelle 11) sowie *Neckarwerke Stuttgart AG* (Hrsg.) [Dokumentation, 2003], Teil B, S. 78 u. 80.

434 Die gerichtlich bestellten Gutachter verweisen übereinstimmend auf den IDW S 1. Vgl. *E.ON Kraftwerke GmbH* (Hrsg.) [Bericht, 2002], Anlage 3, S. 15, *Kraftwerk Laufenburg AG* (Hrsg.) [Bericht, 2002], Teil III, Tz. 13 sowie *Neckarwerke Stuttgart AG* (Hrsg.) [Dokumentation, 2003], Teil C, S. 13.

435 Vgl. *Wilts/Schaldt/Nottmeier* [Unternehmensbewertung, 2002], S. 628.

4.4.3.4. Wachstumsabschlag

Wird der die Komponenten Basiszins, Risikozuschlag und persönlichen Steuersatz umfassende Kalkulationszinsfuß um einen Wachstumsabschlag verringert, unterstellt der Bewerter, dass die (unsicheren) künftigen Zahlungsüberschüsse unendlich lange mit einer konstanten Rate wachsen.[436] Die in der Praxis häufig vorgenommene Gleichsetzung von Wachstumsrate und Geldentwertungsrate wird vorrangig durch die unterschiedliche Inflationsanfälligkeit von Zahlungsüberschüssen aus dem Unternehmenseigentum und jenen aus der Alternativanlage begründet: Während die Zahlungen aus festverzinslichen Wertpapieren unter Inflationsbedingungen nominal konstant bleiben, können Unternehmen fallweise nominal steigende Zukunftserfolge realisieren.[437] Bei einer beispielsweise vollen Überwälzbarkeit von inflationsbedingten Kostensteigerungen wird davon ausgegangen, dass das Bewertungsobjekt Preissteigerungen für Beschaffungsgüter über Preiserhöhungen seiner Produkte so weitergeben kann, dass die entziehbaren Überschüsse ebenfalls mit der Preissteigerungsrate wachsen.[438]

Nominal- und Realrechnung führen bei richtiger Anwendung zu einem identischen Ergebnis.[439] Der IDW S 1 präferiert mit Hinweis auf mögliche Schwierigkeiten bei der Schätzung von Ertragsteuern die Nominalrechnung.[440] Im Phasenmodell werden üblicherweise in der Detailplanungsphase nominal gerechnet und in der zweiten Phase die Zahlungsströme und der Kalkulationszinsfuß real geschätzt.[441] Die Höhe des Wachstumsabschlags in der Rentenphase gibt an, inwieweit die Gesellschaft potenziell in der Lage sein wird, die Zahlungsüberschüsse an ihre Anteilseigner proportional zur künftigen Geldentwertungsrate zu steigern. Bei diesem Vorgehen wird jedoch unterstellt, dass das *Gordon*sche Wachstumsmodell[442] ein Sicherheitsmodell ist. Dies setzt voraus, dass erstens sowohl die Zahlungsüberschüsse als auch die Höhe der künftigen Geldentwertungsrate als (quasi-)sichere Größen bestimmt werden können und zweitens, dass die Zahlungsüberschüsse nominal unendlich lange mit der erwarteten Geldentwertungsrate wachsen.[443] Eine Übertragung auf den Unsicherheitsfall mit gleichzeitigem Ansatz von Risikozuschlägen ist begründbar, jedoch an enge Annahmen geknüpft:[444] Insbesondere wird verlangt, dass der risikoscheue Bewerter eine Risikonutzenfunktion mit konstanter relativer Risikoaversion[445] hat. Obwohl Logarithmus- oder Potenzfunktionen diese Bedingung erfüllen, ist nicht zu erwarten, dass diese Form der Risikoscheu

---

436 Im unendlichen Wachstumsmodell bei Sicherheit muss die Wachstumsrate kleiner sein als der Basiszins. Vgl. *Gordon/Shapiro* [Rate, 1956], S. 106.

437 Vgl. *Wilts/Schaldt/Nottmeier* [Unternehmensbewertung, 2002], S. 628 sowie kritisch hinsichtlich möglicher Fehlinterpretationen aus dem Argument der unterschiedlichen Inflationsanfälligkeit *Ballwieser* [Wahl, 1981], S. 106-108.

438 Vgl. *Drukarczyk* [Unternehmensbewertung, 2003], S. 502.

439 Vgl. *Ballwieser* [Geldentwertung, 1988], S. 802.

440 Vgl. IDW S 1, Tz. 101.

441 Vgl. IDW S 1, Tz. 104.

442 Vgl. erstmals in der heute bekannten Form *Gordon/Shapiro* [Rate, 1956], S. 103-106.

443 Vgl. *Ballwieser/Leuthier* [Grundprinzipien, 1986], S. 608f.

444 Vgl. insbesondere *Ballwieser* [Geldentwertung, 1988], S. 810f.

445 Vgl. grundlegend *Pratt* [Aversion, 1964], S. 125 sowie *Arrow* [Theory, 1971], S. 94.

in der Realität tatsächlich vorliegt.[446] Die berufsständische Vorgehensweise ist folglich regelmäßig theoretisch haltlos.

Ungeachtet dieser Probleme verfahren die neutralen Gutachter der drei Zielgesellschaften analog dem typisierten Vorgehen bei der Berücksichtigung von persönlichen Steuern einheitlich: Während in der ersten Phase eine Nominalrechnung erfolgt, wird in der Rentenphase übereinstimmend ein Wachstumsabschlag von 0,5 % festgesetzt. Die Begründungen sind unterschiedlich. Bei BKB stehen geringe Wachstumserwartungen der Nettoausschüttungen bei der Stromerzeugung einem moderaten erwarteten Wachstum in der Entsorgungssparte gegenüber. Obwohl mit unterschiedlichen Wettbewerbsbedingungen argumentiert wird, fehlt eine Quantifizierung der beiden Werte.[447] Während der neutrale Gutachter der KWR von jeglicher unternehmensbezogener Erläuterung absieht,[448] verweist sein Kollege im Fall der NWS „vor dem Hintergrund des beschriebenen Marktumfelds und der aktuell niedrigen Inflationsrate" auf eine „grundsätzliche [...] Chance einer preis- oder mengeninduzierten Ergebnissteigerung".[449] Die Gutachten der jeweiligen gerichtlich bestellten Prüfer enthalten keine weiteren Erläuterungen.[450] Die bei den drei Zielgesellschaften verwendete, einheitliche Wachstumsrate liegt an der Untergrenze der von *Wilts, Schaldt* und *Nottmeier* mit einer Ausnahme beobachteten Spanne von 0,5 % bis 1 %.[451]

Zusammenfassend ergeben sich getrennt nach Detailplanungs- und Rentenphase für die drei Zielgesellschaften nachstehende Kalkulationszinsfüße (Abbildung 5):

	BKB		KWR		NWS	
	Phase 1	Phase 2	Phase 1	Phase 2	Phase 1	Phase 2
	2002-2005	2006ff.	2002-2039	2040ff.	2003-2006	2007ff.
Basiszins	6,00%	6,00%	6,00%	6,00%	5,50%	5,50%
Risikozuschlag	3,00%	3,00%	3,15%*)	3,10%	1,60%	1,60%
Kalkulationszinsfuß vor Steuern	9,00%	9,00%	9,15%	9,10%	7,10%	7,10%
typisierte persönliche Steuern (35 %)	3,15%	3,15%	3,20%	3,20%	2,48%	2,48%
Wachstumsabschlag	-	0,50%	-	0,50%	-	0,50%
Kalkulationszinsfuß	5,85%	5,35%	5,95%	5,40%	4,62%	4,12%

*) bei einem Verschuldungsgrad i.H.v. 30 %

Abbildung 5: Kalkulationszinsfuß

---

446 Vgl. *Ballwieser* [Methoden, 1993], S. 162.

447 Vgl. *Flick Gocke Schaumburg GmbH* (Hrsg.) [Gutachten, 2002], Tz. 78.

448 Vgl. *Kraftwerk Laufenburg AG* (Hrsg.) [Bericht, 2002], Teil II, S. 65f.

449 Jeweils *Neckarwerke Stuttgart AG* (Hrsg.) [Dokumentation, 2003], Teil B, S. 79.

450 Während die Prüfer von BKB und NWS die Vorgehensweise der neutralen Gutachter bestätigen, verzichtet der Prüfer von KWR diesbezüglich auf eine Äußerung. Vgl. *E.ON Kraftwerke GmbH* (Hrsg.) [Bericht, 2002], Anlage 3, S. 15, *Neckarwerke Stuttgart AG* (Hrsg.) [Dokumentation, 2003], Teil C, S. 14 sowie *Kraftwerk Laufenburg AG* (Hrsg.) [Bericht, 2002], Teil III, Tz. 13.

451 Vgl. *Wilts/Schaldt/Nottmeier* [Unternehmensbewertung, 2002], S. 628.

4.5. Gesondert bewertete Vermögensteile

In der Bewertungspraxis werden zum Ertragswert des operativen Geschäfts etwaige Sondervermögen addiert, um zum Fortführungswert zu gelangen. Bei Sondervermögen handelt es sich um betriebsnotwendiges Vermögen mit dem Unterschied einer von der Wertermittlung des operativen Geschäfts abweichenden Bewertungsmethode oder auch -systematik. Da alle drei Zielgesellschaften Sondervermögen ausweisen, wird der Begründung von dessen Ansatz und Bewertung besonderes Augenmerk zuteil. Nicht-betriebsnotwendige Vermögensgegenstände werden ausnahmslos über das funktionale Abgrenzungskriterium des IDW S 1 bestimmt. Unterschiede bestehen bei der Auslegung der Prämisse der bestmöglichen Verwertung. Während die neutralen Gutachter bei BKB und KWR stets von Einzelveräußerung ausgehen,[452] werden bei NWS nur solche Vermögensgegenstände zerschlagen, deren Veräußerungswert den anteiligen Ertragswert übersteigt.[453]

Bei BKB umfasst der Gesamtwert des betriebsnotwendigen Vermögens den Ertragswert des operativen Geschäfts sowie gesondert ermittelte Werte für Fondsanteile und Beteiligungen. Die Bewertung des Fondsvermögens erfolgt zu einem Dreimonats-Durchschnittskurs per 31.7.2002, der in einem zweiten Schritt auf den Bewertungsstichtag (8.11.2002) mit dem Kalkulationszinsfuß der ersten Phase aufgezinst wird. Demgegenüber wird bei den acht namentlich aufgeführten, durchgängig nicht-börsennotierten Beteiligungen differenziert verfahren: Neben zwei zeitnah erstellten Ertragswertgutachten werden in vier Fällen vereinfacht ermittelte Ertragswerte sowie jeweils einmal der Liquidationswert und das anteilige bilanzielle Eigenkapital angesetzt. Wie die vereinfacht ermittelten Ertragswerte zu Stande kommen, welche Stichtage damit impliziert werden und ob gegebenenfalls eine Aufzinsung der Hilfsgrößen auf den Bewertungsstichtag vorgenommen wird, geht weder aus den Erläuterungen des neutralen Gutachters noch des Pflichtprüfers hervor.[454] Bei den beiden Sonderwerten innerhalb des betriebsnotwendigen Vermögens wird von den steuerlichen Wirkungen auf Anteilseignerebene abstrahiert. Dies ist fragwürdig, da mit den Vermögensgegenständen sowohl bei Verbleib als auch bei Veräußerung Zahlungen auf Unternehmensebene verbunden sind, die zeitlich zunächst unbestimmt zu steuerpflichtigen Ausschüttungen bei den Anteilseignern führen. Das nicht-betriebsnotwendige Vermögen besteht aus land- und forstwirtschaftlichen Nutzflächen sowie vermieteten Grundstücken. Maßgeblich sind deren geschätzte und auf den Bewertungsstichtag aufgezinste Marktwerte[455] per 31.12.2001. Von dem fiktiven Buchgewinn werden unternehmensbezoge-

---

452 Vgl. *Flick Gocke Schaumburg GmbH* (Hrsg.) [Gutachten, 2002], Tz. 94 sowie *Kraftwerk Laufenburg AG* (Hrsg.) [Bericht, 2002], Teil II, S. 69.

453 Vgl. *Neckarwerke Stuttgart AG* (Hrsg.) [Dokumentation, 2003], Teil B, S. 83.

454 Vgl. *Flick Gocke Schaumburg GmbH* (Hrsg.) [Gutachten, 2002], Tz. 81-93 sowie *E.ON Kraftwerke GmbH* (Hrsg.) [Bericht, 2002], Anlage 3, S. 16-18.

455 Dabei ist von besten bzw. höchstwahrscheinlichen Preisen auszugehen, die der Verkäufer vernünftigerweise erzielen kann. Vgl. *Paul* [Unternehmensimmobilien, 2002], Tz. 920 i.V.m. Tz. 926.

ne und typisierte persönliche Steuern unter Berücksichtigung des Halbeinkünfteverfahrens abgesetzt.[456]

Im Gegensatz zu BKB werden bei KWR nur drei von insgesamt zwölf Tochterunternehmen als Gesellschaften von untergeordneter Bedeutung mit ihrem anteiligen bilanziellen Eigenkapital als Sonderwerte erfasst.[457] Die (diskontierten) Einzahlungsüberschüsse aus den übrigen Tochterunternehmen erhöhen als Beteiligungserträge den Ertragswert des operativen Geschäfts. KWR strebt im gesamten Planungszeitraum Bilanzrelationen im Bereich eines impliziten „single A" Rating an.[458] Die mit Blick auf diesen Verschuldungsgrad überschüssige Liquidität in Form von überwiegend festverzinslichen Wertpapieren wird im ersten Planungsjahr ohne weiteren sachlichen Grund[459] dem nicht-betriebsnotwendigen Vermögen zugeordnet. Obwohl der neutrale Gutachter methodisch analog zu dem Fondsvermögen der BKB grundsätzlich von Marktwerten ausgeht, ergeben sich zwei wesentliche Unterschiede: Erstens treten an die Stelle von Durchschnittskursen grundsätzlich per 31.12.2001 ermittelte Stichtagskurse. Anteilige Zinserträge sowie zwischenzeitliche Kursverluste des ersten Halbjahrs 2002 fließen unterdessen in das (IAS-)Finanzergebnis des ersten Planjahres ein.[460] Zweitens erfolgt wie auch bei den drei Gesellschaften von untergeordneter Bedeutung in Übereinstimmung mit der Verfügbarkeitsäquivalenz ein Abzug von hälftigen typisierten persönlichen Steuern.[461] Der nicht-betriebsnotwendige Immobilienbesitz der KWR wird analog dem Verfahren bei BKB bewertet.[462]

Auch der neutrale Gutachter der NWS stützt sich im Fall von nicht-betriebsnotwendigem Immobilienbesitz auf Marktwerte. Da die Veräußerung von diesen Liegenschaften vor Erstellung der Bewertung begonnen hat, existieren bereits zeitnahe Transaktionspreise als Anhaltspunkte.[463] Während bei NWS sämtliche mit Wertpapieren verbundene Zahlungsströme im Rahmen des operativen Geschäfts geplant werden,[464] erfolgt die Berücksichtigung finanzieller Konsequenzen aus dem Kernkraftwerk Neckarwestheim über separate Ertragswerte von zwei Tochtergesellschaften als Haupteigentümer der beiden Kraftwerksblöcke. Als Ausfluss der im Jahr 2001 fixierten Kernenergie-Konsensvereinbarungen fallen bei NWS im Rahmen der mit diesen Töchtern vereinbarten Kostenerstattung über einen explizit geplanten Zeitraum von knapp

---

456 Vgl. *Flick Gocke Schaumburg GmbH* (Hrsg.) [Gutachten, 2002], Tz. 94-99.

457 Vgl. *Kraftwerk Laufenburg AG* (Hrsg.) [Bericht, 2002], Teil II, S. 70.

458 Vgl. *Kraftwerk Laufenburg AG* (Hrsg.) [Bericht, 2002], Teil II, S. 59.

459 Einzig betriebsnotwendige und nicht-betriebsnotwendige Liegenschaften werden durch das Kriterium des Beitrags zur unmittelbaren Leistungserstellung unterschieden Vgl. *Kraftwerk Laufenburg AG* (Hrsg.) [Bericht, 2002], Teil II, S. 69.

460 Diesbezüglich enthält das Gutachten des Pflichtprüfers Detailinformationen, die der Bericht der Obergesellschaft vermissen lässt. Vgl. *Kraftwerk Laufenburg AG* (Hrsg.) [Bericht, 2002], Teil III, Tz. 16 gegenüber *Kraftwerk Laufenburg AG* (Hrsg.) [Bericht, 2002], Teil II, S. 69f.

461 Vgl. *Kraftwerk Laufenburg AG* (Hrsg.) [Bericht, 2002], Teil II, S. 70f.

462 Vgl. *Kraftwerk Laufenburg AG* (Hrsg.) [Bericht, 2002], Teil II, S. 69f.

463 Vgl. *Neckarwerke Stuttgart AG* (Hrsg.) [Dokumentation, 2003], Teil B, S. 83f.

464 Dabei wird ein gewichteter Mischzinssatz verwendet. Vgl. *Neckarwerke Stuttgart AG* (Hrsg.) [Dokumentation, 2003], Teil B, S. 71f.

80 Jahren Ein- und Auszahlungen an, deren Abbildung eine Änderung des verwendeten Zwei-Phasenmodells erfordert hätte: Zinserträgen aus der Anlage der zum Bewertungsstichtag bestehenden und im Folgenden noch aufzubauenden bzw. liquiditätsmindernd zu verwendenden Rückstellungen stehen mittelfristig steigende Strombezugskosten als Folge der sukzessiven Stillegung der Anlage gegenüber.[465] Die Methodik entspricht der Ertragswertermittlung des operativen Geschäfts mit Ausnahme des unterschiedlichen Planungshorizonts.

Insgesamt liegt das Problem gesondert bewerteter Vermögensteile neben der einheitlichen Abgrenzung des betriebsnotwendigen Vermögens einschließlich Sonderwerte von nicht-betriebsnotwendigen Vermögensteilen vor allem in der strikten Einhaltung der Äquivalenzprinzipien, namentlich der Verfügbarkeitsäquivalenz. Es handelt sich bei beiden Aspekten um allgemeine Bewertungsfragen, die nicht nur für Squeeze-out einschlägig sind.

4.6. Berücksichtigung von Börsenkursen

4.6.1. Abgrenzung des Referenzzeitraums

Das quotale Ergebnis eines Gesamtbewertungsverfahrens und der Börsenkurs dienen zwar gleichermaßen der Wertermittlung von Unternehmensanteilen, sind aber durch gegensätzliche Vorgehensweisen gekennzeichnet: Erstgenanntes ermittelt zunächst den Wert künftiger Zahlungsströme zwischen dem Unternehmen und allen Eigentümern durch Alternativenvergleich und bricht diesen anschließend auf einen Unternehmensanteil herunter. Demgegenüber stellt der Börsenkurs den Marktpreis für eine einzelne Aktie dar, der sich für Zwecke der Bewertung von Beteiligungen oder ganzen Unternehmen nicht ohne weiteres linear transformieren lässt.[466] Im Rahmen der objektivierten Wertermittlung sind vorhandene Börsenkurse stets zur Plausibilitätsbeurteilung für anteilige Ertrags- oder DCF-Werte heranzuziehen.[467] Speziell bei der Abfindungsbemessung ist die vom BVerfG geschaffene Verbindung zu beachten, wonach ein vielfältig bestimmbarer Referenzkurs regelmäßig die Wertuntergrenze einer angemessenen Minderheitenabfindung darstellt.

Die Literatur hat dem Versuch des BGH, den Rechtsanwendern bezüglich des Referenzzeitraums Klarheit zu verschaffen, eine deutliche Absage erteilt. Ein Durchschnittskurs bezogen auf einen Zeitraum „von drei Monaten, der unmittelbar vor der Hauptversammlung der beherrschten AG liegt,“[468] kann zwar ex post im Spruchstellenverfahren nachgezeichnet, nicht jedoch ex ante bestimmt werden: Die Aktionäre könnten im Vorfeld der Hauptversammlung weder durch den Bericht der Obergesell-

---

465 Vgl. *Neckarwerke Stuttgart AG* (Hrsg.) [Dokumentation, 2003], Teil B, S. 80-83.
466 Vgl. ausführlich *Ballwieser* [Fragen, 2002], S. 748.
467 Vgl. IDW S 1, Tz. 15.
468 *BGH* (Beschl. v. 12.3.2001 – II ZB 15/00), S. 737.

schaft noch durch denjenigen des Pflichtprüfers gezielt informiert werden, da allen Beteiligten zu diesem Zeitpunkt die Kenntnis des Referenzkurses fehlt.[469]

Der Gesetzgeber hat sich im Bewusstsein der unpraktikablen BGH-Rechtsprechung hinsichtlich der Bestimmung des Dreimonats-Referenzzeitraums bei der Festlegung des Mindestangebotspreises im Rahmen von Übernahme- und Pflichtangeboten gem. WpÜG für den Zeitpunkt der erstmaligen öffentlichen Bekanntgabe der Erwerbsabsicht als Endpunkt ausgesprochen. Obwohl die Diskussion um den Schlusstag des Referenzzeitraums bei aktienrechtlichen Bewertungsanlässen noch andauert,[470] erscheint mit Blick auf mögliche Kursmanipulationen das Abstellen auf den Tag des erstmaligen Bekanntwerdens des Squeeze-out in Analogie zu § 5 Abs. 1 WpÜGAngebVO sachgerecht,[471] wenngleich nicht zwingend.

Obwohl die neutralen Gutachter der drei Zielgesellschaften durchgehend mit dem in § 5 Abs. 1 WpÜGAngebVO verankerten Zeitpunkt argumentieren, sind deutliche Detailunterschiede auszumachen. Trotz des Hinweises auf das Übernahmerecht kommt bei BKB ein Referenzzeitraum von 50 Tagen zu tragen, der mit Fertigstellung der Bewertung endet. Begründungen, warum auf diesen Zeitraum abgestellt wird und weshalb drei Monate nur 50 Handelstage umfassen sollen, bleiben der neutrale Gutachter und der Pflichtprüfer schuldig.[472]

Im Fall KWR wurde den Aktionären bereits im Zuge eines Wertpapiererwerbsangebots[473] gem. WpÜG seitens der Obergesellschaft KWL das zeitnahe Squeeze-out angekündigt, falls nach der Durchführung des Angebots die Voraussetzungen für den Zwangsausschluss vorliegen. Zur Ermittlung des Durchschnittskurses dient der Dreimonats-Zeitraum unmittelbar vor Bekanntgabe des Erwerbsangebots und nicht etwa des eigentlichen Zwangsausschlusses. Dadurch soll Kursverzerrungen als Folge der Angebotsunterbreitung sowie einer möglichen, jedoch nicht erkennbar quantifizierten, verminderten Liquidität seit Angebotsbeendigung entgegengetreten werden.[474] Die Verkehrswertermittlung ist nur für das Squeeze-out erforderlich, da Erwerbsangebote im Gegensatz zu Übernahmeangeboten und Pflichtangeboten keiner Preisbestimmung unterliegen.[475]

---

469 Vgl. zusammenfassend *Fischer-Winkelmann/Raab* [Börsenkurse, 2002], S. 343f. A.A. jüngst *OLG Düsseldorf* (Beschl. v. 31.1.2003 – 19 W 9/00 AktE), S. 331 mit dem Argument der Einheitlichkeit des Bewertungsstichtags.

470 Vgl. *Wilts/Schaldt/Nottmeier* [Unternehmensbewertung, 2002], S. 625 m.w.N.

471 Dies könnte über eine Ad-hoc-Mitteilung gem. § 15 WpHG oder eine vergleichbare Pressemitteilung geschehen. Vgl. *Hasselbach* in *Hirte/von Bülow* [WpÜG, 2003], Kommentierung zu § 327b AktG, Rn. 20.

472 Vgl. *Flick Gocke Schaumburg GmbH* (Hrsg.) [Gutachten, 2002], Tz. 107 sowie *E.ON Kraftwerke GmbH* (Hrsg.) [Bericht, 2002], Anlage 3, S. 19.

473 Vgl. *Kraftwerk Laufenburg AG* (Hrsg.) [Erwerbsangebot, 2002].

474 Vgl. *Kraftwerk Laufenburg AG* (Hrsg.) [Bericht, 2002], Teil II, S. 72.

475 Vgl. *Lappe/Stafflage* [Unternehmensbewertungen, 2002], S. 2185.

Bei NWS sind sowohl zwei Durchschnittskurse als auch ein Stichtagskurs ausgewiesen. Die Durchschnittskursermittlung beruht auf einem Dreimonats-Zeitraum, der alternativ vor dem Tag der erstmaligen öffentlichen Ankündigung des Squeeze-out bzw. fünf Tage vor dem Abschluss der Bewertungstätigkeit endet. Ebenso wird ein auf den letztgenannten Zeitpunkt bezogener Stichtagskurs veröffentlicht. Da der anteilige Ertragswert alle Referenzkurse leicht übersteigt, erfolgt keine Gewichtung und damit Aussage über die Vorziehenswürdigkeit einzelner Marktwerte.[476]

Insgesamt hat sich in der Bewertungspraxis auch über die ausgewerteten Fälle hinaus[477] die Durchschnittskursermittlung auf Dreimonats-Basis etabliert. Dass sich die strikte analoge Anwendung von § 5 Abs. 1 WpÜGAngebVO hinsichtlich der Festlegung des Endpunkts des Referenzzeitraums bislang nicht durchgesetzt hat, verwundert angesichts der fehlenden Bindungswirkung kaum. Verbesserungswürdig ist davon unabhängig die Begründung für das Vorgehen des neutralen Gutachters im Einzelfall. Nachvollziehbare Aussagen können auch in diesem Punkt helfen, Spruchstellenverfahren zu vermeiden bzw. abzukürzen.

4.6.2. Marktenge

Angesichts des bei Squeeze-out-Fällen maximal handelbaren Streubesitzes von 5 % des Grundkapitals stellt sich die Frage, ob nicht von vornherein eine Marktenge vorliegt und infolgedessen der Börsenkurs als taugliche Wertkategorie ausscheidet.[478] Das BVerfG und im Nachgang der BGH betonen übereinstimmend, dass auch bei einer Ungewissheit darüber, ob der Minderheitsaktionär seine Aktien tatsächlich zum Börsenkurs hätte verkaufen können, „dem Börsenkurs nicht jede Eignung zur Feststellung des Werts der Unternehmensbeteiligung [fehlt], solange die Aktien an der Börse gehandelt werden."[479] Insbesondere der BGH stellt darauf ab, dass der Handel in dem Bezugszeitraum zu keinem Zeitpunkt langfristig geruht hat.[480] Im zu entscheidenden Fall fand Handel in vier aufeinanderfolgenden Monaten an 15, neun, acht und neun Tagen statt.[481] Obwohl für Squeeze-out originär nicht einschlägig, sind Börsenkurse bei Übernahme- und Pflichtangeboten im Sinne der §§ 29 u. 35 WpÜG unbeachtlich, falls erstens an weniger als an einem Drittel der Börsentage Kurse festgestellt werden und zweitens mehrere nacheinander festgestellte Börsenkurse um mehr als 5 % voneinander abweichen (§ 5 Abs. 4 WpÜGAngebVO).[482] Obgleich sich der BGH ausdrücklich ge-

---

476 Vgl. *Neckarwerke Stuttgart AG* (Hrsg.) [Dokumentation, 2003], Teil B, S. 85.

477 Vgl. *Wilts/Schaldt/Nottmeier* [Unternehmensbewertung, 2002], S. 625.

478 Vgl. bejahend und damit die Mehrheitsmeinung bündelnd *Fleischer* [Recht, 2002], S. 781; ebenso jüngst beiläufig *OLG Düsseldorf* (Beschl. v. 31.1.2003 – 19 W 9/00 AktE), S. 331. A.A. *Grzimek* in *Geibel/Süßmann* [WpÜG, 2002], Kommentierung zu § 327b AktG, Rn. 31.

479 *BVerfG* (Beschl. v. 27.4.1999 – 1 BvR 1613/94), S. 1696.

480 Vgl. *BGH* (Beschl. v. 12.3.2001 – II ZB 15/00), S. 738. Ähnlich *BVerfG* (Beschl. v. 27.4.1999 – 1 BvR 1613/94), S. 1696, jedoch ohne Hinweis auf einen Bezugszeitraum.

481 Vgl. *BGH* (Beschl. v. 12.3.2001 – II ZB 15/00), S. 738.

482 Die beiden Marktdefizite sind kumulativ zu verstehen. Vgl. zusammenfassend *Kremer/Oesterhaus* in *Hirte/von Bülow* [WpÜG, 2003], Kommentierung von § 5 des Anhangs zu § 31 WpÜG, Rn. 20f.

gen schematisierende Betrachtungen wehrt,[483] kann der zeitlich nachgelagerte Entschluss des Gesetzgebers, für Übernahmefälle eng umrissene Liquiditätskriterien festzulegen, zumindest als Signal für vergleichbare Sachverhalte aufgefasst werden.[484]

Der Börsenkurs von BKB übersteigt ausweislich der Daten aus Abbildung 5 den anteiligen Ertragswert um mehr als 113 %. Der neutrale Gutachter geht von einer extremen Marktenge aus, infolgedessen der Durchschnittskurs den Verkehrswert nicht ausreichend widerspiegelt. Innerhalb von drei Monaten fand nur an zwei von 50 Börsentagen Handel mit einem Gesamtvolumen von drei Stück statt.[485] Obwohl zeitweilig ruhender Handel zweifelsfrei vorliegt, hat sich die Obergesellschaft entschlossen, freiwillig den höheren, streng genommen unbeachtlichen Börsenkurs zu bezahlen.[486] Dies kann angesichts des geringen finanziellen Aufwands zum Erwerb von 1.476 Streubesitzaktien als Signal zur Abwehr eines Spruchstellenverfahrens gedeutet werden.

Bei KWR hält der neutrale Gutachter eine Marktenge angesichts eines Gesamtvolumens von 771 Stück, das an einer nicht genannten Börse an 25 von 60 möglichen Börsentagen gehandelt wurde, für gegeben. Gleichzeitig qualifiziert er den Referenzwert als unbeachtlich, da der anteilige Ertragswert diesen um etwas über 2 % übersteigt. Nicht stichhaltig erscheint davon unabhängig die Darlegung, dass dieses Handelsvolumen bezogen auf ein gesamtes Börsenjahr nur 1 % des gesamten Streubesitzes betragen würde.[487] Entscheidend ist vielmehr die Tatsache, dass der Handel in keinem Zeitraum über längere Zeit geruht hat. Ebenso ist bezüglich der möglichen analogen Anwendung von § 5 Abs. 4 WpÜGAngebVO unberücksichtigt geblieben, dass an mehr als einem Drittel der Börsentage Kurse festgestellt wurden.

Der neutrale Gutachter der NWS verzichtet mit Hinweis auf den je nach ausgewiesenem Kurs um bis zu 10 % höheren anteiligen Ertragswert auf die Beurteilung, ob eine Marktenge überhaupt vorliegt.[488] Erst dem Gutachten des Pflichtprüfers ist zu entnehmen, dass im Januar 2003 in Frankfurt insgesamt 49 und in Stuttgart 91 Aktien gehandelt wurden.[489] Auf wie viele Börsentage sich diese Umsätze verteilen und welche Situation in den anderen Monaten des Referenzzeitraums vorherrscht, ist den Ausführungen nicht zu entnehmen.

Trotz der Möglichkeit einer analogen Anwendung übernahmerechtlicher Vorschriften verbleiben hinsichtlich der Beurteilung, ob eine Marktenge vorliegt, weiterhin erhebliche Interpretationsspielräume. In jedem der drei analysierten Fälle fallen die Darlegungen des neutralen Gutachters und des Pflichtprüfers zu knapp aus, um Außenstehenden

---

483 Vgl. *BGH* (Beschl. v. 12.3.2001 – II ZB 15/00), S. 737.

484 Vgl. *Hasselbach* in *Hirte/von Bülow* [WpÜG, 2003], Kommentierung zu § 327b AktG, Rn. 18 sowie mit rechtssystematischen Argumenten *Fleischer* [Recht, 2002], S. 781.

485 Vgl. *Flick Gocke Schaumburg GmbH* (Hrsg.) [Gutachten, 2002], Tz. 107-109.

486 Vgl. *E.ON Kraftwerke GmbH* (Hrsg.) [Bericht, 2002], S. 35.

487 Vgl. *Kraftwerk Laufenburg AG* (Hrsg.) [Bericht, 2002], Teil II, S. 73.

488 Vgl. *Neckarwerke Stuttgart AG* (Hrsg.) [Dokumentation, 2003], Teil B, S. 85.

489 Vgl. *Neckarwerke Stuttgart AG* (Hrsg.) [Dokumentation, 2003], Teil C, S. 15.

die Bildung eines eigenständigen Urteils zu ermöglichen. Auch unter Berücksichtigung der Ergebnisse von *Wilts, Schaldt* und *Nottmeier* ist zu beobachten, dass die Obergesellschaften in Zweifelsfällen mehrheitlich bereit sind, einen den anteiligen Ertragswert übersteigenden Referenzkurs freiwillig zu bezahlen.[490] Damit scheint die mittelfristig etwa über Spruchstellenverfahren zu beseitigende Rechtsunsicherheit zumindest derzeit nicht zu Lasten der Minderheitsaktionäre angewendet zu werden.

4.6.3. Rolle von Vorerwerben

Die Obergesellschaft wird zumindest einen Teil ihres 95 %-Kapitalanteils an der Zielgesellschaft in der Vergangenheit entweder über öffentliche Übernahmeangebote oder außerbörsliche Paketkäufe erworben haben. Sind diese Vorerwerbe zeitnah an den Zwangsausschluss erfolgt, ist zu erörtern, inwieweit realisierte Angebots- oder Paketpreise bei der Bemessung einer angemessenen Abfindung zu berücksichtigen sind. Eine analoge Anwendung von § 4 WpÜGAngebVO, wonach der höchste Preis von Vor- und Parallelerwerben innerhalb von drei Monaten beachtlich ist, wird mehrheitlich abgelehnt.[491] Dies ist vor dem Hintergrund zu sehen, dass Angebote gem. WpÜG ein gerichtlich nicht nachprüfbares freiwilliges Ausscheiden zu Markt- bzw. Vorerwerbskonditionen ermöglichen sollen, während im Fall von Squeeze-out stets der innere Wert als anteiliger Ertragswert zu bezahlen ist, der einen (aussagekräftigen) Verkehrswert lediglich nicht unterschreiten darf.[492]

Bei BKB und NWS fanden abgesehen von Abfindungsverpflichtungen im Rahmen des Abschlusses eines Beherrschungs- und Gewinnabführungsvertrags aus dem Jahr 1989 bzw. eines isolierten Beherrschungsvertrags aus dem Jahr 2000 keine Vorerwerbe durch die Obergesellschaft oder eines mit ihr verbundenen Unternehmens statt. Die damaligen Abfindungen liegen – obwohl für Squeeze-out unbeachtlich – deutlich unter den jetzt offerierten Barleistungen.[493]

KWR-Aktionäre konnten ihre Aktien im Rahmen eines von 2.7.2002 bis 13.8.2002 offenen Wertpapiererwerbsangebots zum Preis von 305,00 € zuzüglich einer amerikanischen Option auf den Erwerb einer Aktie der Obergesellschaft mit einer Laufzeit von einem Jahr andienen.[494] Da es sich weder um ein Übernahme- noch um ein Pflichtangebot im Sinne der §§ 29 u. 35 WpÜG handelt,[495] bestehen keine übernahmerechtlichen Preisbestimmungen. Hätte der Vorerwerbspreis entgegen der h.M. eine Relevanz

---

490 Vgl. *Wilts/Schaldt/Nottmeier* [Unternehmensbewertung, 2002], S. 625.

491 Vgl. *Hasselbach* in *Hirte/von Bülow* [WpÜG, 2003], Kommentierung zu § 327b AktG, Rn. 24-26 m.w.N. sowie jüngst *OLG Düsseldorf* (Beschl. v. 31.1.2003 – 19 W 9/00 AktE), S. 331.

492 Vgl. *Lappe/Stafflage* [Unternehmensbewertungen, 2002], S. 2191f.

493 Vgl. *E.ON Kraftwerke GmbH* (Hrsg.) [Bericht, 2002], S. 9 sowie *Neckarwerke Stuttgart AG* (Hrsg.) [Dokumentation, 2003], Teil B, S. 85.

494 Vgl. *Kraftwerk Laufenburg AG* (Hrsg.) [Erwerbsangebot, 2002], S. 12-15.

495 KWL wurde erst per 15.5.2002 in Folge einer konzerninternen Umstrukturierungsmaßnahme Mehrheitsaktionärin von KWR. In Übereinstimmung mit § 36 Nr. 3 WpÜG erfolgte eine Befreiung von der Abgabe eines Pflichtangebots. Vgl. *Kraftwerk Laufenburg AG* (Hrsg.) [Erwerbsangebot, 2002], S. 6.

für die angemessene Barabfindung, könnten hinsichtlich einer Abfindungsbemessung inadäquate Methoden, etwa willkürlich gegriffene Werte oder Ergebnisse der Multiplikator-Methode, Gegenstand eines späteren Spruchstellenverfahrens werden. Zudem wurde im Fall der KWR in Übereinstimmung mit dem WpÜG darauf verzichtet, für Zwecke der Angebotsbemessung einen Ertragswert zu ermitteln. Dies ist erst knapp ein halbes Jahr später im Rahmen des Squeeze-out geschehen. Bei KWR besteht die Besonderheit, dass die Barabfindung für Zwecke des Squeeze-out mit 300,00 € das zeitnahe Erwerbsangebot unterschreitet. Erst durch einen außergerichtlichen Vergleich zur Abwehr von Anfechtungsanklagen wurden die beiden Angebote wertmäßig harmonisiert.[496]

Auch wenn im Fall KWR ein zeitnahes Erwerbsangebot zumindest im Ergebnis die Barabfindung beeinflusst hat, kann Angebotspreisen angesichts der derzeitigen Rechtslage nur Indikatorwirkung zugesprochen werden. Mahnende Stimmen in der Literatur, die für eine baldige Verzahnung von Übernahme- und Ausschlussrecht eintreten,[497] explizieren nicht die Voraussetzungen: Entweder müssen Ertragswerte in das marktorientierte und spruchstellenlose Übernahmerecht Einzug halten oder es sind eindeutige Minderheitenquoren im Sinne einer freiwilligen Zustimmung einer qualifizierten Mehrheit der Minderheit zu etablieren, die eine Dominanz von Marktwerten im Abfindungsrecht zulassen. Diese Diskussion ist Gegenstand von Abschnitt 5.4.1.

4.7. Ergebnisse für die Arbeit

Eine angemessene Minderheitenabfindung resultiert aus dem anteiligen Wert der Summe des betriebsnotwendigen und des nicht-betriebsnotwendigen Vermögens. Schon die Abgrenzung beider Vermögenskomponenten ist theoretisch wie praktisch umstritten. Zur Bestimmung des Fortführungswerts des betriebsnotwendigen Vermögens kann die Ertragswertmethode ungeachtet bereits bekannter Probleme als weitgehend vereinheitlichtes Bewertungsverfahren angesehen werden. Der Wert von nach dem funktionalen Abgrenzungskriterium des IDW S 1 frei veräußerbaren, mithin nicht-betriebsnotwendigen Vermögensteilen bestimmt sich über Einzelbewertungsverfahren unter der Prämisse ihrer bestmöglichen Verwertung.

Typisch für Squeeze-out-Fälle ist die mangelnde Liquidität der Aktien. Da Liquidität eine zwingende Voraussetzung für gute Regressionsstatistiken von Betawerten im Rahmen der beliebten marktmodellorientierten Risikozuschlagsermittlung darstellt, gelangen hilfsweise verwendete Vergleichsverfahren sogar innerhalb einer Branche zu fragwürdigen Ergebnissen. Gerade in diesem Punkt sind neutrale Gutachter und Pflichtprüfer gleichermaßen gefordert, in ihren Ausführungen für erhöhte Transparenz zu sorgen.

---

496 Da der Kurs der KWL-Option zum Zeitpunkt des Vergleichsschlusses 5,50 € betrug, wurde die Abfindung unter Ausblendung von Zinseffekten von 300,00 € auf 310,50 € erhöht. Vgl. Bekanntmachungen der Energiedienst AG und der KWL vom 17.1.2003 (Quelle: http://www.energiedienst.de/pdf/aktionaere/eddbk.pdf, abgerufen am 15.9.2003).

497 Vgl. insbesondere *Fleischer* [Recht, 2002], S. 782f.

Die Forderung nach erhöhter Transparenz gilt gleichermaßen für die Ermittlung des Börsenkurses zum Zweck der Verkehrswertberücksichtigung. Obwohl sich übernahmerechtliche Detailvorschriften als mögliche Operationalisierung der höchstrichterlichen Rechtsprechung heranziehen lassen, verbleiben unter besonderer Berücksichtigung der mit dem geringen Streubesitz verbunden eingeschränkten Liquidität etliche Freiheitsräume. Bei unterschiedlicher Nutzung sind starke Konsequenzen für die Abfindung die Folge. Abzulehnen ist davon unabhängig eine Berücksichtigung von Vorerwerben bei der Abfindungsbemessung, solange die Verbindung von Übernahmerecht und Squeeze-out so lose ausgestaltet ist, wie dies *de lege lata* in Deutschland gegeben ist.

5. Ökonomische Analyse der Squeeze-out-Regelung

5.1. Ableitung der Analysekriterien

Zweck der Squeeze-out-Regelung ist die Vereinfachung der einheitlichen Leitung der Zielgesellschaft. Dahinter steht die gesetzgeberische Differenzierung der Eigentumsrechte verschiedener Gesellschaftergruppen. Die Minderheitsaktionäre sollen im Gegenzug für die Erleichterung von sie benachteiligenden Konzernierungsmaßnahmen eine angemessene Abfindung erhalten, die den Rechtsverlust in Form eines Schadenersatzes zumindest kompensiert. Diesen Determinanten folgend, sollen ökonomische und rechtliche Kriterien zur Beurteilung von §§ 327a-327f AktG sowie für *de lege ferenda*-Vorschläge abgeleitet werden. Nachstehende Kriterien sind Gegenstand der Diskussion (Abbildung 6):

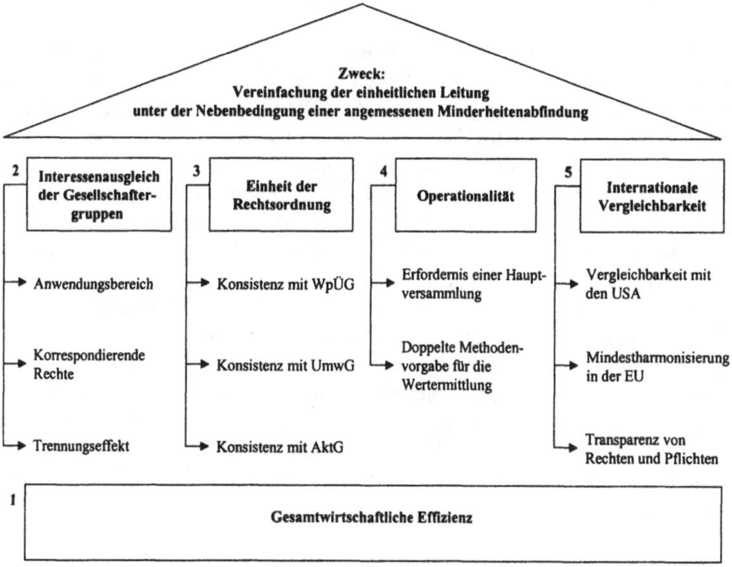

Abbildung 6: Analysekriterien

ad 1) Die wirtschaftliche Wohlfahrt einer Gesellschaft wird aus mikroökonomischer Sicht mit dem Nutzenniveau ihrer Konsumenten verbunden.[498] Ein Kriterium zur Beurteilung bestimmter volkswirtschaftlicher Situationen, die durch das Konsumniveau jedes einzelnen Konsumenten und das Faktoreinsatz- und Produktionsniveau jedes einzelnen Produzenten charakterisiert sind, stellt die Pareto-Optimalität dar. Danach ist eine Situation effizient, wenn sowohl die Produktion als auch die Einkommensverteilung nicht mehr geändert werden können,

[498] Vgl. *Henderson/Quandt* [Theorie, 1983], S. 299.

um den Nutzen mindestens eines Individuums zu erhöhen, ohne gleichzeitig den Nutzen anderer zu verringern.[499] Im Fall des Squeeze-out ist eine Erhöhung des Unternehmenswerts der Zielgesellschaft Voraussetzung für eine Effizienzsteigerung. Um die Vorteilhaftigkeit einer solchen Beschränkung der Dispositionsfreiheit beurteilen zu können, stellt sich auf einer zweiten Stufe die Frage, ob alle Beteiligten im Sinne des Pareto-Kriteriums an der Wertsteigerung teilhaben können.[500] Es ist zu beachten, dass die Frage nach einer optimalen Ressourcenallokation stets unabhängig von subjektiven Gerechtigkeitsüberlegungen beantwortet werden kann.[501] Das in Abbildung 6 als Fundament der kritischen Analyse veranschaulichte Kriterium der gesamtwirtschaftlichen Effizienz dient der Beurteilung, ob sich ein gesetzlich legitimiertes Herausdrängen von Minderheiten aus gesamtwirtschaftlicher Sicht überhaupt rechtfertigen lässt. Erst danach kann mit Hilfe von weiteren ökonomischen und rechtlichen Kriterien über die konkrete Ausgestaltung der Ausschlussbefugnis diskutiert werden.

ad 2) Eine unter der Voraussetzung des Interessenausgleichs der Gesellschaftergruppen stehende Ausschlussbefugnis stellt idealtypisch ein Ersatzinstitut für ein freiwillig herbeigeführtes Ergebnis von Austrittsverhandlungen dar, das von allen Beteiligten getragen wird. Ohne eine gesetzliche Normierung besteht die Gefahr, dass aus Kosten-/Nutzen-Sicht ökonomisch sinnvolle Ausschlüsse unterbleiben, sofern die Verhandlungskosten den Barwert der einsparungsfähigen Minderheitenkosten übersteigen. In diesem Kontext ist zu untersuchen, ob der Anwendungsbereich von §§ 327a-327f AktG mit der AG und der KGaA als Zielgesellschaften zutreffend gewählt ist. Die Ausschlussbefugnis der Obergesellschaft bezieht sich *de lege lata* neben Publikumsgesellschaften auch auf nicht-börsennotierte Zielgesellschaften. Es ist zu bedenken, dass unterschiedlich ausgestaltete Mitgliedschaften abweichende Formen von Austrittsverhandlungen mit unterschiedlichen Kosten verursachen. Die Notwendigkeit einer gesetzlichen Normierung als Alternative zu freiwilligen Austrittsverhandlungen muss danach beurteilt werden, ob in der jeweiligen Organisations- und Rechtsform grundsätzlich Raum für schnell durchführbare und potenziell erfolgreiche persönliche Austrittsverhandlungen besteht.

Die Rechtfertigung für die Erteilung von gesetzlichen Eingriffsbefugnissen in das Aktionärseigentum anderer unterstellt zudem aus ökonomischer Sicht, dass die Einsparung von Minderheitenaufwand, dem keine anderweitigen wesentlichen Vorteile gegenüber stehen, allen Gesellschaftern zu Gute kommt.[502] Grundsätzlich ist mit Blick auf die idealisierte Verhandlungssituation zu fragen, welche Gesellschaftergruppe mit einem Recht zur Reorganisation der Aktionärsstruktur bedacht werden soll. Neben der Etablierung einer einseitigen Entschei-

---

499 Vgl. *Henderson/Quandt* [Theorie, 1983], S. 300.
500 Vgl. *Burghof/Schilling* [Going private, 2003], S. 120.
501 Vgl. *Hecker* [Regulierung, 2000a], S. 9.
502 Vgl. *Wenger/Kaserer/Hecker* [Minderheitenschutz, 2001], S. 322.

dungsmacht zu Gunsten der Obergesellschaft in Gestalt des Ausschlussrechts besteht die Möglichkeit, der Minderheit zusätzlich ein spiegelbildliches Andienungsrecht ihrer Anteile zu gewähren. Ob gerade die Ausgestaltung als korrespondierende Rechte dem Interessenausgleich der Gesellschaftergruppen gerecht wird, ist im Rahmen dieses Abschnitts zu klären.

Zentraler Bestandteil von Ausschluss- und Austrittsrechten ist die Bemessung der Gegenleistung. Insbesondere bei Squeeze-out muss der Schiedsgutachter zwangsläufig über die Aufteilung des Trennungseffekts auf die Gesellschaftergruppen entscheiden. Dabei handelt es sich um einem speziellen Verbundeffekt, der erst durch die Änderung der Gesellschafterstruktur entsteht. Bisher sehen sowohl die Rechtsprechung als auch berufsständische Verlautbarungen die Berücksichtigung von Verbundeffekten bei mittelbaren Ausschlusstechniken, etwa der Verschmelzung,[503] mehrheitlich zumindest kritisch.[504] Zunächst ist zu problematisieren, wie sich der Trennungseffekt ermitteln lässt und welche Indizien für seine Höhe existieren. Anschließend soll diejenige Zurechnungsregel von künftigen Vorteilen zu Gunsten der Obergesellschaft identifiziert werden, die der Verhandlungsfiktion gerecht wird. Dabei ist zu beachten, dass die Vorteile erst durch das Ausscheiden der Minderheit entstehen. In diesem Zusammenhang ist für die Arbeit zu entscheiden, ob der Minderheit bei der Abfindungsbemessung ein ihrem geringen Kapitalanteil entsprechender Einfluss zugesprochen wird oder ob eine faire Verhandlung ausschließlich als solche unter Gleichstehenden mit Vetorecht gesehen wird.

ad 3) Nach der Intention des deutschen Gesetzgebers sollen sich die Regulierung eines Kontrollwechsels bei der Zielgesellschaft und der Ausschluss von Minderheitsaktionären zwar sachlich ergänzen, jedoch voneinander unabhängig sein.[505] Vor diesem Hintergrund ist die breite Zustimmung der freien Aktionäre zu einem Übernahmeangebot als zwingende Voraussetzung für das Squeeze-out zu diskutieren. Die Alternative besteht in einem formalaktähnlichen Hauptversammlungsbeschluss, etwa gem. § 327a Abs. 1 S. 1 AktG, bei dem die Zustimmung auf Grund der vorhandenen Kapitalbeteiligung der Obergesellschaft bereits von vornherein gesichert ist. Tatsächlich wird dem Ausschluss von Minderheitsaktionären regelmäßig ein – wenn auch unter Umständen zeitlich weit zurückliegender – Kontrollwechsel bei der Zielgesellschaft vorausgehen. Der Minderheitenschutz im Rahmen von Kontrollwechseln zielt darauf ab, einer systematischen Umverteilung von Sondervorteilen zu Lasten der Minderheit vorzubeugen. Dadurch soll deren Zeichnungsbereitschaft bei künftigen Emissionen und somit die Finanzierungskraft über den Kapitalmarkt gesichert werden.[506] Die freien Aktionäre werden über die Andienung ihrer Anteilsscheine im Rahmen

503 Vgl. z.B. *Seetzen* [Verschmelzungswertverhältnis, 1994], S. 49.
504 Vgl. zusammenfassend *Hommel/Braun* [Prüfstand, 2002], S. 12-14.
505 Vgl. BT-Drs. 14/7034, S. 32.
506 Vgl. *Hecker* [Regulierung, 2000b], S. 500-502.

eines Übernahmeangebots mit Rücksicht auf die Ausgestaltung einer späteren Ausschlussbefugnis entscheiden. Daher ist das mit dem Übernahmepreis verbundene Kalkül einer Partizipation an erwarteten Übernahmegewinnen mit der Frage der Bemessung der Barabfindung gem. § 327b Abs. 1 AktG zu verbinden: Sollte die Barabfindung die Höhe eines nahe vorausgehenden Übernahmeangebots unterschreiten dürfen und den Adressaten somit die quotale Teilhabe an Übernahmegewinnen vorenthalten werden können, sind negative Auswirkungen auf die künftige Zeichnungsbereitschaft von Privatanlegern zu erwarten.[507] Unter dem Blickwinkel der Konsistenz des Squeeze-out mit Art. 1 WpÜG ist daher zu diskutieren, ob sich eine Koppelung der beiden Rechtskreise, beispielsweise nach britischem Vorbild, als vorziehenswert erweist.

Einen weiteren Problembereich stellt die Konsistenz mit anderen mittelbaren Ausschlusstechniken gem. UmwG und AktG dar. Es ist zu prüfen, ob namentlich die Verschmelzung, der Formwechsel und die übertragende Auflösung mit einer Zustimmungserfordernis von jeweils lediglich 75 % des bei Beschlussfassung vertretenen Grundkapitals einen praktikablen Umgehungstatbestand für das Squeeze-out darstellen.

<u>**ad 4)**</u> Mit der Zielsetzung, die einsparungsfähigen Minderheitenkosten vollständig zu eliminieren, muss der Ausschluss von Splitterbeteiligungen möglichst einfach erfolgen. Ansonsten besteht die Gefahr, dass der Barwert dieser Kosten durch Friktionen innerhalb des Verfahrens aufgezehrt wird. Dabei stellt sich die Frage, ob unter Berücksichtigung der gegenwärtigen Trennung von Übernahme- und Ausschlussrecht die Herbeiführung eines Hauptversammlungsbeschlusses angesichts der bekannten und eindeutigen Mehrheitsverhältnisse überhaupt notwendig ist. Hier ist zu problematisieren, inwieweit die Sicherstellung des höchstrichterlich geforderten effektiven Rechtsschutzes persönlich ausübbare Informationsrechte seitens der Minderheit erfordert.

In der Literatur wird zudem die doppelte Methodenvorgabe des BVerfG für die Wertermittlung wegen ihres potenziellen Mehraufwands kritisiert.[508] Es ist vor dem Hintergrund der Ergebnisse der Fallstudie und der Analyse empirischer Untersuchungen in Abschnitt 2.4.3 zu zeigen, ob und gegebenenfalls welche Möglichkeiten existieren, die Wertermittlung künftig zu vereinfachen. Der Rechtsvergleich ermöglicht darüber hinaus eine Einordnung der deutschen Regelung und Rechtsprechung zur Wertfindung in den europäischen und den US-amerikanischen Kontext.

<u>**ad 5)**</u> Die Squeeze-out-Regelung soll neben der Vereinfachung der einheitlichen Leitung insbesondere die Vergleichbarkeit mit internationalen Regelungen gewähr-

---

507 Vgl. *Wenger/Kaserer/Hecker* [Minderheitenschutz, 2001], S. 323f. sowie *Burghof/Schilling* [Going private, 2003], S. 122.

508 Vgl. grundlegend *Luttermann* [Bewertungsgrundlage, 1999], S. 47-52.

leisten. Hintergrund ist die Sorge des heimischen Gesetzgebers um die Wettbewerbsfähigkeit inländischer Aktiengesellschaften sowie des Finanzplatzes Deutschland selbst.[509] Der Rechtsvergleich mit US-amerikanischen Ausschlusstechniken soll zeigen, welche Konsequenzen mit dem dortigen Verzicht auf ein unmittelbares Ausschlussrecht einhergehen und ob sich daraus potenzielle Wettbewerbsvorteile für die Mitgliedstaaten der EU ergeben können.

Zum Zeitpunkt des In-Kraft-Tretens der Squeeze-out-Regelung bestand keine bindende europäische Rahmenvorgabe mit dem Zweck einer Mindestharmonisierung. Da sich aus den vereinzelten nationalen Ausschluss- und Austrittsnormen auch heute noch kein gemeinsamer Nenner ableiten lässt, war unklar, welcher Standard überhaupt erreicht werden sollte. Mit der Veröffentlichung des neuen Vorschlags für eine EU-Übernahmerichtlinie hat sich die Situation grundlegend geändert: Der Zwangsausschluss scheint künftig an das Übernahmerecht gekoppelt und korrespondiert mit einem Austrittsrecht. Es ist zuerst zu zeigen, welche Defizite mit der angestrebten Mindestharmonisierung auf EU-Ebene verglichen mit der im Rahmen der Würdigung entwickelten Ideallösung verbunden sind. In einem zweiten Schritt ist zu diskutieren, welche grundlegenden Eingriffe in §§ 327a-327f AktG seitens des deutschen Gesetzgebers notwendig werden und ob diese durch flankierende Maßnahmen sinnvoll zu ergänzen sind.

Von der *de lege ferenda*-Situation unabhängig interessieren sich ausländische Investoren dafür, welche Rechte und Pflichten augenblicklich mit einem Engagement auf dem deutschen Kapitalmarkt verbunden sind. Ob das WpÜG mit seinen Kernbereichen Übernahmeregulierung und Zwangsausschluss diesbezüglich Transparenz schafft, soll abschließend in dem Kontext der internationalen Vergleichbarkeit diskutiert werden.

5.2. Gesamtwirtschaftliche Effizienz

5.2.1. Private Kontrollerträge als Effizienzhemmnis

Aus der Konzentration eines hohen Kapitalanteils auf die Obergesellschaft ergeben sich für die verbleibenden Minderheitsaktionäre der Zielgesellschaft besondere Ausbeutungsrisiken. Es besteht die Gefahr, dass der Hauptaktionär seine in Kontinentaleuropa regelmäßig über Aufsichtsratsmandate institutionalisierten Einflussmöglichkeiten dazu nutzt, um Sondervorteile zu ziehen.[510] Diese auch als private Kontrollerträge bezeichneten Sondervorteile entstehen, indem die Obergesellschaft Ressourcen der Zielgesellschaft eigennützig und ohne Beteiligung der Minderheitsaktionäre konsumiert. Beispielsweise kann die Obergesellschaft auch ohne Existenz eines Beherrschungsvertrags auf die Preisgestaltung von Transaktionen zwischen der Zielgesellschaft und ihr oder mit ihr verbundenen Unternehmen maßgeblichen Einfluss nehmen, ohne hierfür

---

509 Vgl. *Habersack* [Finanzplatz, 2001], S. 1232.
510 Vgl. *Rau-Bredow* [Analyse, 1999], S. 764.

einen vollständigen Nachteilsausgleich im Sinne des § 312 AktG gewähren zu müssen.[511] Die Minderheitsaktionäre tragen anteilig die Kosten des opportunistischen Verhaltens der Obergesellschaft, die sich in einer Minderung des Unternehmenswerts der Zielgesellschaft und bei entsprechender Informationsverarbeitung auf dem Kapitalmarkt auch des Kurses ihrer Aktien niederschlagen.[512] Ein Indiz hierfür könnte die Beobachtung darstellen, dass sich an einen Indexausschluss der Zielgesellschaft in Folge eines erfolgreichen Übernahmeangebots mit hoher Andienungsqoute regelmäßig eine gegenüber dem Index signifikant schlechte Kursentwicklung der Aktie anschließt.[513]

Unter der Prämisse, dass die Nutzengewinne der Obergesellschaft geringer ausfallen als die Nutzenverluste aller Minderheitsaktionäre der Zielgesellschaft, sollte die aus Sicht des Pareto-Kriteriums ineffiziente Erzielung privater Kontrollerträge unterbunden werden. Gesucht ist diejenige Eigentümerstruktur der Zielgesellschaft, die die Anreize der Obergesellschaft mit dem Ziel der gesamtwirtschaftlichen Effizienz in Einklang bringt.[514] Als Lösung wird eine vollständige Übernahme der Zielgesellschaft durch die Obergesellschaft vorgeschlagen,[515] was durch eine Ausschlussbefugnis erreicht werden kann. Die vollständige Internalisierung der mit der Erzielung von privaten Kontrollerträgen verbundenen Kosten führt zu einer aus Wohlfahrtssicht optimalen Anreizstruktur auf Seiten der Obergesellschaft und folglich zu einer optimalen Allokation der Kontrolle über die Zielgesellschaft.[516]

Für die Erzielung von privaten Kontrollerträgen ist ein Kapitalanteil von lediglich 50 % oder bei bestimmten aktienrechtlichen Konzernierungsformen, beispielsweise Unternehmensverträgen, 75 % erforderlich.[517] Daher ist die Bereitschaft einer rational[518] handelnden Obergesellschaft, den Streubesitz der Zielgesellschaft vollständig zu erwerben, nicht voraussetzungslos: Das Squeeze-out muss mit Blick auf die Effizienzsteigerung eine Investition mit positivem Nettokapitalwert darstellen. Nach *Helmis* und *Kemper* ist dies unter zwei scheinbar unverbundenen[519] Bedingungen denkbar: Erstens wird die Obergesellschaft erst durch die Ausschlussbefugnis in die Lage versetzt, wertsteigernde Maßnahmen durchzuführen, die bei Existenz von Streubesitzaktionären nicht möglich bzw. rentabel wären. Zweitens können durch das Squeeze-out signifikan-

---

511 Vgl. hinsichtlich der Erfassung von Konzernverbundvorteilen und genereller Ermittlungsprobleme kritisch *Hecker* [Regulierung, 2000a], S. 77f.

512 Vgl. *Helmis/Kemper* [Squeeze-out, 2002], S. 520.

513 Vgl. mit Beispiel *Helmis/Kemper* [Squeeze-out, 2002], S. 523. Da sich Aktienindizes hinsichtlich Zusammensetzung und Gewichtung u.a. an der Marktkapitalisierung des Streubesitzes orientieren, werden Squeeze-out-Kandidaten langfristig durch andere Index-Anwärter ersetzt.

514 Vgl. *Helmis/Kemper* [Squeeze-out, 2002], S. 520.

515 Vgl. grundlegend *Jensen/Meckling* [Theory, 1976], insbesondere S. 312f.

516 Vgl. *Helmis/Kemper* [Squeeze-out, 2002], S. 520.

517 Angesichts der niedrigen Hauptversammlungspräsenzen sind auch geringere Werte denkbar.

518 Vgl. zur Unterscheidung von unbegrenzter und begrenzter Rationalität *Kreps* [Theorie, 1994], S. 106.

519 Beide Bedingungen sind in der Originalquelle mit „oder“ verbunden. Vgl. *Helmis/Kemper* [Squeeze-out, 2002], S. 520.

te Kosteneinsparungen erreicht werden. Beide Bedingungen werden nachfolgend mit Blick auf ihre empirische Relevanz diskutiert.

5.2.2. Minderheiten- und Ausschlusskosten

5.2.2.1. Direkte Kosten

Minderheitenkosten belasten alle Aktionäre der Zielgesellschaft solange, bis die Hauptversammlung das Squeeze-out beschließt. Aus diesem Rechtsakt resultieren einmalige Ausschlusskosten. Direkte Kosten lassen sich der Existenz bzw. dem Ausschluss von Minderheitsaktionären unmittelbar zurechnen. Demgegenüber entstehen indirekte Kosten mittelbar und fallweise aus Aktivitäten bestimmter Minderheitsaktionäre.[520] Ermöglicht werden diese Aktivitäten durch die Aktionärsstellung oder deren Verlust. Abbildung 7 abstrahiert von emotionalen Effekten und stellt Minderheitenkosten vor Squeeze-out den Kosten des Squeeze-out gegenüber.

	Minderheitenkosten vor Squeeze-out	**Kosten des Squeeze-out**
direkte Kosten	-> periodisch wiederkehrend • Publizitätskosten • Beschlussfassungskosten • Kosten der Börsennotierung	-> einmalig • in-/externe Beratungs- und Prüfungskosten • Kosten für die Veröffentlichung und Verbreitung des Angebots • Bankprovisionen • Kosten von Spruchstellenverfahren
indirekte Kosten	-> fallweise, auch mehrfach • aus Verzögerung von Strukturmaßnahmen • wegen Lästigkeit von Anfechtungsklagen • wegen mangelnder Geheimhaltung von Strategien und Plänen	-> fallweise, höchstens einmalig • aus Imageverlust

Abbildung 7: Direkte und indirekte Minderheiten- und Ausschlusskosten

Bei einer durch die Obergesellschaft vollständig privat geführten Zielgesellschaft entfallen mit Blick auf die periodisch wiederkehrenden direkten Minderheitenkosten erstens sämtliche über den handels- und aktienrechtlichen Mindestumfang hinaus nach Kapitalmarktrecht erforderlichen Berichte und Offenlegungen.[521] Konkret sind dies Zwischenberichte (etwa gem. § 40 BörsG für den Amtlichen Markt) und Meldungen im Rahmen der Ad-hoc-Publizität (§ 15 WpHG) sowie über Veränderungen des Stimmrechtsanteils der Obergesellschaft (§ 21 WpHG). Darüber hinaus entfallen Pub-

520 Vgl. vor dem Hintergrund des Ausweises von zusätzlichen Informationen im Jahresabschluss *Wagenhofer* [Informationspolitik, 1990], S. 61.

521 Vgl. zu der Ausgestaltung von Aktionärsinformationen nach Handels-, Aktien- und Kapitalmarktrecht im Detail *Hommelhoff* [Anlegerinformationen, 2000], S. 749-754.

lizitätskosten für freiwillige Informations- und Serviceleistungen für private und institutionelle Anleger.[522] Dazu zählen beispielsweise Geschäftsberichte oder Aktionärsbriefe, die aufwändig gestaltet sind. Neben den Interessen von tatsächlichen und potenziellen Eigenkapitalgebern sind auch diejenigen der Fremdkapitalgeber zu berücksichtigen. Dabei handelt es sich jedoch um freiwillige Publizität,[523] deren Umfang im Einzelfall verhandelbar und die gegebenenfalls durch Haftungszusagen der Obergesellschaft substituierbar ist.

Zweitens können Hauptversammlungen, die ihren ursprünglichen Zweck der Beratung und Entscheidungsfindung unter den Aktionären angesichts der eindeutigen Mehrheitsverhältnisse längst verloren haben,[524] ohne die Beteiligung von Minderheitsaktionären in den Räumen der Gesellschaft ohne wesentliche Verpflegungskosten und sonstige personelle Ressourcen abgehalten werden. Letztgenannte fallen bei Publikumsaktiengesellschaften beispielsweise für die Betreuung der Aktionäre und die Beantwortung von deren Fragen an. Die Beschlussfassungskosten konvergieren bei privat geführten Zielgesellschaften gegen eine vernachlässigbare Größe. Schließlich entfallen die fallweise zu entrichtenden Kosten der Börsennotierung,[525] da diese zwangsläufig, etwa gem. § 38 Abs. 1 BörsG für den Amtlichen Markt, eingestellt wird.

Den durch das Squeeze-out einsparungsfähigen Minderheitenkosten stehen einmalige Ausschlusskosten der Obergesellschaft entgegen. Unter sie fallen in erster Linie Beratungs- und Prüfungskosten bei der Abfindungsbemessung. Obergesellschaften, die in Zusammenarbeit mit der Zielgesellschaft die Unternehmensbewertung und die Erstellung des Berichts des Hauptaktionärs weitgehend selbst vornehmen, können externe Beratungsleistungen zu Lasten interner Personalkapazitäten reduzieren. Darüber hinaus fallen Kosten für die Veröffentlichung und Verbreitung des Angebots sowie Bankprovisionen für die Garantieerklärung, den Einzug der Aktien sowie die Auszahlung der Barabfindung an. Gegebenenfalls sind noch Gerichts-, Gutachter- und Anwaltskosten[526] im Rahmen eines späteren Spruchstellenverfahrens zu berücksichtigen. Die Abfindung selbst zählt nicht zu den direkten Kosten, wenn sie – entsprechend der Fragestellung in Abschnitt 5.2.1 – aus Sicht der Obergesellschaft eine Investition mit positivem Nettokapitalwert darstellt.

---

522 Vgl. *Schwichtenberg* [Going Private, 2001], S. 2075.

523 Vgl. *Wagenhofer/Ewert* [Unternehmensrechnung, 2003], S. 282.

524 Vgl. *Land/Hasselbach* [Going Private, 2000], S. 562.

525 *Moser/Prüher* [Vorteilhaftigkeit, 2002], S. 361 und auch *Schwichtenberg* [Going Private, 2001], S. 2075 weisen auf diesen Effekt hin, scheinen ihn aber zu überschätzen, da zum Zeitpunkt ihrer Erhebung nach der Gebührenordnung der FWB vom 1.6.2002 nur für den Neuen Markt und den SMAX ein jährliches Entgelt i.H.v. 7.500 € erhoben wurde.

526 *Moser/Prüher* [Vorteilhaftigkeit, 2002], S. 362 rechnen diese Kosten der Zielgesellschaft zu und übersehen, dass die Antragsgegnerin und somit Kostenschuldnerin einzig die Obergesellschaft ist.

5.2.2.2. Indirekte Kosten

Indirekte Minderheitenkosten sind Kosten, die auf Grund von Aktivitäten bestimmter Streubesitzaktionäre entstehen, die Rechte zu ihrem eigenen Vorteil und damit verbunden zum Nachteil der Zielgesellschaft ausüben.[527] In erster Linie trifft dies auf Opportunitätskosten aus zeitlichen Verzögerungen von potenziell wertsteigernden Strukturmaßnahmen zu. Abgesehen von einer längeren Vorbereitungsphase bei Hauptversammlungen mit Streubesitzbeteiligung, verglichen mit einer nicht-öffentlichen Beschlussfassung, ist insbesondere an unbegründete, zum Teil sogar missbräuchliche Anfechtungsklagen[528] (§ 246 AktG i.V.m. § 243 AktG) zu denken.

Hintergrund ist das Recht eines jeden Aktionärs zur Teilnahme an der Hauptversammlung mit seinen Ausprägungen Rede-, Auskunfts-, Antrags- und Anfechtungsrecht.[529] Liegt eine Anfechtungsklage beispielsweise gegen einen Verschmelzungsbeschluss vor, führt dies automatisch zu einer sog. Registersperre (§ 16 Abs. 2 S. 2 UmwG). Die Eintragung der Verschmelzung in das Handelsregister kann zwar kurzfristig über ein Unbedenklichkeitsverfahren gem. § 16 Abs. 3 UmwG überwunden werden,[530] ist aber mit finanziellen und haftungsrechtlichen Unwägbarkeiten verbunden.[531] Durch einen Zwangsausschluss von Streubesitzaktionären wird die reibungslose Umsetzung einer beschlossenen Strukturänderung sicher gestellt. Insofern können schwer quantifizierbare indirekte Kosten vermieden werden. Gleichzeitig wird auch „räuberischen" Aktionären entgegengewirkt, die darauf bedacht sind, sich den finanziellen und auch emotionalen Lästigkeitswert ihrer Klagen in rechtsmissbräuchlicher Weise von der betroffenen Ziel- oder Obergesellschaft abkaufen zu lassen.[532]

In der Literatur finden sich darüber hinaus Hinweise auf fallweise auftretende indirekte Minderheitenkosten, beispielsweise als Folge von strengen Publizitätsvorschriften.[533] Dabei wird auf die Möglichkeit einer vollständig durch die Obergesellschaft geführten Gesellschaft verwiesen, Strategien und konkrete Pläne länger gegenüber Wettbewerbern geheim halten zu können. *Merkt* relativiert dies mit Blick auf die gesetzlichen Auskunftsverweigerungsgründe gegenüber Aktionären im Fall von Betriebs- und Geschäftsgeheimnissen bei Hauptversammlungen (§ 131 Abs. 3 Nr. 1 u. 5 AktG).[534]

Davon unabhängig werden Prämien, die daraus resultieren, dass die angebotenen Abfindungen die gutachterlich bestätigten inneren Werte übersteigen, als einmalige indi-

---

527 Vgl. analog *Wagenhofer* [Informationspolitik, 1990], S. 61.

528 Vgl. ausführlich *Saenger* [Anfechtungsklagen, 2002].

529 Vgl. *Kallmeyer* [Ausschluß, 2000], S. 59.

530 Vgl. im Kontext des Squeeze-out *Keul* [Registersperre, 2003], S. 568, der das vorrangige Eintragungsinteresse der Obergesellschaft betont und über grundsätzliche verfassungsrechtliche Bedenken sowie formelle Verfahrensprobleme bei der Beschlussfassung stellt.

531 Vgl. *Vetter* [Squeeze-out, 2002], S. 178 m.w.N und *Blättchen/Götz* [Übernahmen, 2003], S. 187.

532 Vgl. BT-Drs. 14/7034, S. 31.

533 Vgl. *Schwichtenberg* [Going Private, 2001], S. 2075 und *Baums* [Ausschluss, 2001], S. 28.

534 Vgl. *Merkt* [Unternehmenspublizität, 2001], S. 261f. m.w.N.

rekte Ausschlusskosten aufgefasst.[535] Dieser Ansicht wird im Rahmen der Arbeit nicht gefolgt, da Übernahmeprämien nicht mittelbar auf Grund von Aktivitäten bestimmter Streubesitzaktionäre gewährt werden. Zudem kann dem Argument, dass durch großzügige Abfindungsangebote Spruchstellenverfahren vermieden werden sollen, obwohl nicht explizit untersucht, mit Blick auf die wenigen empirischen Auswertungen[536] über die Häufigkeit von Spruchstellenverfahren nicht gefolgt werden: Eigentumsrelevante Grundlagenentscheidungen ohne gerichtliche Überprüfung stellen die Ausnahme dar. Einen bestenfalls vagen Anhaltspunkt für indirekte Ausschlusskosten liefern Imageschäden auf Seiten der Zielgesellschaft oder der Obergesellschaft als Folge des Squeeze-out. Die Gesellschaften könnten bei ihren Kunden als aktionärsfeindlich gelten, was fallweise den Erfolg bereits realisierter Imagekampagnen schmälern würde.

5.2.3. Aufbau und Ergebnisse der eigenen Untersuchung

5.2.3.1. Aufbau und Gegenstand der Untersuchung

Bereits während der ersten 12 Monate nach dem In-Kraft-Treten der Squeeze-out-Regelung zum 1.1.2002 wurden über 100 Zwangsausschlüsse per Ad-hoc-Mitteilung oder Veröffentlichung im Bundesanzeiger angekündigt. In mehr als 70 Fällen waren die Aktien der Zielgesellschaft börsennotiert.[537] Auf Grund eines geschätzten Potenzials von 150 Squeeze-out-Kandidaten[538] kann davon ausgegangen werden, dass die Mehrzahl der beabsichtigten Ausschlüsse bereits im Rahmen der ordentlichen Hauptversammlungen des Jahres 2002 beschlossen wurden und zum Teil derzeit noch abgewickelt werden. Neue Squeeze-out-Kandidaten entstehen künftig hauptsächlich als Folge von Übernahmeofferten gem. WpÜG, die spätestens ab einem Stimmrechtsanteil von 30 % an der Zielgesellschaft verpflichtend sind und bei denen fast alle Aktien des Streubesitzes angedient werden.

Die Stichprobe der Untersuchung basiert auf denjenigen Unternehmen, die in zwei umfangreichen Übersichten[539] als potenzielle Squeeze-out-Kandidaten aufgeführt sind und an denen die Obergesellschaft mit Stichtag 10.5.2002, mithin ein knappes halbes Jahr nach In-Kraft-Treten der AktG-Novelle, mindestens 95 % des Kapitals hielt.[540] Dazu kommen Zielgesellschaften, die dem Verfasser über Praxiskontakte als Kandidaten für den Zwangsausschluss genannt wurden oder bei denen das Squeeze-out zu diesem Zeitpunkt bereits angekündigt war. Die Stichprobe zählt insgesamt 80 Aktiengesellschaften. Die Grundgesamtheit, die aus allen Unternehmen besteht, bei denen zum Erhebungszeitpunkt ein Ausschluss rechtlich möglich war, kann nur schwer abgeschätzt

535 Vgl. *Moser/Prüher* [Vorteilhaftigkeit, 2002], S. 362f.
536 Siehe Abschnitt 2.4.3.1.
537 Vgl. *Hecker/Kaserer* [Bestandsaufnahme, 2003], S. 147.
538 Vgl. *o.V.* [Squeeze-out-Welle, 2002], S. R199.
539 Vgl. *o.V.* [Aktienkultur, 2001], S. R274 sowie *Hoffmann* [Übernahmegesetz, 2001], S. 2.
540 Vgl. zur Abgrenzung der Stichprobe und zum Ablauf der Untersuchung bereits im Überblick *Gampenrieder* [Trennungseffekt, 2003], S. 484f.

werden: Bei 749 börsennotierten inländischen Aktiengesellschaften[541] können die beiden herangezogenen Übersichten unvollständig oder Ankündigungen von weniger bekannten Obergesellschaften übersehen worden sein.

Den ausgewählten Unternehmen wurde zwischen dem 23.5.2002 und dem 12.6.2002 und damit zeitnah zu den ordentlichen Hauptversammlungen ein an Sachkundigen vorab getesteter, strukturierter Erhebungsbogen übermittelt, der fünf Fragen enthielt (siehe Anhang 4). Das Anschreiben erläuterte dem Vorstand als Adressaten den Beweggrund der Untersuchung sowie deren Ablauf. Als erste Antwortfrist waren zehn Werktage vorgesehen. Um einen möglichst hohen Rücklauf sicherzustellen, erhielt jedes Unternehmen ein Erinnerungsschreiben, das gegen Ende des Bearbeitungszeitraums versandt wurde. Insgesamt haben 30 Unternehmen mit Stichtag 5.7.2002 geantwortet, was einer angesichts des Verzichts auf teure telefonische Nachfragen hohen Rücklaufquote von 37,5 % entspricht. Dabei ist zu beachten, dass zwei Unternehmen zwar geantwortet haben, sich jedoch aus zeitlichen Gründen nicht in der Lage sahen, die gewünschten Angaben zu machen. Die Unternehmen wurden gebeten, per Fax oder E-Mail zu antworten. Dadurch konnten einerseits über die Senderzeile eine Rücklaufkontrolle durchgeführt, andererseits zeitnah unternehmensspezifische Kapitalmarktdaten recherchiert werden.

Die erste Frage des einseitigen Erhebungsbogens betraf die Branchenzugehörigkeit der Zielgesellschaft. Die zweite Frage erhob die Anzahl der Streubesitzaktien, deren Anteil am Grundkapital sowie die Anzahl der außen stehenden Aktionäre. Die vorstehenden Größen dienten vor allem der Verhältnisbildung im Rahmen der sich auf Methoden der deskriptiven Statistik stützenden Auswertung der beiden nachfolgenden Kernfragen. Diese betrafen zum einen die Publizitätskosten, die durch die Existenz von Streubesitzaktionären im Kalenderjahr 2002 überschlägig entstehen. Neben den direkten (Sachmittel-)Kosten waren explizit die gebundenen Personalkapazitäten von Interesse. Zum anderen wurden die Probanden in derselben Struktur um eine Schätzung der durch Streubesitzaktionäre verursachten Beschlussfassungskosten im Kalenderjahr 2002 gebeten.

Da indirekte Minderheitenkosten nur in Sondersituationen auftreten und regelmäßig nicht quantifizierbar sind, wurde auf deren Analyse verzichtet. Darüber hinaus basierte die Ermittlung der direkten Ausschlusskosten auf Auskünften von drei großen Wirtschaftsprüfungsgesellschaften, die an die Stelle einer Mandantenbefragung treten. Die abschließende Frage diente der Förderung des Anreizes für die Mitarbeit und stellte den Versand einer Ergebnisübersicht (siehe Anhang 5) in Aussicht. Dies ist in kommentierter Form am 9.5.2003 geschehen.

---

541 Vgl. *Deutsches Aktieninstitut e.V.* (Hrsg.) [Factbook, 2002], Abschnitte 02-1-b u. 02-3. Die Zahl berücksichtigt mit Stand Dezember 2001 sämtliche Marktsegmente der FWB mit Ausnahme des Freiverkehrs. Dieses Segment umfasste zu diesem Zeitpunkt 163 Titel.

5.2.3.2. Unternehmens- und Aktionärsstruktur

Auf Basis der 19 zum Untersuchungszeitpunkt existierenden CDAX-Branchen gab der Fragebogen vor dem Hintergrund der Kenntnisse über die Zusammensetzung der Stichprobe neun Branchen[542] explizit vor. Wie Abbildung 8 zeigt, teilen sich 14 der 28 verwertbar antwortenden Unternehmen relativ gleichmäßig auf die explizit genannten Branchen mit Ausnahme von Handel auf. Die andere Hälfte sah sich diesem Raster nicht zugehörig.[543]

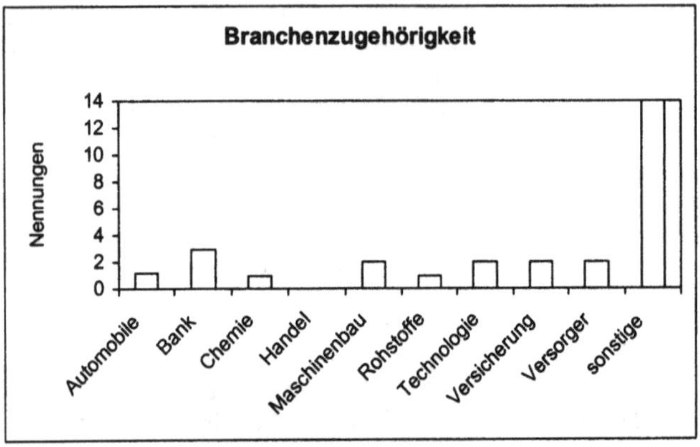

Abbildung 8: Branchenzugehörigkeit der antwortenden Unternehmen

Von jenen 14 Unternehmen, die sich sonstigen Branchen zugeordnet haben, gehören fünf dem Immobiliensektor an sowie jeweils zwei der Verpackungs- und der Getränkeindustrie. Insgesamt ergeben sich abgesehen von dem relativ hohen Anteil des Immobilien- bzw. zugehörigen Vermögensverwaltungssektors keine ungewöhnlichen Branchenhäufungen bei den teilnehmenden Unternehmen.

Von den Probanden sind ausweislich des jeweils aktuellen Geschäftsberichts sowie weiterer eigener Recherchen mit sieben bzw. fünf Unternehmen insgesamt weniger als die Hälfte in Konzernabschlüsse von zum Zeitpunkt der Erhebung aktuellen DAX- bzw. MDAX-Mitgliedern einbezogen. 16 Unternehmen haben ausländische oder inländische oberste Mutterunternehmen außerhalb des DAX100, wobei Letztere nicht dem SMAX (heute SDAX)[544] oder Neuen Markt (heute TecDAX) angehören. Bezüglich des

---

542 Dabei wurden Banken und Finanzdienstleister sowie Einzelhandel und Großhandel zu jeweils einer Branche zusammengefasst sowie auf Bau, Medien, Nahrung, Pharma, Software, Telekommunikation, Transport & Logistik sowie zyklische Konsumgüter verzichtet.

543 Vgl. zur Unternehmens- und Aktionärsstruktur bereits in Kurzform *Gampenrieder* [Trennungseffekt, 2003], S. 485f.

544 Seit dem 24.3.2003 wird unterhalb des DAX nach Sektoren differenziert: Während für klassische Branchen der von 70 auf 50 Werte verkleinerte MDAX sowie der die 50 nächst größeren Titel umfassende SDAX zur Verfügung steht, werden die 30 größten Technologiewerte in den Tec-

Börsensegments hat der Amtliche Markt eine herausragende Stellung, weil ihm 23 der 28 Unternehmen angehören. Lediglich drei bzw. zwei Unternehmen sind dem Geregelten Markt bzw. dem Freiverkehr zuzurechnen. Eine Umschlüsselung auf die mit Stichtag 1.1.2003 geschaffenen Segmente General Standard und Prime Standard, die sowohl den weiterhin existierenden Amtlichen Markt als auch den Geregelten Markt überlagern,[545] ist nicht möglich, da per 15.9.2003 14 Probanden zwischenzeitlich das Squeeze-out vollzogen haben und die Börsennotierung eingestellt wurde.

Die Anzahl der Streubesitzaktien, die auf Grund der Abgrenzung der Stichprobe jeweils maximal 5 % des Grundkapitals betragen, schwankt bei den 28 verwertbar antwortenden Unternehmen zwischen 500 und 3,8 Mio. Aktien. Diese Größe, die nur mit Blick auf die Stückelung des Grundkapitals aussagekräftig ist, wird in Abschnitt 5.3.3.2 zur Plausibilisierung des Börsenkurses als Wertuntergrenze herangezogen. Auf wie viele Aktionäre sich die Streubesitzaktien verteilen, ist nur 20 der 28 Unternehmen bekannt. Obwohl sich die gesuchte Größe börsentäglich verändern kann, verwundern die wenigen Antworten: Einerseits wurde bewusst nur eine ungefähre Größe abgefragt, andererseits müssen die Zielgesellschaften für die Raum und Verpflegungsplanung der Hauptversammlung die Anzahl der Teilnehmer zumindest abschätzen. Bei den 20 Unternehmen mit konkreten Angaben liegt die Anzahl der Streubesitzaktionäre zwischen 30 und 6.000, wobei die Hälfte weniger als 500 Streubesitzaktionäre zählt (Abbildung 9).

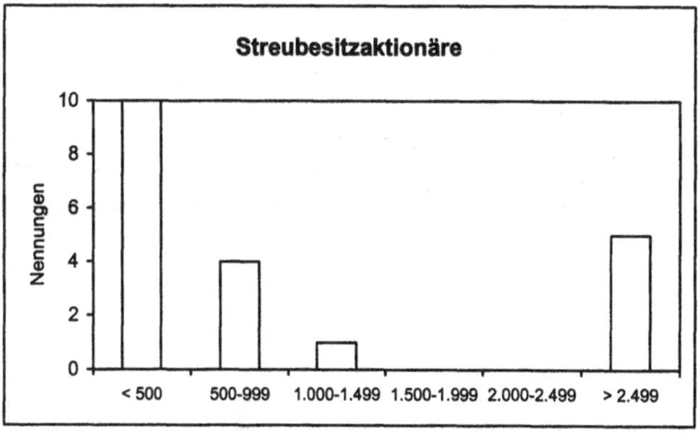

Abbildung 9: Anzahl der Streubesitzaktionäre

Die von unterem und oberem Quartil eingegrenzte mittlere Hälfte der Daten liegt zwischen 191 und 1.725 Streubesitzaktionären. Neben der homogenen Gruppe von 14 Unternehmen, die maximal 999 Anteilseigner zählen, existiert eine zweite Gruppe mit

DAX einbezogen. DAX, MDAX und TecDAX bilden den DAX110, der den DAX100 abgelöst hat. Vgl. *Schlitt* [Marktsegmente, 2003], S. 60. Für die Untersuchung wird weiterhin das zum Erhebungszeitpunkt gültige (alte) Indexsystem herangezogen.

545 Vgl. *Schlitt* [Marktsegmente, 2003], S. 59.

mindestens 2.500 und damit deutlich mehr Streubesitzaktionären. Bei Letztgenannter handelt es sich um ehemalige Publikumsgesellschaften, die durch erfolgreiche freiwillige und gesetzlich normierte Übernahmeangebote zwar zu Squeeze-out-Kandidaten wurden, bei denen aber die ursprüngliche breite Streuung der Anteile erhalten blieb.

5.2.3.3. Publizitätskosten

Publizitätskosten stellen zusammen mit den Beschlussfassungskosten die wesentlichen direkten Minderheitenkosten dar. Um die Kosten der Beschlussfassung, die den Unternehmen im Kalenderjahr 2002 schätzungsweise entstehen, möglichst standardisiert erheben zu können, wies der Fragebogen mit den Stichworten Geschäfts-, Quartals- und Zwischenbericht sowie Ad-hoc-Publizität und (freiwillige) Anzeigen exemplarisch auf die wesentlichen Verursachungskomponenten hin. Das Anschreiben unterstrich zusätzlich, dass ausschließlich Minderheitenkosten interessieren und folglich vom jeweiligen Mehrheitseigentümer unabhängige Kosten, beispielsweise Kosten der obligatorischen Jahresabschlusserstellung und -prüfung, von der Betrachtung ausgespart bleiben sollten. Grundsätzlich waren in einem ersten Schritt die direkt zurechenbaren Kosten unter Ausblendung des Personalbereichs zu quantifizieren. Um gebundene Personalkapazitäten für Vergleichszwecke extrahieren und einheitlich bewerten zu können, sollten die Unternehmen ihren Bedarf in Manntagen schätzen. Ein Mannjahr, das 220 Manntage umfasst, wurde mit dem Erfahrungswert für Wirtschaftswissenschaftler von 75.000 € taxiert.[546]

Die 28 verwertbar antwortenden Unternehmen schätzen die direkten Publizitätskosten ohne Personal zwischen 10.000 € und 800.000 € ein.[547] Bei einer hohen Streuung[548] der Daten beträgt der hinsichtlich alleiniger Aussagekraft zu relativierende Mittelwert 139.000 €. Dazu kommen gebundene Personalkapazitäten von durchschnittlich 72 Manntagen, wobei einem Minimalwert von 6 Manntagen ein Maximalwert von 770 Manntagen gegenübersteht. Die Zusammenführung der Daten ergibt die nachstehende Verteilung (Abbildung 10).

---

546 Dabei werden ein Jahresgehalt eines Wirtschaftswissenschaftlers von pauschal 50.000 € sowie Lohnnebenkosten i.H.v. 50 % zu Grunde gelegt. Die Durchschnittsgehälter von Wirtschaftswissenschaftlern bewegen sich derzeit bei 50.990 € für Männer und 39.157 € für Frauen (Quelle: www.gehalts-check.de/aspStatistik/Daten/StatistikKauf.htm, Stand 28.8.2003, abgerufen am 15.9.2003). Insgesamt ist zu beachten, dass im Einzelfall eine Vielzahl geringer, aber auch vereinzelt deutlich höher entlohnte Mitarbeiter eingesetzt werden können. Im Durchschnitt dürften sich die Unterschiede ausgleichen.

547 Vgl. zu den Ergebnissen bereits *Gampenrieder* [Trennungseffekt, 2003], S. 486.

548 Die Standardabweichung beträgt knapp 196.000 € bzw. nachfolgend 145 Manntage. Trotz der hohen Schwankungsbreite der Daten und der – absolut gesehen – geringen Anzahl an auswertbaren Rückläufern soll im Folgenden nicht auf die Nennung von Mittelwerten verzichtet werden. Bei deren Interpretation muss allerdings berücksichtigt werden, dass die zugehörige Standardabweichung durchgängig höher liegt.

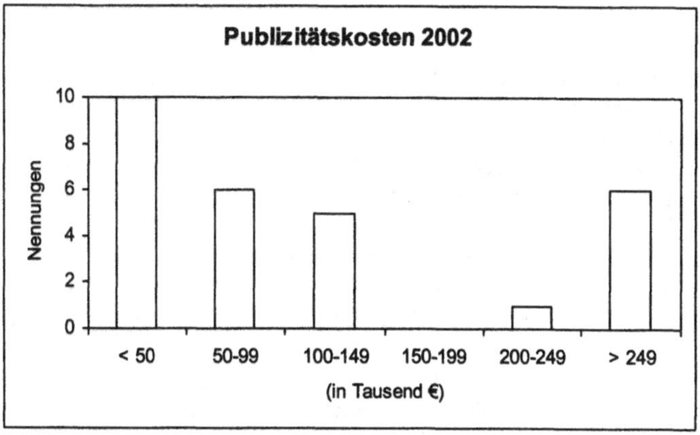

Abbildung 10: Geschätzte Publizitätskosten im Jahr 2002

Insgesamt liegen die einsparungsfähigen Publizitätskosten in einer Spannweite zwischen 12.000 € und 807.000 € pro Jahr. Der Mittelwert beträgt 163.000 € bei einer Standardabweichung von 206.000 €. Die mittlere Hälfte der Daten gruppiert sich zwischen 42.000 € und 148.000 € ein. 16 Unternehmen, und damit mehr als die Hälfte der Teilnehmer, gehen für das Kalenderjahr 2002 von Publizitätskosten von unter 100.000 € aus, die durch einen Ausschluss von Streubesitzaktionären einsparungsfähig sind. Davon sind zwei Unternehmen in Konzernabschlüsse von zum Zeitpunkt der Erhebung aktuellen DAX-Mitgliedern, drei in solche von MDAX-Mitgliedern einbezogen. Diese fünf Unternehmen machen knapp ein Drittel der Probanden mit einsparungsfähigen Publizitätskosten in den beiden niedrigsten Kategorien aus. Demgegenüber werden von den sechs Unternehmen, die mindestens 250.000 € erwarten, vier bei Mutterunternehmen vollkonsolidiert, die dem DAX angehören, und eines bei einem MDAX-Mitglied.

Die letzte Beobachtung könnte den Schluss zulassen, dass Zielgesellschaften, die dem Konzern eines DAX100-Unternehmens angehören, höhere einsparungsfähige Publizitätskosten aufweisen als jene, die ausländische oder sonstige inländische oberste Mutterunternehmen haben. Ein Grund hierfür könnte in Bestrebungen von einigen DAX100-Mitgliedern als international bekannte Unternehmen liegen, durch Markenbildung ein konzernweit einheitliches Auftreten zu realisieren. Dies ist unter Umständen mit aufwändigen Berichten bei diesen Zielgesellschaften für wenige Adressaten verbunden. Auffällig ist zudem, dass die sechs Unternehmen aus der höchsten Kategorie mit einer Ausnahme den neun im Fragebogen vorgegebenen Branchen angehören. Demgegenüber sind vier von fünf Unternehmen des Immobilien(verwaltungs-)sektors den beiden niedrigsten Kategorien zuzurechnen.

5.2.3.4. Beschlussfassungskosten

Strukturgleich zu den Publizitätskosten erhob der Fragebogen die Beschlussfassungskosten, die den Unternehmen im Kalenderjahr 2002 überschlägig entstehen. Diese betreffen im Wesentlichen Sachmittel- und Personalkosten der jährlichen Publikumshauptversammlung. Beschlussfassungskosten im Rahmen der Aufsichts- oder Beiratsarbeit sind hiervon ausgenommen, da diese eignerunabhängig anfallen.

Die 28 verwertbar antwortenden Unternehmen erwarten direkte Beschlussfassungskosten ohne Personal in einer Spannweite zwischen 4.000 € und 500.000 €.[549] Bei einer hohen Streuung[550] der Daten liegt der Mittelwert bei 83.000 €. Dazu kommen gebundene Personalkapazitäten von durchschnittlich 91 Manntagen, wobei dem Minimalwert von fünf Manntagen ein Maximalwert von 900 Manntagen gegenübersteht. Die Zusammenführung der Daten ergibt ein den Publizitätskosten zumindest strukturell ähnliches Bild (Abbildung 11):

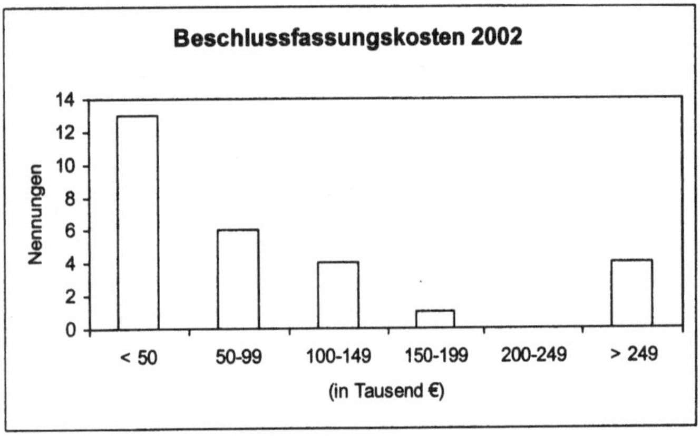

Abbildung 11: Geschätzte Beschlussfassungskosten im Jahr 2002

In Summe liegen die einsparungsfähigen Beschlussfassungskosten zwischen 10.000 € und 807.000 € pro Jahr. Der Mittelwert beträgt 114.000 € bei einer Standardabweichung von 168.000 €. Die mittlere Hälfte der Daten wird durch das untere bzw. obere Quartil von 26.000 € bzw. 104.000 € begrenzt. Mit 19 Unternehmen erwarten deutlich mehr als die Hälfte der Probanden für das Kalenderjahr 2002 einsparungsfähige Beschlussfassungskosten von unter 100.000 €. Davon sind vier Unternehmen in Konzernabschlüsse von zum Zeitpunkt der Erhebung aktuellen DAX-Mitgliedern, fünf in solche von MDAX-Mitgliedern einbezogen. Diese neun Unternehmen machen knapp die Hälfte der Probanden mit einsparungsfähigen Beschlussfassungskosten in den beiden

549 Vgl. zu den Ergebnissen bereits *Gampenrieder* [Trennungseffekt, 2003], S. 486f.

550 Die Standardabweichung beträgt knapp 116.000 € bzw. nachfolgend 180 Manntage.

niedrigsten Kategorien aus. Demgegenüber werden von den vier Unternehmen, die mindestens 250.000 € erwarten, lediglich zwei bei Unternehmen vollkonsolidiert, die dem DAX angehören, und keines bei einem MDAX-Mitglied.

Im Gegensatz zu den Publizitätskosten scheinen die Beschlussfassungskosten eher den individuellen Bedürfnissen der Zielgesellschaft bezüglich der Durchführung ihrer Hauptversammlung zu folgen als konzernspezifischen Vorgaben, beispielsweise dem Streben nach einheitlichem Auftritt. Letzteres wird durch die Tatsache unterstrichen, dass mit neun Probanden drei Viertel der teilnehmenden Unternehmen mit DAX100-Muttergesellschaften den beiden Kategorien mit den geringsten Beschlussfassungskosten angehören. Davon unabhängig scheint die Anzahl der Streubesitzaktionäre keinen wesentlichen Einfluss auf die Höhe der Beschlussfassungskosten zu haben: Von den fünf Unternehmen mit mehr als 2.500 Streubesitzaktionären finden sich nur zwei in der höchsten Kategorie wieder, während das Unternehmen mit den meisten Streubesitzaktionären der niedrigsten Kategorie zuzurechen ist.

5.2.3.5. Barwert der einsparungsfähigen direkten Kosten

Der Barwert der einsparungsfähigen direkten Kosten stellt die potenzielle Verhandlungsmasse dar, die hauptsächlich aus Vorteilserwartungen der Obergesellschaft resultiert und die auf die Abfindungsparteien in Folge eines Squeeze-out aufteilungsfähig ist. Nachfolgend wird unterstellt, dass die für das Kalenderjahr 2002 erhobenen Publizitäts- und Beschlussfassungskosten unendlich lange in konstanter Höhe anfallen. Entsprechend ihrer derzeitigen praktischen Bedeutungslosigkeit und des Fehlens von SMAX- und Neuen Markt-Unternehmen unter den Teilnehmern bleiben unmittelbare Kosten der Börsennotiz unberücksichtigt. Als Zinssatz für die ewige Rente werden 5 % in Anlehnung an die in jüngerer Zeit beobachteten Nominalkupons[551] von Anleihen mit 30-jähriger Restlaufzeit angenommen. Da indirekte Kosten mangels Quantifizierbarkeit nicht einbezogen wurden, sind die Ergebnisse als Untergrenzen zu deuten, die insbesondere bei einer erfolgreichen Verhinderung von Anfechtungsklagen bei Strukturmaßnahmen via Squeeze-out deutlich überschritten werden können.

Im Zuge der Ermittlung des Barwerts der Vorteilserwartungen sind die Ausschlusskosten zu berücksichtigen. Da die Ausschlusskosten einmalig zeitnah zum Bewertungsstichtag anfallen, können sie vereinfachend von der ewigen Rente der Vorteilserwartungen abgezogen werden. Drei große Wirtschaftsprüfungsgesellschaften schätzten den Beratungs- und Prüfungsaufwand für kleine und übersichtliche Gesellschaften mit nur einem Geschäftsfeld oder als Vehikel zur Vermögensverwaltung auf Anfrage übereinstimmend auf 25.000 € bis 50.000 €. Bei großen Gesellschaften sind Beträge von über 500.000 € möglich.

Als Einflussfaktoren für die Bemessung der Honorare wurden in persönlichen Gesprächen die Anzahl und die Internationalität der Konzernunternehmen, die Qualität und

---

551 Vgl. *Ballwieser* [Kalkulationszinsfuß, 2002], S. 737, hier insbesondere Fn. 10.

der Vorbereitungsstand der zu Grunde gelegten (Planungs-)Unterlagen, der Umfang des gesondert zu bewertenden Vermögens sowie die Existenz zeitnaher Bewertungsgutachten aus anderen Anlässen beispielhaft genannt. Die Angaben verstehen sich ohne Kosten für die Veröffentlichung und Verbreitung des Angebots sowie Bankprovisionen. Aus Vereinfachungsgründen geht die Untersuchung als Mittelwert der Angaben für kleine und große Zielgesellschaften pauschal von Ausschlusskosten i.H.v. 250.000 € aus. Dabei wird nicht unterschieden, ob die Obergesellschaft oder die Zielgesellschaft Kostenschuldnerin ist. Grund ist, dass externe Kosten zu Lasten der Obergesellschaft in größerem Umfang durch Personalkosten bei der Zielgesellschaft substituiert werden können. So kann etwa das Honorar für die Bewertungstätigkeit durch Mithilfe von Mitarbeitern der Zielgesellschaft bei der Datenbeschaffung und -verarbeitung reduziert werden.

Entsprechend den o.g. Prämissen errechnet sich ein mittlerer Barwert der direkten Kosten i.H.v. 5,3 Mio. €[552] mit dazugehöriger Standardabweichung von 6,8 Mio. €. Während die Spannweite der Daten durch die Extremausprägungen 0,3 Mio. € und 32,0 Mio. € begrenzt wird, liegt deren mittlere Hälfte zwischen dem oberen Quartil von 1,7 Mio. € und dem unteren Quartil von 6,9 Mio. €.

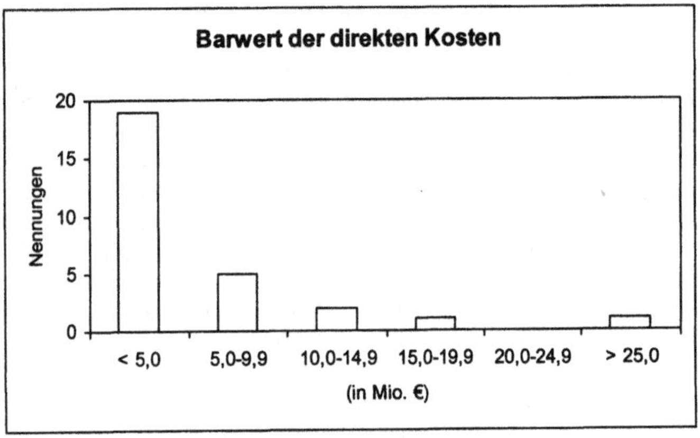

Abbildung 12: Barwert der direkten Kosten

Abbildung 12 zeigt, dass mit 19 der 28 teilnehmenden Unternehmen über zwei Drittel lediglich einsparungsfähige Gesamtkosten i.H.v. maximal 5,0 Mio. € erwarten. Dies liegt im Rahmen der einzigen jüngeren deutschen Quelle mit konkreten Zahlenangaben, die die jährlichen Folgekosten einer Aktienemission zwischen 250.000 € und 500.000 € beziffert, was einem Barwert nach obigen Vorgaben von 4,8 Mio. € bis 9,8

552 Vgl. zu den Ergebnissen bereits *Gampenrieder* [Trennungseffekt, 2003], S. 487f. Bei einer Verdoppelung der pauschalen Ausschlusskosten sinkt der Mittelwert nur unwesentlich um jene 250.000 € auf 5,0 Mio. €, während eine Verdoppelung des Zinssatzes auf 10 % mehr als eine Halbierung des Werts auf 2,5 Mio. € bewirkt.

Mio. € entspricht.[553] Das Argument des Gesetzgebers, „[d]ie Beteiligung von Minderheitsaktionären stelle einen erheblichen – kostspieligen – Formalaufwand dar",[554] dem auch Teile der aktuellen Literatur unkritisch folgen,[555] kann zunächst noch nicht bewertet werden. Dazu ist – entsprechend dem Vorgehen in Abschnitt 5.3.3.2 – der Barwert der direkten Minderheitenkosten unter Berücksichtigung von Zurechnungsregeln auf Mehrheits- und Minderheitsaktionäre mit dem jeweiligen Börsenkurs der Zielgesellschaft als Bezugsgröße zu vergleichen.

Insgesamt scheinen die individuellen Bedürfnisse und die Strukturen innerhalb der Zielgesellschaft dafür ausschlaggebend zu sein, was sich die Unternehmen die Existenz ihrer Streubesitzaktionäre kosten lassen. Obwohl sich durch eine Indexzugehörigkeit des obersten Mutterunternehmens höhere Beschlussfassungskosten plausibilisieren lassen, erscheint dieses Differenzierungskriterium für die Interpretation des Barwerts der direkten Kosten untauglich: Von den 19 Unternehmen in der niedrigsten Kategorie sind drei bzw. vier Unternehmen in Konzernabschlüsse von DAX- bzw. MDAX-Mitgliedern einbezogen, was insgesamt einem Anteil von über einem Drittel entspricht. Demgegenüber werden die beiden Unternehmen, die mindestens 15,0 Mio. € erwarten, bei DAX-Unternehmen vollkonsolidiert. Auch die Anzahl der Streubesitzaktionäre lässt keinen Schluss auf die Höhe des Barwerts zu. Die fünf Unternehmen mit den meisten Streubesitzaktionären verteilen sich nahezu gleichmäßig auf die ersten vier Kategorien. Festzuhalten bleibt, dass als einzige branchenbezogene Besonderheit vier der fünf Unternehmen mit Immobilien(verwaltungs-)tätigkeit der niedrigsten Kategorie angehören. Dies könnte ein Hinweis darauf sein, dass klare und einfache Strukturen innerhalb der Zielgesellschaft geringe direkte Minderheitenkosten verursachen.

5.2.4. Squeeze-out als effizienzsteigernde Maßnahme

Bei genauerem Hinsehen können die beiden auf den ersten Blick unverbundenen Bedingungen von *Helmis* und *Kemper*, damit der Zwangsausschluss von Minderheiten eine Investition mit positivem Nettokapitalwert als Voraussetzung für eine Effizienzsteigerung darstellt, schwer voneinander getrennt werden. Bei wertsteigernden Maßnahmen, die bei Existenz von Minderheitsaktionären nicht möglich bzw. rentabel sind, und bei signifikanten Kosteneinsparungen durch das Squeeze-out handelt es sich gleichsam um einsparungsfähige Minderheitenkosten, wenngleich auf unterschiedlicher Ebene.

---

[553] Vgl. *Korts/Korts* [Weg, 2001], S. 254f. Für die USA werden Summen in einer Größenordnung von 30.000 $ bis 200.000 $ als einsparungsfähige direkte Kosten in Folge eines Börsenrückzugs genannt. Vgl. *DeAngelo/DeAngelo/Rice* [Going Private, 1984], S. 372 m.w.N.

[554] BT-Drs. 14/7034, S. 32.

[555] Vgl. etwa *Baums* [Ausschluss, 2001], insbesondere S. 26, *Helmis/Kemper* [Squeeze-out, 2002], S. 526, *Kallmeyer* [Ausschluß, 2000], S. 59, *Krieger* [Zweifelsfragen, 2002], S. 53, *Sieger/Hasselbach* [Minderheitsaktionäre, 2002], S. 123f. und *Vetter* [Squeeze-out, 2002], S. 177. A.A. *Clark* [Corporate, 1986], S. 510, der zu bedenken gibt, dass der Barwert der direkten Minderheitenkosten durch die Kosten des Börsenrückzugs (über-)kompensiert werden kann.

Die erstgenannte Bedingung zielt insbesondere auf das Risiko von Blockaden oder zumindest zeitlichen Verzögerungen von Strukturmaßnahmen ab, die einer Reallokation unternehmerischer Ressourcen dienen sollen.[556] Beispiele hierfür sind der (teilweise) Verkauf von Vermögen der Zielgesellschaft oder konzerninterne Verschmelzungen. Zwar lassen sich indirekte Kostenersparnisse sowie als mittelbare Folge positive Nettokapitalwerte mit dem Argument einer reibungslosen Umsetzung bereits beschlossener Strukturänderungen oder Grundlagenentscheidungen plausibilisieren, eine Quantifizierung erscheint jedoch unmöglich. Grund ist neben der hohen Spezifität und Vertraulichkeit der Transaktionen das Fehlen von gesicherten Modellen über die gesellschaftlichen Wirkungen von missbräuchlichen Anfechtungsklagen.[557] Die zweite Bedingung ist mit Blick auf direkte Kosten quantifizierbar. Vor dem Hintergrund des erhobenen durchschnittlichen Barwerts der direkten Minderheitenkosten von 5,3 Mio. € bleibt zunächst ungeklärt, ob die Kosteneinsparungen als signifikant bezeichnet werden können.

Obwohl nicht durchgängig quantifizierbar, erscheint der Erwerb von Streubesitzaktien aus Sicht der Obergesellschaft als Investition mit zumindest nicht-negativem Nettokapitalwert. Dadurch kann davon ausgegangen werden, dass die Obergesellschaften vor dem Hintergrund der anvisierten Effizienzsteigerung tatsächlich bereit sein werden, die Kontrolle über die Zielgesellschaft vollständig zu übernehmen.

Insgesamt lässt die Einführung einer Squeeze-out-Regelung wohlfahrtsfördernde Effekte erwarten.[558] Diese bestehen hauptsächlich in einer Optimierung der Kontrolle der Zielgesellschaft durch die höchstmögliche Konzentration von Eigentum und Stimmrechten. Die Einschätzung der Sinnhaftigkeit einer Ausschlussbefugnis wird zudem durch Beobachtungen aus der Systematisierung der allgemeinen modelltheoretischen Literatur zu Unternehmensübernahmen gestützt,[559] die nicht Gegenstand der Arbeit ist. Auf diesem Zwischenergebnis aufbauend können nachfolgend mit Hilfe von ökonomischen und rechtlichen Kriterien die konkrete Ausgestaltung von §§ 327a-327f AktG gewürdigt und *de lege ferenda*-Vorschläge abgeleitet werden.

---

556 Vgl. *Vetter* [Squeeze-out, 2002], S. 178.

557 Vgl. in anderem Kontext, jedoch das ähnliche Problem der Quantifizierung von Kosten auf Grund externer Effekte untersuchend *Ballwieser* [Informationsökonomie, 1985], S. 51.

558 Zu diesem Ergebnis tendieren auch *Burghof/Schilling* [Going private, 2003], S. 133, die jedoch weitere empirische Überprüfungen anmahnen.

559 Vgl. umfassend *Hecker* [Regulierung, 2000b], S. 500-566.

5.3. Interessenausgleich der Gesellschaftergruppen

5.3.1. Anwendungsbereich

Die Squeeze-out-Regelung bezieht sich auf die AG und die KGaA als Zielgesellschaften, ohne – dem neuen EU-Richtlinienvorschlag folgend –[560] nach deren Börsennotierung zu differenzieren. Nach Ansicht des deutschen Gesetzgebers[561] bzw. seiner Lobbyisten[562] besteht auch außerhalb der Teilmenge von börsennotierten AGs und KGaAs Regelungsbedarf. Die Ausgestaltung von § 327a Abs. 1 S. 1 AktG als rechtsformspezifisches Instrument geht auf eine Initiative des DAV zurück, der u.a. auf ehemals börsennotierte Gesellschaften verweist, deren „Börsenzulassung angesichts der kleinen Restquote außenstehender Aktionäre aufgegeben werden mußte",[563] ohne dass sich dadurch die Gesellschafterstruktur geändert hätte.

Dieser Sachverhalt, dessen Regelungsbedürftigkeit zwar anerkannt ist, jedoch mit einer Übergangsregelung zur Erledigung von Einzelfällen lösbar erscheint,[564] hemmt den Blick für das Wesentliche: Nicht-börsennotierte Gesellschaften zeichnen sich regelmäßig durch einen überschaubaren Gesellschafterkreis aus, der Raum für freiwillige und persönliche Austrittsverhandlungen lässt.[565] Das Argument prohibitiv hoher Verhandlungskosten ist im Hinblick auf die überwiegend personalistische Eigentümerstruktur verfehlt. Darüber hinaus konnten alle Gesellschafter von vornherein wegen der fehlenden Veräußerbarkeit der Anteile auf dem Kapitalmarkt keine größere Fluktuation von Mitgliedschaften erwarten. Letztgenannte sind durch gegenseitige Treuepflichten und Bestandsschutz gekennzeichnet.[566] Der Obergesellschaft muss folglich bereits zu Beginn ihrer Mitgliedschaft die Existenz von Minderheiten und der damit verbundene Vertrauensschutz bewusst gewesen sein.[567]

Mit denselben Argumenten lässt sich einer Ausweitung des Anwendungsbereichs auf die GmbH als Zielgesellschaft entgegentreten. Im Gegensatz zu den Niederlandenden ist der deutsche Gesetzgeber dieser Gestaltungsvariante der Ausschlussbefugnis nicht

---

560 Art. 1 Abs. 1 ÜbernahmeRL stellt ausdrücklich eine Mindestanforderung dar. Im Ergebnis steht den Mitgliedstaaten bei der Umsetzung frei, den Anwendungsbereich entsprechend dem britischen Vorbild (ss 428-430 F CA 1985) auch auf Gesellschaften auszudehnen, deren Wertpapiere nicht zum Handel auf einem geregelten Markt im europarechtlichen Sinne zugelassen sind. Vgl. *Kommission der Europäischen Gemeinschaften* (Hrsg.) [KOM (2002) 534], S. 5.

561 Vgl. BT-Drs. 14/7034, S. 32.

562 Vgl. *Deutscher Anwaltverein e.V.* (Hrsg.) [Stellungnahme, 1999], S. 852 sowie *Forum European Konzernrecht* (Hrsg.) [Europa, 1998], S. 738.

563 *Deutscher Anwaltverein e.V.* (Hrsg.) [Stellungnahme, 1999], S. 852. Dabei ist zu beachten, dass der Widerruf der Börsenzulassung meist auf Antrag des Emittenten erfolgt (siehe Abschnitt 2.2.2). Eine Verpflichtung zur Dekotierung bei Beibehaltung der Rechtsform der AG oder der KGaA besteht in den seltensten Fällen.

564 Vgl. *Fleischer* [Recht, 2002], S. 772.

565 Vgl. *Grunewald* [Squeeze-out-Regelung, 2002], S. 22, die jedoch im Ergebnis dem gesetzlichen Anwendungsbereich folgt.

566 Vgl. *Habersack* [Finanzplatz, 2001], S. 1235.

567 Vgl. *Drygala* [Vereinfachung, 2001], S. 298.

gefolgt und hat damit die ablehnende Haltung von Rechtsprechung und Lehre gegenüber sog. Hinauskündigungsklauseln bestätigt.[568] Mittelbar könnte die GmbH jedoch durch einen vorausgehenden Formwechsel in die Rechtsform der AG in die Rolle einer Zielgesellschaft im Sinne des § 327a Abs. 1 S. 1 AktG gelangen. Die Literatur lehnt dies, wie in Abschnitt 2.3.4 ausgeführt, mehrheitlich ab.

Insgesamt ist der Anwendungsbereich von §§ 327a-327f AktG unter der Prämisse, dass das Squeeze-out als Verhandlungsersatz konzipiert ist und darüber hinaus der gesellschaftlichen Treuepflicht gerecht werden muss, zu weit gefasst und um nichtbörsennotierte Gesellschaften zu kürzen. Einer entsprechenden Klarstellung bedarf die Erläuterung von Art. 1 Abs. 1 ÜbernahmeRL.[569] Das Argument der Einheitlichkeit der Rechtsform überzeugt in diesem Zusammenhang nicht: „[D]ie eigentliche Trennlinie im Kapitalgesellschaftsrecht [verläuft] national und international längst nicht mehr zwischen AG und GmbH, sondern zwischen kapitalmarktaktiven und kapitalmarktfernen Gesellschaften".[570]

5.3.2. Korrespondierende Rechte

Die ökonomische Rechtfertigung einer gesetzlichen Ausschlussbefugnis fußt auf der Annahme, dass Kosten-/Nutzenerwägungen hinsichtlich der Existenz von Minderheitsgesellschaftern im Interesse aller unternehmenswertorientierten Anteilseigner und damit auch der Herausgedrängten selbst liegen.[571] Stillschweigend leiten einige Gesetzgeber, beispielsweise der deutsche, aus dieser Vorteilhaftigkeitsüberlegung eine isolierte Ausschlussbefugnis zu Gunsten der Obergesellschaft ab. Dies ist jedoch nicht zwingend. Da zu erwarten ist, dass die Obergesellschaft auf Grund der bestehenden Eigentumsverhältnisse künftig überproportional von einem Austritt der Minderheit profitiert, ist nicht nachvollziehbar, warum der idealisierte Verhandlungsersatz nicht auch von der Minderheit angestoßen werden kann.

In Frankreich beispielsweise besteht als Gegenstück zu Squeeze-out eine spiegelbildliche Verpflichtung der Obergesellschaft, auf Verlangen der Minderheit ein Börsenrückzugsangebot (*offre publique de retrait*) zu unterbreiten (Art. 5-6-1 RG). Dies ist auch Kern des geplanten Andienungsrechts von Art. 15 Abs. 1 ÜbernahmeRL, das jedoch entsprechend dem britischen Vorbild der ss 428-430 F CA 1985 zwingend an ein vorausgehendes Übernahmeangebot gekoppelt ist.

---

568 Vgl. *Fleischer* [Recht, 2002], S. 770 m.w.N.

569 So ist die geplante europarechtliche Ausgestaltung von Art. 14 Abs. 1 S. 1 ÜbernahmeRL i.V.m. Art. 1 Abs. 1 ÜbernahmeRL als Mindestanforderung zu streichen.

570 *Fleischer* [Recht, 2002], S. 771; ebenso im Ergebnis *Drygala* [Vereinfachung, 2001], S. 298. Dabei ist jedoch zu beachten, dass kapitalmarktaktive Zielgesellschaften nicht notwendigerweise börsennotiert sein müssen. Dies ist bei der isolierten Ausgabe von Schuldverschreibungen oder Genussscheinen durch die Zielgesellschaft denkbar.

571 Vgl. *Wenger/Kaserer/Hecker* [Minderheitenschutz, 2001], S. 322.

Fragwürdig erscheint vordergründig, dass der Obergesellschaft dadurch eine Strukturmaßnahme aufgezwungen werden soll, die nach deutschem Verständnis der Zustimmung der Hauptversammlung der Zielgesellschaft bedarf (§ 133 Abs. 1 AktG) und faktisch der ausschließlichen Disposition des Hauptaktionärs unterliegt. Auf der anderen Seite kann gerade die Obergesellschaft den Ausschluss der Minderheit zu einem ihr günstig erscheinenden Zeitpunkt durchführen, beispielsweise wenn die Anteile der Zielgesellschaft aus ihrer Sicht am Kapitalmarkt unterbewertet sind.[572] Neben dem Argument der Chancengleichheit bezüglich des Transaktionszeitpunkts spricht eine Stärkung der Minderheitenposition im Fall von marktengen Streubesitzaktien, bei denen eine friktionslose Veräußerung über die Börse fraglich ist,[573] für korrespondierende Rechte.

Eine Gleichverteilung der Entscheidungsmacht bezüglich des Zeitpunkts des Auskaufs von Minderheitsaktionären entspricht der Prämisse, dass das Ergebnis der zu approximierenden Verhandlung idealerweise von allen Beteiligten getragen wird, besser als ein einseitiges Ausschlussrecht. Ein über die Verhandlungsfiktion begründbares, allgemeines Austrittsrecht hat der deutsche Gesetzgeber ausweislich der veröffentlichten Materialen nicht in Betracht gezogen.[574] Den letztjährigen Verlautbarungen aus Brüssel zu Folge scheint für die EU-Mitgliedstaaten zumindest ein bedingtes Austrittsrecht in greifbare Nähe zu rücken.

5.3.3. Trennungseffekt

5.3.3.1. Verhältnis zum Verbundeffekt

Besonderen Umständen bei der Unternehmensbewertung kann über Modifikationen am Kalkulationszinsfuß oder dem (vorläufigen) Bewertungsergebnis selbst Rechnung getragen werden.[575] Die erstgenannte Vorgehensweise ist in der Literatur umstritten.[576] So wird etwa ein Rechtsformzuschlag bei Personengesellschaften, der die gegenüber Kapitalgesellschaften verringerte Immobilität der Anteile erfassen soll, mehrheitlich abgelehnt und auf eine explizite Schätzung und Verarbeitung der Fallgestaltung verwiesen.[577] Analog ist bei vergleichbaren Sachverhalten zu argumentieren, beispielsweise Zinszuschlägen bei Bewertungssubjekten, die der unternehmerischen Mitbestimmung unterliegen.[578] Demgegenüber wird die Behandlung des Trennungseffekts bei

---

572 Vgl. *Hecker/Kaserer* [Bestandsaufnahme, 2003], S. 155. Nach deutscher Rechtsprechung ist das Argument nur einschlägig, falls der quotale Ertragswert den Referenzkurs unterschreitet.

573 Vgl. *Fleischer* [Recht, 2002], S. 773.

574 Das Argument von *Baums* gegen ein allgemeines Austrittsrecht wegen der unzulässigen Rückgewähr der Einlage greift nicht, da der Erwerber der Anteile nicht die Zielgesellschaft, sondern die Obergesellschaft ist. Vgl. ders. [Ausschluss, 2001], S. 6.

575 Vgl. Zu- oder Abschläge generell ablehnend *Sieben* [Abfindung, 1966], S. 86.

576 Vgl. jüngst *Barthel* [Ableitung, 2003], S. 1182 mit einer fragwürdigen Interpretation der Verfügbarkeitsäquivalenz.

577 Vgl. *Ballwieser* [Kalkulationszinsfuß, 2002], S. 742.

578 Vgl. mit weiteren Beispielen *Großfeld* [Anteilsbewertung, 2002], S. 132-134.

einem Ausscheiden von Minderheitsgesellschaftern als Beispiel für die zweitgenannte Vorgehensweise nur vereinzelt problematisiert.[579]

Der nach Erfüllung sämtlicher formaler Voraussetzungen zwangsweise ausscheidenden Minderheit ist als Interessenausgleich für die veränderte Geschäftsgrundlage in der Zielgesellschaft eine angemessene Abfindung zu gewähren. Da sich bei einer gesetzlich zulässigen Ausschlussbefugnis Minderheitsgesellschafter gegen die Änderung der Eigentumsverhältnisse nicht wehren können, entsteht eine dominierte Konfliktsituation des Typs Kauf/Verkauf,[580] in der der Schiedsgutachter oder Richter einen fairen Einigungspreis zu ermitteln hat. Dazu sind zunächst die Grenzpreise[581] der Aktionäre der Zielgesellschaft als Abzufindende und der Obergesellschaft in der Rolle des Abfindenden zu bestimmen. Sie markieren den potenziellen Einigungsbereich. Als angemessene Abfindung sind grundsätzlich alle Werte interpretierbar, die zwischen dem Preis liegen, den die Zielgesellschafter individuell mindestens fordern müssen (P_{minZG}), und demjenigen (höheren), den die Obergesellschaft als Hauptaktionärin maximal bezahlen darf (P_{maxOG}).[582] Um Anreizen für enteignungsähnliche Sachverhalte unter Privaten zu begegnen, besteht in Situationen, die durch $P_{maxOG} < P_{minZG}$ charakterisiert sind, Einigkeit, dass die Abfindung eines Minderheitsgesellschafters unter seinen als Schadenersatz interpretierbaren Grenzpreis nicht erzwungen werden kann.[583]

Für eine positive Grenzpreisdifferenz, die sich im Fall $P_{maxOG} > P_{minZG}$ ergibt, sind unterschiedliche Bewertungsdeterminanten beider Parteien ursächlich. Dabei sind insbesondere Vorteilserwartungen der Obergesellschaft zu berücksichtigen, die aus der Ertragsverbundenheit der beteiligten Unternehmen entstehen. Ein Verbundertrag resultiert üblicherweise aus dem Zusammenwirken von mindestens zwei Unternehmen als Gruppe.[584] Dabei ist „das Phänomen gemeint, daß das Ergebnis des Zusammenwirkens einzelner Teile die Summe der Einzelergebnisse dieser Teile übersteigt."[585] Beispielsweise erlauben Beherrschungsverträge gem. § 291 Abs. 1 S. 1 AktG der Obergesellschaft die vollständige Einbindung (mindestens) einer Zielgesellschaft in ihre Konzernstrategie, heben die durch § 311 AktG bestehenden Schranken ihres Einflusses auf und befreien die Zielgesellschaft von der Aufstellungs- und Prüfungspflicht des Abhängigkeitsberichts gem. § 312 AktG.[586] Daraus können Ertragssteigerungen bei der Unternehmensgruppe entstehen, deren isolierte Zurechnung auf die Ober- bzw. Zielgesellschaft(en) unmöglich ist.[587]

---

579 Vgl. jedoch *Böcking* [Verbundberücksichtigungsprinzip, 1994], S. 1428-1430; den Trennungseffekt ignorieren z.B. *Angermayer/Oser* [Synergieeffekte, 2002], Rn. 1803f.

580 Vgl. *Künnemann* [Unternehmensbewertung, 1985], S. 59.

581 Vgl. grundlegend *Moxter* [Grundsätze, 1983], S. 9-15.

582 Vgl. *Drukarczyk* [Barabfindung, 1973], S. 359-361.

583 Vgl. *Matschke* [Konfliktsituationen, 1981], S. 124; ders. [Arbitriumwert, 1979], S. 315-333, insbesondere S. 322.

584 Vgl. *Moxter* [Grundsätze, 1983], S. 95.

585 *Ossadnik* [Synergieverteilung, 1997], S. 885.

586 Vgl. *Busse von Colbe* [Synergien, 1994], S. 603.

587 Vgl. zur Eingrenzung des Verbundertrags anhand von Alternativgrenzpreisen *Moxter* [Grundsätze, 1983], S. 91f.

Einen speziellen Verbundeffekt, der erst durch das Ausscheiden mindestens eines Gesellschafters entsteht, stellt der Trennungseffekt dar.[588] Im Fall von wenigen verbliebenen Streubesitzaktionären wird, wie in Abschnitt 5.2.2 systematisiert, angesichts ihrer praktisch bedeutungslosen Unternehmensbeteiligung einerseits auf den einsparungsfähigen Formalaufwand, andererseits auf das vermeidbare Lästigkeitspotenzial insbesondere von Anfechtungsklagen verwiesen. Üblicherweise stellt sich die Frage nach den Kosten, die durch den Ausschluss von Minderheitsgesellschaftern entfallen, erst, wenn zwei Unternehmen, in der Regel durch einen Beherrschungsvertrag, so eng verflochten sind, dass alle sonstigen Verbundeffekte bereits realisiert sind. Im Folgenden ist auf Basis der empirischen Daten aus Abschnitt 5.2.3 zunächst zu zeigen, welche Methoden zur Aufteilung des Trennungseffekts in Abhängigkeit der Verteilung der Verhandlungsmacht auf die Anteilseigner existieren. Darauf aufbauend sind die einzelnen Vorgehensweisen zu würdigen und erste abfindungsbezogene Verbindungen zwischen Ausschlussbefugnis und Übernahmerecht herzustellen.

5.3.3.2. Methoden zur Aufteilung des Trennungseffekts

5.3.3.2.1. Entscheidungssituation

Bei einem zwangsweisen Ausschluss von Minderheitsaktionären fließen Vorteilserwartungen über die einsparungsfähigen Minderheitenkosten in die Grenzpreise beider Konfliktparteien ein. Die Grenzpreise werden regelmäßig auf Grund unterschiedlicher Informationsbeschaffungsmöglichkeiten, Erwartungsbildungen, Zinsfüße zur Diskontierung der Vorteilserwartungen und Risikoeinstellungen differieren.[589] Für die Diskussion der Aufteilungsmöglichkeiten des Barwerts der einsparungsfähigen Minderheitenkosten auf beide Parteien erscheint plausibel, dass sämtliche Verbundeffekte mit Ausnahme des Trennungseffekts bereits bekannt und in den Grenzpreisen übereinstimmend antizipiert sind. Dies trifft in der Praxis gerade für Zielgesellschaften zu, mit denen in jüngerer Zeit ein Beherrschungs- und/oder Gewinnabführungsvertrag geschlossen worden ist und bei denen neutrale Bewertungsgutachten vorliegen.

Gesetzliche Abfindungsanlässe lassen sich grundsätzlich in eine fiktive Verkaufsverhandlung überführen, für die eine Besonderheit charakteristisch ist: Der Abfindende als Käufer und Mehrheitsaktionär verfügt über bessere Informationen über das Kaufobjekt als der Abzufindende als Verkäufer und Minderheitsaktionär.[590] Da *de lege lata* nur die Obergesellschaft den Zwangsausschluss anstoßen kann, wird auf Grund der Informationsasymmetrie am Bewertungsstichtag P_{maxOG} regelmäßig P_{minZG} überschreiten und zwar mindestens um den Barwert der einsparungsfähigen Minderheitenkosten. Nachfolgend sei aus Vereinfachungsgründen unterstellt, dass der Barwert der einsparungsfähigen direkten Minderheitenkosten die Grenzpreisdifferenz ausmacht.

---

588 Vgl. *Böcking* [Verbundberücksichtigungsprinzip, 1994], S. 1418.
589 Vgl. *Drukarczyk* [Barabfindung, 1973], S. 359f.
590 Vgl. *Böcking* [Verbundberücksichtigungsprinzip, 1994], S. 1427.

Die Aufgabe des Schiedsgutachters oder Richters in Spruchstellenverfahren besteht darin, den unterschiedlich eingeschätzten und im Folgenden nur von der Obergesellschaft berücksichtigten Trennungseffekt zu identifizieren und zu quantifizieren. Die bisherige Rechtsprechung bei mittelbaren Ausschlusstechniken, etwa der Verschmelzung, steht der Berücksichtigung von Verbundeffekten als Oberkategorie des Trennungseffekts mehrheitlich kritisch gegenüber.[591] Dies wird mit der mangelnden Objektivierbarkeit von Verbundeffekten[592] allgemein oder dem Argument begründet, dass die Minderheiten sie nicht realisieren können und sie deshalb der Obergesellschaft als Mehrheitsaktionärin zustehen würden.[593]

Differenziert äußern sich berufsständische Verlautbarungen in Bezug auf Verbundeffekte. Der IDW S 1 kennt sog. unechte und echte Synergieeffekte. Unechte Synergieeffekte, die sich ohne Berücksichtigung der Auswirkungen aus dem Bewertungsanlass oder mit einem beliebigem Partner realisieren lassen, sind im Rahmen des objektivierten Werts zu berücksichtigen, sofern die synergiestiftenden Maßnahmen bereits eingeleitet sind.[594] Dies berührt nicht den hier interessierenden Trennungseffekt beim Zwangsausschluss von Minderheitsaktionären, da dessen Entstehung an den Bewertungsanlass und eine bestimmte Obergesellschaft gebunden ist. Spiegelbildlich ergeben sich echte Synergieeffekte unter Berücksichtigung der Auswirkungen aus dem Bewertungsanlass, bleiben jedoch bei der Ermittlung des objektivierten Werts außer Acht.[595] Dies betrifft den Barwert der einsparungsfähigen direkten Minderheitenkosten, der nur bei vollzogenem Squeeze-out realisiert werden kann. In den mit dem Grenzpreis gleichzusetzenden Entscheidungswert eines Kaufinteressenten finden gem. IDW S 1 unechte und echte Synergieeffekte Eingang, während aus Verkäufersicht nur realisierte (unechte) Synergieeffekte einschlägig sein sollen, die im Veräußerungsfall beim Herauslösen der Zielgesellschaft aus dem Unternehmensverbund verloren gehen.[596]

Aus drei Gründen soll von der heute noch überwiegenden Rechtsauffassung und berufsständischen Meinung abgewichen werden. Erstens verwundert unabhängig vom konkreten Bewertungsanlass, „warum bei einer *erzwungenen Abgabe* von Anteilen [...] die ökonomische Basis eine andere sein soll als bei einem freiwilligen Verkauf."[597] Erwartete Verbundeffekte stellen einen wichtigen Einflussfaktor auf die Wertfindung

---

591 Vgl. *Piltz* [Rechtsprechung, 2002], Rn. 1941 und *Seetzen* [Spruchverfahren, 1999], S. 572f., jeweils m.w.N., sowie in jüngerer Zeit *LG Frankfurt a.M.* (Beschl. v. 8.8.2001 - 3/8 O 69/97), S. 358. Der *BGH* hat jedoch festgestellt, dass echte Verbundvorteile für die Bemessung der Barabfindung beachtlich sind, sofern diese „bei der Preisbildung vom Markt berücksichtigt worden" sind. *BGH* (Beschl. v. 12.3.2001 – II ZB 15/00), S. 737.

592 Vgl. z.B. *Mertens* [Stand-alone-Prinzip, 1992], S. 326. A.A. *Busse von Colbe* [Synergien, 1994], S. 599-602.

593 Vgl. kritisch *Hommel/Braun* [Prüfstand, 2002], S. 13. Sie verwenden entsprechend der h.M. Synergievorteile und Verbundeffekte synonym.

594 Vgl. IDW S 1, Tz. 43.

595 Vgl. IDW S 1, Tz. 56.

596 Vgl. IDW S 1, Tz. 56f.

597 *Busse von Colbe* [Synergien, 1994], S. 604. Ebenso *Ballwieser* [Sicht, 2001], S. 6-8 sowie zuletzt *Großfeld* [Anteilsbewertung, 2002], S. 68.

von Anteilen der Zielgesellschaft sowohl aus Käufer- als auch aus Verkäufersicht dar. So werden den im Ertragswertverfahren zu diskontierenden Zahlungen an die Eigentümer auch Synergieeffekte zugerechnet, die der Erwerber realisieren kann.[598] In einer freien Preisverhandlung wird der Verkäufer stets versuchen, sich diese zukünftigen Vorteile des Käufers entgelten zu lassen. Zweitens sind „Zukunftsbezug und Subjektivität [...] der (Markt-)Wertermittlung immanent und keine Besonderheit von Synergien."[599] Drittens liegen auf Grund der aktienrechtlichen Neuerung im Zuge des Squeeze-out zum 1.1.2002 bisher noch keine Entscheidungen speziell zum zwangsweise realisierten Trennungseffekt vor.

Bei der praktischen Umsetzung muss der Schiedsgutachter die geschätzte Grenzpreisdifferenz auf beide Abfindungsparteien aufteilen und ist einem Unterfangen ausgesetzt, das „sich auch nicht mit Fairnessargumenten überzeugend lösen lässt."[600] Dies soll nachfolgend in Anlehnung an die direkte und indirekte Methode der Anteilsbewertung[601] gezeigt werden. Bei der direkten Methode stehen sich Mehrheits- und Minderheitsaktionäre der Zielgesellschaft gedanklich unmittelbar als Verhandlungspartner gegenüber. Die Aufteilung des Barwerts der einsparungsfähigen Minderheitenkosten ist abhängig von der unter Umständen von den Kapitalanteilen abweichenden Verhandlungsmacht der Parteien und wird dadurch von der Interessenrealisation einzelner Mitgesellschafter bestimmt. Demgegenüber geht die indirekte Methode zunächst von einer Gesamtbewertung des Vorteils verbunden mit einer fallweisen Zurechnung auf die Ober- und die Zielgesellschaft und anschließend von einer anteilsproportionalen Aufteilung auf alle Anteilseigner aus.

5.3.3.2.2. Direkte Methode

Die direkte Methode basiert auf der Idee einer Verkaufsverhandlung. Zunächst muss der Schiedsgutachter den verbundunabhängigen Grenzpreis der ausscheidenden Minderheit als Sockelbetrag bestimmen. In einem zweiten Schritt ist dieser um einen Zuschlag zu versehen, der eine gerechte Beteiligung der Ausscheidenden an dem Trennungseffekt sicher stellen soll. Dabei existiert kein Beurteilungsmaßstab für eine gerechte Lösung: „Jede Aufteilung ist willkürlich".[602] Wird die Idee einer Auseinandersetzung unter Gleichstehenden als Hintergrund der gesetzlichen Ausschlussmöglichkeit gesehen und gleichzeitig berücksichtigt, dass deshalb kein Verhandlungspartner den Trennungseffekt ohne die Zustimmung des anderen realisieren kann, erscheinen einseitige Zurechnungen kaum sinnvoll.[603]

---

598 Vgl. *Ballwieser* [Ermittlung, 2001], S. 12.

599 *Hommel/Braun* [Prüfstand, 2002], S. 13.

600 *Hommel* [Abfindungsbeschluss, 2000], S. 55.

601 Vgl. mit Beispiel *Böcking* [Verbundberücksichtigungsprinzip, 1994], S. 1428-1430.

602 *Moxter* [Grundsätze, 1983], S. 92. Ähnlich *Ossadnik* [Synergieverteilung, 1997], S. 886.

603 Vgl. *Böcking* [Verbundberücksichtigungsprinzip, 1994], S. 1427. Demgegenüber existieren auch Literaturmeinungen, die ausschließlich eine Abfindung von Minderheitsgesellschaftern zum (höheren) Grenzpreis der Obergesellschaft als angemessen erachten. Vgl. insbesondere *Gansweid* [Überprüfung, 1977], S. 338f. und *Siegert* [Grundlagen, 1968], S. 131.

Moxter plädiert aus Praktikabilitätsgründen für die Mittelung des Einigungsbereichs,[604] wodurch die Beiträge beider Parteien zur Entstehung des Trennungseffekts als gleichwertig gelten.[605] Demzufolge wird der Barwert der einsparungsfähigen Minderheitenkosten zunächst ungeachtet der Kapitalanteile hälftig aufgeteilt, bevor der (unterschiedlich hohe) Anteil je Aktie für die Mehrheits- und Minderheitsgesellschafter ermittelt wird.[606] Ein höherer Betrag je Anteil für die Minderheitsgesellschafter ist gleichbedeutend mit einem Minderheitenaufschlag.[607]

In der eigenen Untersuchung ergibt sich nach dieser Vorgehensweise für die Minderheitsgesellschafter der 28 verwertbar antwortenden Unternehmen ein durchschnittlicher Trennungseffekt i.H.v. 117,96 € je Aktie.[608] Dieser Wert beträgt für die Obergesellschaften als Mehrheitsaktionäre lediglich durchschnittlich 0,95 €. Die Aussagekraft der beiden Mittelwerte darf allerdings nur in Zusammenhang mit der jeweils hohen Standardabweichung von 237,77 € bzw. 1,90 € beurteilt werden. Die mittlere Hälfte der Daten liegt bei der Minderheit zwischen 4,72 € und 106,02 €, bei der Mehrheit zwischen 0,12 € und 0,65 €.[609] Wird der Börsenkurs der Zielgesellschaft als Approximation des quotalen Unternehmenswerts und gleichzeitig als Untergrenze des subjektiven Grenzpreises der Abzufindenden akzeptiert,[610] ergeben sich für die zwangsweise Ausscheidenden die in Abbildung 13 dargestellten Zuschläge auf den Referenzwert. Herangezogen wurde der 250 Tage-Durchschnittskurs jedes teilnehmenden Unternehmens an der Frankfurter Wertpapierbörse oder ersatzweise der jeweiligen Heimatbörse vom 17.6.2002, einem Stichtag in der Mitte des Erhebungszeitraums.

---

604 Vgl. *Moxter* [Grundsätze, 1983], S. 18. Vgl. zu einer nutzentheoretischen Begründung der Mittelung *Krag* [Unternehmensbewertung, 1975], S. 154-160 sowie nutzenorientierte Aufteilungsvorschläge zusammenfassend *Ballwieser/Leuthier* [Grundprinzipen, 1986], S. 550.

605 Vgl. kritisch *Ossadnik* [Synergieverteilung, 1997], S. 886.

606 Vgl. *Böcking* [Verbundberücksichtigungsprinzip, 1994], S. 1429. A.A. *Großfeld* [Anteilsbewertung, 2002], S. 68, der die Initiative des Übernehmers mit einem eigenen Anteil von 2/3 bis 3/4 an dem Verbundvorteil honorieren will.

607 Vgl. den Stand der Diskussion zusammenfassend *Wilts/Schaldt/Nottmeier* [Unternehmensbewertung, 2002], S. 623f.

608 Vgl. zu den Ergebnissen bereits *Gampenrieder* [Trennungseffekt, 2003], S. 490.

609 Während die Spannweite der Daten bei den Minderheitsgesellschaftern durch den Minimal- bzw. Maximalwert von 0,78 € bzw. 1.113,28 € begrenzt wird, betragen diese Grenzen bei der Obergesellschaft 0,02 € und 8,40 €.

610 Vgl. *Drukarczyk* [Barabfindung, 1973], S. 363. A.A. *Hecker/Kaserer* [Bestandsaufnahme, 2003], S. 153, die konstatieren, dass „vieles dafür [spricht], daß der als Referenzmaßstab für eine ‚angemessene' Abfindung verwendete Börsenkurs im Regelfall hinter dem anteiligen Unternehmenswert zurückbleibt". Als Argument wird die Informationsasymmetrie zwischen der von der Obergesellschaft abhängigen Leitung der Zielgesellschaft und den Minderheitsaktionären der Zielgesellschaft angeführt. Vgl. dies. [Bestandsaufnahme, 2003], S. 153-155.

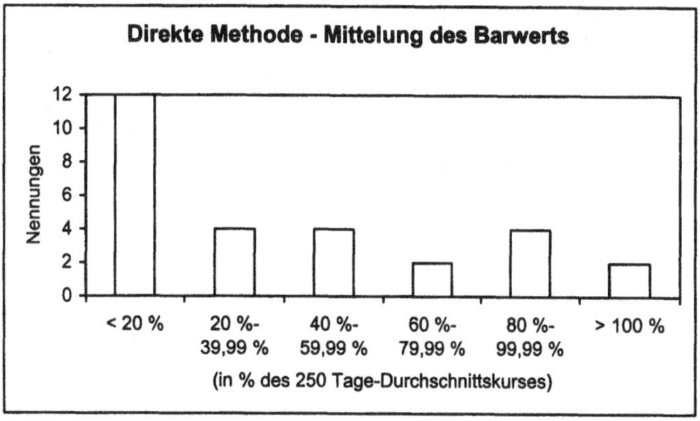

Abbildung 13: Aufschlag auf den Börsenkurs bei direkter Methode

Der durchschnittliche Aufschlag für die Minderheit auf den Börsenkurs der Zielgesellschaft beträgt 54,48 % bei einer hohen Streuung von 81,38 %. Die mittlere Hälfte der Daten wird bei Anwendung der direkten Methode und gleichzeitiger Mittelung des Trennungseffekts von 13,39 % bzw. 73,58 % begrenzt, wobei sich bei zwölf von 28 Unternehmen ein Aufschlag von weniger als 20 % errechnet. Bei den beiden Ausreißern, die Aufschläge von über 100 % aufweisen, handelt es sich um Sanierungsfälle mit entsprechend niedrigem Kursniveau. Nach der Eliminierung dieser beiden Werte beträgt der durchschnittliche Aufschlag nunmehr 35,28 % bei einer deutlich verminderten Standardabweichung i.H.v. 28,81 %.

Wird dem Ideal einer gleichberechtigten Verhandlung als Hintergrund der Ausschlussbefugnis gefolgt, was der Minderheit *de facto* eine Blockademöglichkeit hinsichtlich der Realisation des Trennungseffekts durch die Obergesellschaft einräumt, können Aufschläge auf den Börsenkurs im zweistelligen Prozentbereich zur Abgeltung dieses Verbundvorteils begründet werden. Einem unmodifizierten Börsenkurs würde dann nicht mehr die Rolle der Wertuntergrenze einer angemessenen Minderheitenabfindung zufallen. Wie hoch dieser (Minderheiten-)Aufschlag im Einzelfall auszufallen hat, liegt im Ermessen des Schiedsgutachters oder Richters.[611]

Gegen die Anwendung der fairnessorientierten direkten Methode sprechen hauptsächlich zwei Argumente: Erstens handelt es sich bei vielen gesetzlich normierten Ausschlussbefugnissen, speziell §§ 327a-327f AktG, um dominierte Konfliktsituationen, die als Voraussetzung auf den Kapital- oder Stimmrechtsanteil der Obergesellschaft abstellen: Ein Blockaderecht der Minderheit ist diesen Regelungen – obwohl ökonomisch begründbar[612] – *de lege lata* fremd. Zweitens steht die Aufteilungsregel sowohl

---

611 Vgl. übereinstimmend *Busse von Colbe* [Synergien, 1994], S. 607, *Drukarczyk* [Barabfindung, 1973], S. 360 und *Matschke* [Konfliktsituationen, 1981], S. 129.

612 Vgl. die Meinung von *Hecker*, in: o. *V.* [Meinungsspiegel, 2002], S. 498-500.

mit dem gesellschaftsrechtlichen (§ 738 BGB und § 53a AktG) als auch mit dem verfassungsrechtlichen Gleichbehandlungsgrundsatz (Art. 3 und 14 GG) in Konflikt, da die Minderheitsgesellschafter als Partei zwar untereinander einen identischen Trennungseffekt realisieren, nicht jedoch im Vergleich zu der Obergesellschaft als Hauptaktionärin.[613] Nach der direkten Methode würden die Minderheitsaktionäre im Durchschnitt den 124fachen Trennungseffekt je Anteil als „Preis für Privatautonomie"[614] erhalten.

5.3.3.2.3. Indirekte Methode

Im Rahmen der indirekten Methode stellt sich zunächst die Frage der Zurechnung des Barwerts der einsparungsfähigen Minderheitenkosten auf die Ober- und die Zielgesellschaft. Da die Publizitäts- und Beschlussfassungskosten künftig fast ausschließlich bei der Zielgesellschaft entfallen, wird von einer anteiligen Zurechnung auf die Obergesellschaft verzichtet. Die Vorgehensweise kann zudem mit dem Argument gestützt werden, dass anders als bei herkömmlichen Verbundeffekten durch das Squeeze-out keine engere Verbindung von zwei Unternehmen im Sinne des Anwachsens herrschaftlicher Rechte bei der Obergesellschaft resultiert, verglichen mit dem vorigen Zustand.[615] Bezüglich des nachfolgenden Schritts, der Aufteilung des entsprechend obiger Prämisse gesamten Barwerts auf Mehrheits- und Minderheitsgesellschafter der Zielgesellschaft, schlagen *Drukarczyk*[616] und *Böcking*[617] eine anteilsproportionale Lösung vor. Daraus resultiert ein je Anteil unabhängig vom Eigentümer und dessen Interessenrealisation gleich hoher Trennungseffekt.

Bei den 28 Probanden errechnet sich in der eigenen Untersuchung ein durchschnittlicher Trennungseffekt i.H.v. 1,85 € je Aktie der Zielgesellschaft bei einer hohen Standardabweichung von 3,68 €.[618] Während die Spannweite der Daten durch den Minimal- bzw. Maximalwert von 0,04 € bzw. 15,97 € begrenzt wird, liegt deren mittlere Hälfte zwischen 0,23 € und 1,27 €. Bezogen auf den 250 Tage-Durchschnittskurs an der Frankfurter Wertpapierbörse bzw. der jeweiligen Heimatbörse mit Stichtag 17.6.2002 ergeben sich die in Abbildung 14 dargestellten Aufschläge auf den Börsenkurs.

613 Vgl. *Böcking* [Verbundberücksichtigungsprinzip, 1994], S. 1430 m.w.N.
614 *Großfeld* [Anteilsbewertung, 2002], S. 231, der Minderheitenaufschläge strikt ablehnt.
615 Vgl. *Busse von Colbe* [Synergien, 1994], S. 603.
616 Vgl. *Drukarczyk* [Barabfindung, 1973], S. 364.
617 Vgl. *Böcking* [Verbundberücksichtigungsprinzip, 1994], S. 1429.
618 Vgl. zu den Ergebnissen bereits *Gampenrieder* [Trennungseffekt, 2003], S. 491.

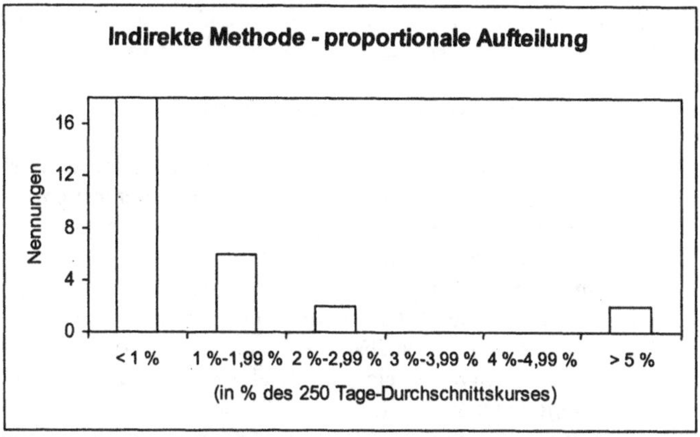

Abbildung 14: Aufschlag auf den Börsenkurs bei indirekter Methode

Der durchschnittliche Aufschlag beträgt 1,68 % bei einer hohen Standardabweichung von 3,58 %.[619] Während die mittlere Hälfte der Daten zwischen 0,37 % und 1,10 % liegt, unterschreiten mit 18 von 28 Unternehmen annähernd zwei Drittel die Einprozentmarke.[620] Nach der Eliminierung der beiden Ausreißer beträgt der durchschnittliche Aufschlag lediglich 0,84 % bei einer deutlich verminderten Standardabweichung i.H.v. 0,74 %.

Die gleichbehandlungsorientierte indirekte Methode mit anteilsproportionaler Lösung betont die alleinige und ungehinderte zukünftige Realisation des Trennungseffekts durch die Obergesellschaft. Danach sind Aufschläge auf den Börsenkurs mit Hinweis auf einsparungsfähige Minderheitenkosten kaum zu begründen. Der in der Untersuchung ermittelte Aufschlag liegt angesichts der durch aktuelle höchstrichterliche Entscheidungen[621] angestoßenen Diskussion der Durchschnittskursermittlung[622] im vernachlässigbaren Rundungsbereich. Hintergrund ist, dass der Minderheit die Fiktion einer gleichberechtigten Verhandlungsposition und damit ein Vetorecht abgesprochen wird: Die Verhandlungsmacht der Minderheit als Gruppe ist analog zu ihrem geringen Kapitalanteil ausgestaltet. Der daraus resultierende identische Trennungseffekt je Anteil der Zielgesellschaft wird zudem sowohl dem gesellschaftsrechtlichen als auch dem verfassungsrechtlichen Gleichbehandlungsgrundsatz der Anteilseigner gerecht. Ein Minderheitenaufschlag kann vermieden werden. Dieses Ergebnis kann gleichzeitig als

619 Die Spannweite der Daten wird durch den Minimal- bzw. Maximalwert von 0,07 % bzw. 18,74 % begrenzt.

620 Bei den beiden Nennungen, die Aufschläge von über 5 % aufweisen, handelt es sich (analog zu Abschnitt 5.3.3.2.2) um Unternehmen mit nachhaltig negativen Ertragsaussichten.

621 Vgl. *BVerfG* (Beschl. v. 27.4.1999 – 1 BvR 1613/94) und im Nachgang *BGH* (Beschl. v. 12.3.2001 – II ZB 15/00), die in Abschnitt 2.4.2 eingehend diskutiert werden.

622 Vgl. zusammenfassend *Fischer-Winkelmann/Raab* [Börsenkurse, 2002], S. 341-344.

Absage an einen erheblichen einsparungsfähigen Formalaufwand durch Squeeze-out, wie vom Gesetzgeber und weiten Teilen der Literatur behauptet,[623] aufgefasst werden.

5.3.3.3. Rückgriff auf den Leitgedanken des Gesellschaftsverhältnisses

Bei der Schiedspreisermittlung „ist ein zwischen Verkäufergrenzpreis und (höherem) Käufergrenzpreis liegender Preis gesucht, der sich als Ergebnis einer fairen Verhandlung vorstellen lässt."[624] Ob der Börsenkurs der Zielgesellschaft als Untergrenze des subjektiven Grenzpreises der Abzufindenden um einen Aufschlag für den Trennungseffekt modifiziert werden muss, hängt von einer Abwägung zwischen dem Fairness- und dem Gleichbehandlungsgrundsatz ab. Abhängig vom Standpunkt der Betrachtung ist jede der beiden skizzierten Lösungen begründbar: Da P_{maxOG} am Bewertungsstichtag P_{minZG} annahmegemäß um den Barwert der einsparungsfähigen Minderheitenkosten überschreitet, wird der Einigungsbereich jeweils nicht verlassen. Insofern verschlechtert keine der beiden Parteien ihre finanzielle Situation gegenüber einem Verzicht auf die Transaktion.

Die Höhe einer Abfindung kann nicht ohne Rücksicht auf den Leitgedanken des Gesellschaftsverhältnisses bestimmt werden. Als überragend ist neben der gesellschaftlichen Treuepflicht der Grundsatz der Gleichbehandlung zu qualifizieren, der einer willkürlichen, d.h. sachlich nicht gerechtfertigten, unterschiedlichen Behandlung der Gesellschafter entgegenwirkt. Danach haben Anteile mit derselben rechtlichen Ausstattung eignerunabhängig denselben Wert im Schiedsverfahren.[625] Unterschiedliche gesetzliche Voraussetzungen zu Gunsten einzelner Gesellschaftergruppen, die einer Gleichbehandlung begründet entgegenstehen können, sind insbesondere § 327b Abs. 1 AktG nicht zu entnehmen. Als Aufteilungsregel, die sowohl dem gesellschaftsrechtlichen als auch dem verfassungsrechtlichen Gleichbehandlungsgrundsatz gerecht wird, erweist sich die indirekte Methode.

Dass den Streubesitzaktionären kein größerer Einfluss zuteil wird, als er ihnen nach ihrem Kapitalanteil an der Gesellschaft zusteht, bedeutet keine grundlegende Abkehr vom Fairnessgrundsatz. Die Frage der zweckgerechten Ausgestaltung von Zustimmungserfordernissen bei Strukturmaßnahmen ist vielmehr getrennt von der Frage nach der Aufteilung von Verbundeffekten zu beantworten. Sollte ein Vetorecht der Minderheit als Ausfluss der Fiktion einer gleichberechtigten Verhandlung bejaht werden, muss dies an Stelle einer gleichheitswidrigen Korrektur[626] bei der Abfindungsbemessung durch eine grundsätzliche Koppelung von Ausschlussbefugnis und Übernahmerecht

---

623 Siehe Abschnitt 5.2.3.5.

624 *Moxter* [Grundsätze, 1983], S. 19.

625 Vgl. grundlegend *Großfeld* [Anteilsbewertung, 2002], S. 30f. sowie aus betriebswirtschaftlicher Sicht *Matschke* [Arbitriumwert, 1979], S. 317. Dabei wird stillschweigend unterstellt, dass die Abfindung nicht von den individuellen Handlungsalternativen des Aktionärs abhängen darf, obwohl diese den Grenzpreis beeinflussen. Vgl. *Ballwieser* [Rückgriff, 2003], S. 16.

626 Vgl. *Großfeld* [Anteilsbewertung, 2002], S. 231.

erfolgen.[627] So spricht die Konzeption von §§ 327a-327f AktG, die sich marktlichen oder zumindest marktähnlichen Verhandlungen widersetzen, für die indirekte Methode. Durch den Fairnessgrundsatz motivierte Korrekturen an der Ausschlussbefugnis sind einzig an deren Voraussetzungen vorzunehmen. Rückwirkungen auf den Abfindungspreis sind insofern mittelbar zu erwarten, als die Obergesellschaft von vornherein ein besseres Angebot unterbreiten wird, falls sie ausschließlich in Folge eines Übernahmeangebots einen zum Ausschluss berechtigenden Schwellenwert erreichen kann.[628] Verbundeffekte wären in diesem Fall implizit abgegolten.

Nach der hier favorisierten indirekten Methode sind Aufschläge auf den Börsenkurs der Zielgesellschaft mit Hinweis auf einsparungsfähige direkte Minderheitenkosten kaum zu begründen. Das Ergebnis darf nicht voreilig als Indiz für die Fragwürdigkeit der in Abschnitt 5.5.2 diskutierten doppelten Methodenvorgabe des BVerfG für die Wertermittlung, etwa als Forderung nach einer ausschließlichen Marktbewertung, gedeutet werden. Bei Gesellschaften mit geringem Streubesitz und potenziell geringem öffentlichen Interesse an deren zukünftiger Entwicklung können neben Informationen über einsparungsfähige Veröffentlichungs- und Beschlussfassungskosten weitere nicht oder nur eingeschränkt publizierte Informationen existieren. Als Beispiel sind konzernorganisatorische Überlegungen der Obergesellschaft mit Rückwirkung auf weitere einsparungsfähige direkte oder indirekte Kosten zu nennen. Von diesen Informationen ist nicht zu erwarten, dass sie im Aktienkurs antizipiert sind.[629] Das geringe Ausmaß eines bestimmten Verbundeffekts darf nicht darüber hinwegtäuschen, dass dem Börsenkurs nach den bisherigen Erkenntnissen zunächst lediglich die Rolle einer Wertuntergrenze zufällt.[630]

5.4. Einheit der Rechtsordnung

5.4.1. Konsistenz mit WpÜG

Bei der bisherigen Argumentation wurde nicht problematisiert, ob die 95 %-Kapitalbeteiligung der Obergesellschaft eine hinreichende Annäherung an die einhellige Zustimmung der Verhandlungspartner darstellt. Diskussionspunkt ist hierbei nicht die absolute Höhe der geforderten Mehrheitsbeteiligung,[631] sondern vielmehr der grundsätzliche Rückgriff auf bestehende Beteiligungsverhältnisse. Das isolierte Abstellen auf den Anteilsbesitz der Obergesellschaft entspricht mehr einer dominierten Konfliktsituation, die erst aus der gesetzgeberischen Wertung resultiert, als einer paritäti-

---

627 Siehe nachfolgend Abschnitt 5.4.1.

628 Vgl. *Wenger/Kaserer/Hecker* [Minderheitenschutz, 2001], S. 331.

629 Vgl. *Hommel/Braun* [Prüfstand, 2002], S. 14.

630 Vgl. *Böcking/Nowak* [Konkretisierung, 2000], S. 133.

631 Die 5 %-Schwelle findet sich „als Maßstab für die Bestimmung einer, (noch) relevanten Minderheit' auch in einer Reihe von anderen aktienrechtlichen Bestimmungen wieder (z.B. §§ 122 Abs. 2, 258 Abs. 2, 260 Abs. 2, 265 Abs. 3 AktG)." *Sieger/Hasselbach* [Minderheitsaktionäre, 2002], S. 130. Vgl. rechtssystematische Argumente abwägend *Ehricke/Roth* [Übernahmerecht, 2001], S. 1121f.

schen Verhandlung als Ausgangspunkt für die Lösung des Regelungsproblems. Einer gleichberechtigten Verhandlung würde eine Ausschlussbefugnis gerecht werden, die von der freiwilligen Zustimmung einer qualifizierten Mehrheit der Minderheit abhängt.[632]

Die US-Bundesstaaten mit dem dreigliedrigen *intrinsic fairness test* sowie Großbritannien mit Angeboten gem. ss 428-430 F CA 1985 beschreiten diesen Weg zwar auf unterschiedliche Weise,[633] legen jedoch übereinstimmend den Minderheitenschutz primär in die Hände marktmäßiger Verhandlungen, wodurch die Gerichte mit der Wertfindung im Gegensatz zu Deutschland nur fallweise belastet werden. Die EU-Kommission folgt mit ihrem Richtlinienvorschlag vom 2.10.2002 in weiten Teilen dem britischen Vorbild. Jenes schafft als Folge der preislichen Verbindung von Kontrollerwerb und Minderheitenausschluss Sicherheit bezüglich des Minderheitenanteils an der Übernahmeprämie. Die deutsche Literatur sieht diese Vorteile und plädiert dafür, dass das wegen verfassungsrechtlicher Bedenken gescheiterte vereinfachte Verfahren gem. § 327b Abs. 1 S. 3 AktG-RegE, das den Angebotspreis gem. WpÜG unter bestimmten Umständen[634] unwiderlegbar als Abfindungspreis für das Squeeze-out bestimmt, im Zuge einer späteren Novellierung des AktG doch noch in Kraft treten soll.[635]

Diese Auffassung lässt deutliche Unterschiede gegenüber der britischen Regelung unberücksichtigt. Erstens hätte die Obergesellschaft neben dem vereinfachten Verfahren stets den Weg gem. § 327b Abs. 1 S. 1 AktG i.V.m. § 327f AktG über das Spruchstellenverfahren beschreiten und einen Ausschluss ohne qualifiziertes Minderheitenquorum herbeiführen können. Zweitens weichen die notwendigen Minderheitenquoren zwischen der gescheiterten deutschen und der britischen Regelung voneinander ab: Da die deutsche Regelung auch Teilangebote[636] abgedeckt hätte, beträgt die Zustimmung der insgesamt ausschließbaren Minderheit nicht stets 90 % wie in Großbritannien.[637] Schließlich hätte das vereinfachte Verfahren nur dann angewendet werden können, wenn die Obergesellschaft vor der Abgabe des Übernahmeangebots weniger als 95 %

---

632 Vgl. *Wenger/Kaserer/Hecker* [Minderheitenschutz, 2001], S. 330.

633 Während nach britischem Vorbild 90 % der noch ausstehenden Aktien via Übernahmeangebot zu erwerben sind, wird in den USA in der Regel eine bestimmte Zustimmungsquote der Minderheit in der Hauptversammlung der Zielgesellschaft vorausgesetzt. *Wenger*, *Kaserer* und *Hecker* erachten beide Alternativen als grundsätzlich gleichwertig. Vgl. dies. [Minderheitenschutz, 2001], S. 330.

634 Siehe Abschnitt 2.3.3.

635 Vgl. *Sieger/Hasselbach* [Minderheitsaktionäre, 2002], S. 149, *Krieger* [Zweifelsfragen, 2002], S. 57 und *Fleischer* [Recht, 2002], S. 782f. Letztgenannter tritt jedoch für die Umwidmung in eine widerlegbare Vermutung eines angemessenen Preises ein.

636 § 327b Abs. 1 S. 3 HS 2 AktG-RegE stellt auf eine Annahme des Angebots „von mindestens neunzig vom Hundert der Aktionäre, *an die es gerichtet war*" [Hervorhebung durch den Verf.], ab. Überdies wird die Orientierung an der Anzahl der Aktionäre an Stelle der Aktien hierzulande anders als in Großbritannien zumindest bei Inhaberpapieren als unpraktikabel erachtet. Vgl. *Wenger/Kaserer/Hecker* [Minderheitenschutz, 2001], S. 332.

637 Vgl. mit Zahlenbeispiel *Rühland* [squeezeout, 2001], S. 452, der jedoch übersieht, dass weitere Verwerfungen aus der unterschiedlichen Berechnung der Zustimmungsquote resultieren können.

des Kapitals der Zielgesellschaft hält.[638] Gerade das letzte Argument widerspricht der Leitlinie einer marktähnlichen Verhandlung, da die Größe eines Verhandlungspartners kein entscheidendes Kriterium für die erfolgreiche Durchführung eines freiwilligen Anteilstransfers darstellen kann.

Insgesamt hätte der deutsche Gesetzgeber die Ausschlussbefugnis zwingend und zeitlich befristet an ein Vollangebot gem. WpÜG koppeln und ein korrespondierendes Austrittsrecht schaffen müssen, um dem britischen Pendant und damit – abgesehen von dem verbindlichen Zeitfenster – der geplanten EU-Regelung zu entsprechen. Das von deutscher Seite vorgebrachte Argument, dass den Squeeze-out-Fällen in der Regel ein Angebot gem. WpÜG vorausgehen dürfte,[639] ist wenig stichhaltig: Da eine zeitliche Begrenzung der Ausschlussbefugnis nicht besteht, können zwischen den beiden Ereignissen Jahre liegen. Dies entspricht einer unbefristeten und zugleich kostenlosen Ausschlussoption des Typs *long call*[640] zu Gunsten der Obergesellschaft. In einer gleichberechtigten Verhandlungssituation mit Drohpotenzial würden die Minderheitsaktionäre der Zielgesellschaft hierfür zumindest eine Prämie verlangen.[641]

Bei der Würdigung des britischen Vorbilds ist zu bedenken, dass auch dort ein Minderheitenausschluss ohne vorheriges Abfindungsangebot möglich ist. Ob der Weg über ss 425-427 A CA 1985 mit der zweimaligen Anrufung von Gerichten bzw. über die Liquidation der Zielgesellschaft mit entsprechenden Vetorechten der Gläubiger attraktiv ist, darf bezweifelt werden. Davon unabhängig sind sog. Altfälle zu berücksichtigen, bei denen eine nahezu hundertprozentige Beteiligung der Obergesellschaft teilweise schon seit Jahrzehnten besteht.[642] Bei einer zwingenden Koppelung von Ausschluss- und Übernahmerecht würde hinsichtlich des Angebotsverfahrens nicht danach unterschieden werden, ob sich das Angebot nur an wenige außen stehende Aktionäre oder einen Großteil des Streubesitzes einer Publikumsgesellschaft richtet. So könnten hohe Verhandlungskosten, die durch eine gesetzliche Ausschlussbefugnis vermieden werden sollen, durch entsprechende Übernahmekosten ersetzt werden. Ähnlich der Diskussion in Abschnitt 5.3.1, ob der Anwendungsbereich des Squeeze-out auch ehemals börsennotierte Gesellschaften umfassen soll, könnte eine Übergangsregelung helfen, Härten im Einzelfall zu vermeiden. Im Ergebnis zeigt die britische Regelung Detailschwächen, die jedoch in Summe die Vorteile einer Marktlösung als Regulierungsvorbild für die künftige Harmonisierung von Ausschluss- und Austrittsregeln in Europa nicht gefährden.

---

638 „Ist jemand Hauptaktionär *auf Grund eines* [...] *Angebots* nach dem Wertpapiererwerbs- und Übernahmegesetz geworden, [...]" [Hervorhebung durch den Verf.] (§ 327b Abs. 1 S. 3 HS 1 AktG-RegE).

639 Vgl. BT-Drs. 14/7034, S. 32.

640 Vgl. z.B. *Hull* [Options, 2000], S. 5-10.

641 Vgl. grundlegend *Clark* [Corporate, 1986], S. 507 sowie rechtsvergleichend *Fleischer* [Recht, 2002], S. 770.

642 Vgl. die im AG-Report veröffentlichte Liste potenzieller Squeeze-out-Kandidaten; *o.V.* [Aktienkultur, 2001], S. R274.

5.4.2. Konsistenz mit UmwG

Ungeachtet des in den vorangehenden Abschnitten identifizierten Verbesserungsbedarfs existiert neben §§ 327a-327f AktG mit der Verschmelzung durch Aufnahme eine umwandlungsrechtliche Norm, die ein mittelbares Ausscheiden sämtlicher Minderheitsaktionäre der Zielgesellschaft bereits ab einer Kapitalbeteiligung der Obergesellschaft von 75 % bewirkt. Dadurch könnte die erforderliche 95 %-Mehrheit des § 327a Abs. 1 S. 1 AktG, die im Rahmen vergleichbarer Regelungen in Europa liegt, nachträglich ausgehöhlt werden.[643]

Es ist jedoch zu bedenken, dass abgesehen von dem zusätzlichen Erfordernis einer Hauptversammlung bei der Obergesellschaft die aus der Zielgesellschaft gedrängten Minderheitsaktionäre durch den explizit vorgeschriebenen Aktientausch Anteilseigner der Obergesellschaft werden. Dies erscheint nur dann unschädlich, wenn es sich bei der Letztgenannten um eine AG oder KGaA mit breit gestreutem Anteilsbesitz handelt. In allen anderen Fällen wird das Problem der Existenz von wenigen Streubesitzaktionären bei der Zielgesellschaft auf die Obergesellschaft transferiert. An dieser Situation ändern verpflichtende Barabfindungsangebote im Sinne des § 29 Abs. 1 S. 1 u. 2 UmwG oder zusätzliche freiwillige Angebote nichts, da die Minderheit zu deren Annahme nicht gezwungen werden kann. Selbst bei einer attraktiven Ausgestaltung der Angebote ist nicht damit zu rechnen, dass alle Adressaten ihre Eigentümerstellung aufgeben werden. Analog ist bezüglich des Formwechsels als weiteren potenziellen umwandlungsrechtlichen Umgehungstatbestand für das Squeeze-out zu argumentieren: Jeder Aktionär, der auf einen Widerspruch gegen den Umwandlungsbeschluss verzichtet, verbleibt automatisch in der Zielgesellschaft, sofern im Fall der Umwandlung, beispielsweise in eine GmbH, die von ihm gehaltenen Aktien insgesamt zumindest einem Geschäftsanteil i.H.v. 50,00 € entsprechen.[644]

Zusammenfassend bietet die Verschmelzung zwar einen rechtssicheren,[645] aber nur dann attraktiven Umgehungstatbestand für das Squeeze-out, falls die Obergesellschaft bereits über einen breit gestreuten Aktionärskreis verfügt und diesen auch in Zukunft beibehalten will. In allen anderen Fällen wird der Zwangsausschluss nur aufgeschoben. Der Formwechsel kann ebenfalls nicht als praktikabler Umgehungstatbestand angesehen werden, da keine Interesseneinmütigkeit der Minderheitsgesellschafter in Bezug auf einen Austritt zu erwarten ist.

5.4.3. Konsistenz mit AktG

Die gegen Verschmelzung und Formwechsel vorgebrachten Argumente können ohne weitere Diskussion auf die Mehrheitseingliederung mit der Regelabfindung in Anteilen

---

643 *Wolf* [Minderheitenausschluss, 2002], S. 160 konstatiert jedoch mit Blick auf die übertragende Auflösung, dass „die mitgliedschaftlichen Rechte einer aktienrechtlichen Minderheit bis zu einer Beteiligungshöhe von 25 % nur vermögensmäßiger Natur [sind]."

644 Vgl. *Vetter* [Squeeze-out, 2002], S. 179.

645 Vgl. *Steck* [Delisting, 1998], S. 466.

der Obergesellschaft und den Abschluss von Beherrschungs- oder Gewinnabführungsverträgen mit der Möglichkeit der zeitlich zunächst auf die Vertragsdauer begrenzten Vereinnahmung von Ausgleichzahlungen übertragen werden. Eine in der Vergangenheit wiederholt erfolgreich genutzte Ausschlussmöglichkeit stellt demgegenüber die übertragende Auflösung dar, die ebenfalls eine Kapitalbeteiligung der Obergesellschaft von lediglich 75 % voraussetzt.

Obwohl verfassungsrechtliche Probleme inzwischen beseitigt sind,[646] sprechen zwei Argumente gegen einen praktikablen Umgehungstatbestand. Erstens droht an Stelle eines Spruchstellenverfahrens die Anfechtungsklage als gerichtliche Wertkontrolle des anteiligen Abwicklungsüberschusses. Deren Erfolg führt über die Nichtigkeit des Zustimmungsbeschlusses zur Unwirksamkeit des Übertragungsvertrags. Durch die erneute Herbeiführung eines Hauptversammlungsbeschlusses kann sich das Vorhaben der Obergesellschaft erheblich verzögern.[647] Demgegenüber ist bei einem Squeeze-out über §§ 327a-327f AktG damit zu rechnen, dass die Obergesellschaft binnen sechs Monaten[648] nach der Veröffentlichung ihrer Absicht gem. § 15 WpHG Alleinaktionärin ist; langjährige Spruchstellenverfahren ändern daran nichts. Zweitens ist nur die übertragende Auflösung durch einen mittelbaren Ausschluss aller Aktionäre der Zielgesellschaft über eine Veräußerung sämtlicher Wirtschaftsgüter an die Obergesellschaft charakterisiert. Diese erfolgt steuerlich zu Teilwerten, was regelmäßig die unerwünschte Auflösung stiller Reserven zur Folge hat.[649] Insgesamt erlangt die übertragende Auflösung nur dann eine begrenzte Bedeutung, wenn eine Erhöhung des Kapitalanteils der Obergesellschaft auf 95 % unmöglich ist. Davon abgesehen besteht keine attraktive Umgehungsmöglichkeit.

5.5. Operationalität

5.5.1. Erfordernis einer Hauptversammlung

Analog zum Verfahren der Mehrheitseingliederung sieht § 327a Abs. 1 S. 1 AktG einen Hauptversammlungsbeschluss der Aktionäre der Zielgesellschaft als Voraussetzung für den vollständigen Anteilserwerb durch die Obergesellschaft vor. Auf dieses Erfordernis verzichten mit Frankreich und den Niederlanden zwei EU-Länder, die entsprechend der deutschen Lösung Squeeze-out und Übernahmerecht separieren, sowie

---

646 Vgl. jedoch *Hecker/Kaserer* [Bestandsaufnahme, 2003], S. 141 mit Blick auf *BVerfG* (Beschl. v. 23.8.2000 - 1 BvR 68/95 und 1 BvR 147/97), die kritisch anmerken, dass noch immer ungeklärt ist, welche konkreten Maßnahmen zur Sicherung der Minderheitenrechte zu beachten sind.

647 Vgl. *Schwichtenberg* [Going Private, 2001], S. 2078.

648 Dabei sei unterstellt, dass zwischen der Veröffentlichung der Absicht des Minderheitenausschlusses, der Einberufung der Hauptversammlung, ihrer Durchführung und der Eintragung des Übertragungsbeschlusses in das Handelsregister jeweils zwei Monate liegen. Ebenso im Ergebnis *Picot* [Neuregelungen, 2002], S. 443; davon abweichend *Hasselbach* in *Hirte/von Bülow* [WpÜG, 2003], Kommentierung zu § 327b AktG, Rn. 63, der unter idealen Bedingungen zwischen dem Übertragungsbegehren und der Anmeldung zum Handelsregister eine Zeitspanne von 80 Tagen für möglich erachtet.

649 Vgl. *Schwichtenberg* [Going Private, 2001], S. 2078.

Großbritannien (ss 428-430 F CA 1985) als Regelungsvorbild für künftiges EU-Gemeinschaftsrecht. Mit Hinweis auf die vorstehenden Regelungen bringt die Literatur drei Einwendungen gegen den „bloße[n] Formalakt“[650] hervor.

Nach Meinung der Kritiker handelt es sich zum einen bei Squeeze-out im Gegensatz zur Mehrheitseingliederung nicht um eine die Unternehmensverfassung der Zielgesellschaft ändernde Grundlagenentscheidung.[651] Es bleiben die aktienrechtlichen Grundsätze über die Sicherung des Gesellschaftsvermögens in Kraft; vielmehr bedarf es allein der Klärung des Rechtsverhältnisses von Aktionären untereinander.[652] Dies könnte auch in einer privaten oder marktähnlichen Verhandlung geschehen. Zum anderen steht das Beschlussergebnis durch die bekannten Mehrheitsverhältnisse bereits von vornherein fest, da die Minderheitsaktionäre weder über eine Sperrminorität verfügen, noch ein Sonderbeschluss in Betracht kommt.[653] Diese Instrumente würden entgegen der heutigen gesetzlichen Ausgestaltung ihrer idealtypischen Verhandlungsmacht entsprechen. Als Zwischenfazit entkräften die ersten beiden Argumente die Notwendigkeit eines Hauptversammlungsbeschlusses. Kritisch erscheint jedoch darüber hinaus das Spannungsverhältnis von Vorstandspflichten und Informationsrechten der Minderheit.

§§ 327c-327e AktG betrauen den Vorstand der Zielgesellschaft mit dem Vollzug eines Rechtsgeschäfts der Obergesellschaft. Dies erscheint fragwürdig vor dem Hintergrund des konzernrechtlichen Rahmens des AktG, insbesondere der eigenverantwortlichen Führung der Gesellschaft bei Fehlen zumindest eines Beherrschungsvertrags.[654] So besteht seitens des Leitungsorgans der Zielgesellschaft eine umfassende Offenlegungspflicht der wirtschaftlichen Verhältnisse gegenüber der Obergesellschaft, die auch Informationen umfasst, deren Weitergabe an die Hauptversammlung nach § 131 Abs. 3 Nr. 1 AktG verweigert werden könnte.[655] Darüber hinaus muss der Vorstand der Zielgesellschaft die Hauptversammlung einberufen und vorbereiten, innerhalb der Versammlung zur Abfindung Auskünfte erteilen sowie ein etwaiges Verfahren zur Überwindung der Handelsregistersperre betreiben. Neben dem obligatorischen schriftlichen Bericht an die Hauptversammlung kann er der Obergesellschaft „Gelegenheit geben, den Entwurf des Übertragungsbeschlusses und die Bemessung der Höhe der Barabfindung zu Beginn der Verhandlung mündlich zu erläutern“ (§ 327d Abs. 1 S. 2 AktG). Eine Verpflichtung hierzu besteht nicht.[656]

---

650 *Vetter* [Hauptversammlungsbeschluss, 2001], S. 744.

651 Vgl. grundsätzlich hinsichtlich der Pflicht des Vorstands zur Herbeiführung der Zustimmung der Hauptversammlung bei schwerwiegenden Eingriffen in die Rechte der Aktionäre *Horbach* [Hauptversammlung, 2001] in Bezug auf *BGH* (Urt. v. 25.2.1982 – II ZR 174/80).

652 Vgl. *Habersack* [Finanzplatz, 2001], S. 1236.

653 Vgl. *Vetter* [Hauptversammlungsbeschluss, 2001], S. 744.

654 Vgl. insbesondere *Habersack* [Finanzplatz, 2001], S. 1236, der konstatiert, dass „die [Ziel-] Gesellschaft durch den Alleinaktionär so zu führen [ist], wie sie auch vorher zu führen war, im Regelfall also unter Beachtung der § 311ff. AktG.“

655 Als Beispiel werden Planungsrechnungen genannt. Vgl. *Wilts/Schaldt/Nottmeier* [Unternehmensbewertung, 2002], S. 621.

656 Vgl. *Grunewald* [Squeeze-out-Regelung, 2002], S. 20.

Auf die Einberufung einer Hauptversammlung wegen der ambivalenten Stellung des Vorstands zu verzichten,[657] scheint zu kurz gegriffen: Aus Sicht der Minderheit muss die Versorgung mit nachprüfbaren Informationen über die Voraussetzungen des Ausschlusses und die Angemessenheit der Abfindung gewährleistet sein. Dazu zählt das Recht, bei Unklarheiten Fragen zu stellen. Insbesondere Letzteres würde bei einem alternativ von dem zuständigen Landgericht betriebenen Verfahren[658] entfallen, was vermehrt Informationsbedarf auf das Spruchstellenverfahren umleiten würde. Damit könnte eine Verlängerung der Verfahren einhergehen, die gerade durch das Spruchverfahrensneuordnungsgesetz verhindert werden soll.

Eine mögliche Lösung könnte – auch vor dem Hintergrund des in der Fallstudie mehrfach identifizierten Erläuterungsbedarfs – darin bestehen, den Hauptversammlungsbeschluss beizubehalten, aber gleichzeitig die Obergesellschaft dazu zu verpflichten, Auskünfte in der Hauptversammlung gegenüber den Aktionären zu erteilen. Damit wäre derjenige Informationsschuldner, der die Barabfindung festlegt. Sollte *de lege ferenda* eine Koppelung mit dem Übernahmerecht realisiert werden, könnte wegen der notwendigen freiwilligen Zustimmung einer qualifizierten Mehrheit der außen stehenden Aktionäre auf den Hauptversammlungsbeschluss gänzlich verzichtet werden.

5.5.2. Doppelte Methodenvorgabe für die Wertermittlung

Manchen Rechtswissenschaftlern geht die Konkretisierung marktorientierter Unternehmensbewertung durch das BVerfG in Gestalt des Börsenkurses als Wertuntergrenze nicht weit genug: Sie fordern stets eine Abfindung zum Börsenkurs.[659] Es sind jedoch grundsätzlich harte Voraussetzungen zu erfüllen, um die Lösung eines Bewertungsproblems in konsistenter Weise dem Markt bzw. hilfsweise verwendeter Modellierungen im Sinne eines „repräsentativen Mittelwert[s] der Meinungen aller Marktteilnehmer"[660] zu übertragen.[661] Grundlegende Defizite des Kapitalmarktmodells in Bezug auf Marktvollkommenheit und -vollständigkeit,[662] beispielsweise die Existenz von Transaktionskosten und -hemmnissen, sind bekannt und sollen hier nicht weiter problematisiert werden.[663] In Bezug auf Squeeze-out sind spezifische Probleme hinsichtlich der Informationsverarbeitung und der Liquidität zu betrachten, die Auf- oder Abschläge auf den Börsenkurs rechtfertigen können und somit einer ausschließlichen Marktbewertung entgegenstehen.

---

657 So das übereinstimmende Ergebnis von *Habersack* [Finanzplatz, 2001], S. 1237 und *Vetter* [Hauptversammlungsbeschluss, 2001], S. 744.

658 Vgl. den Vorschlag von *Vetter* [Hauptversammlungsbeschluss, 2001], S. 744.

659 Vgl. *Aha* [Aspekte, 1997], S. 28, *Luttermann* [Bewertungsgrundlage, 1999], S. 51, ders. [Verschmelzungswertrelation, 2001], S. 871, *Sieger/Hasselbach* [Minderheitsaktionäre, 2002], S. 148 sowie *Steinhauer* [Bewertungsgrundlage, 1999], S. 307. A.A. aus betriebswirtschaftlicher Sicht *Ballwieser* [Fragen, 2002], S. 749, der feststellt, dass „Abfindungen über den Börsenkursen aufgrund von Ertragswert- oder DCF-Gutachten [...] erlaubt" sind.

660 *Fleischer* [Grundfragen, 2001], S. 28.

661 Vgl. kritisch im Kontext des CAPM *Ballwieser* [Komplexitätsreduktion, 1990], S. 173-176.

662 Vgl. *Schmidt/Terberger* [Grundzüge, 1997], S. 57-59.

663 Vgl. etwa *Rudolph* [Theorie, 1979], S. 1051-1053.

Der Schiedsgutachter oder Richter muss über das subjektive Entscheidungsfeld des Abfindenden und der Abzufindenden den Einigungsbereich ermitteln. Der Grenzpreis der Obergesellschaft als Abfindende wird maßgeblich durch Einsparpotenziale bei direkten und indirekten Minderheitenkosten sowie durch alternative Handlungsmöglichkeiten beeinflusst, die sich jeweils erst mit dem Ausscheiden der Minderheit eröffnen. Da einerseits bewertungsrelevante Informationen über diese Einsparpotenziale und Handlungsalternativen kaum öffentlich verfügbar sind, andererseits zumindest indirekte Minderheitenkosten nicht quantifizierbar erscheinen,[664] ist nicht zu erwarten, dass diese Informationen in den Kursen bei Annahme der mittelstrengen Effizienzhypothese[665] enthalten sind.[666] Somit kann der Börsenkurs der Aktie „nur als Approximation des Grenzpreises der Abzufindenden dienen, da diese den Börsenkurs im Abfindungszeitpunkt hätten realisieren können."[667]

Ein zweiter Punkt, der demgegenüber zu Abschlägen auf den Börsenkurs führen kann, betrifft mangelnde Liquidität. Durch den maximal handelbaren Streubesitzanteil der Squeeze-out-Kandidaten i.H.v. 5 % des Grundkapitals ist beispielsweise bei einem mit dem Unternehmen traditionell verbundenen Kleinaktionärskreis[668] eine ausreichende Marktbreite und -tiefe nicht immer gewährleistet.[669] Als Richtschnur ausreichender Liquidität werden die (ehemaligen) DAX100-Unternehmen genannt.[670] Gerade bei diesen Werten ist das Squeeze-out zumindest während der Zeit der Indexzugehörigkeit auf Grund des Umsatzkriteriums für die Indexbildung äußerst unwahrscheinlich. Erschwerter Handel kann mit einem Liquiditätsabschlag versehen werden, der schwer quantifizierbar ist.[671] Die Schwierigkeit besteht gerade bei kursvergleichenden Bewertungsverfahren im Fall des Squeeze-out darin, liquide Referenzgesellschaften zu identifizieren. Ohne deren Kenntnis sind Modifikationen der Willkür unterworfen.[672]

Inzwischen existieren auch erste empirische Befunde, die zumindest eine grobe Würdigung der doppelten Methodenvorgabe des BVerfG ermöglichen. Bei den 20 von *Wilts*, *Schaldt* und *Nottmeier* ausgewerteten Zwangsausschlüssen lag „[i]n der überwiegenden Anzahl der Fälle [...] der nach dem Ertragswertverfahren ermittelte Abfindungsbetrag

---

664 Siehe jedoch Abschnitt 5.2.3 mit einer erstmaligen Erhebung der direkten Minderheitenkosten.

665 Vgl. die Ergebnisse empirischer Tests zusammenfassend *Schmidt/Terberger* [Grundzüge, 1997], S. 218 sowie *Hachmeister* [Unternehmenswertsteigerung, 2000], S. 41-45.

666 A.A. *Wilts/Schaldt/Nottmeier* [Unternehmensbewertung, 2002], S. 627, die zumindest nicht ausschließen, dass echte Synergieeffekte bereits im Börsenkurs abgebildet sind.

667 *Böcking/Nowak* [Konkretisierung, 2000], S. 133.

668 Vgl. den Fall der ABB AG, bei der Belegschaftsaktionäre den größten Teil des Streubesitzes ausmachen; *o.V.* [ABB, 2002], S. 16.

669 Vgl. *Vetter* [Squeeze-out, 2002], S. 188 sowie das Beispiel der BKB aus der Fallstudie.

670 Vgl. *Aha* [Aspekte, 1997], S. 28 sowie darauf aufbauend *Steinhauer* [Bewertungsgrundlage, 1999], S. 307.

671 Vgl. *Hommel* [Abfindungsbeschluss, 2000], S. 55. In jüngerer Zeit hat das LG München I in einem vom BayObLG zwischenzeitlich verworfenen Urteil bei vinkulierten Namensaktien u.a. wegen der erschwerten Übertragbarkeit im Vergleich zu Stammaktien einen Wertabschlag i.H.v. 10 % festgesetzt. Vgl. *LG München I* (Beschl. v. 14.9.2001 – 5 HKO 16369/99), S. 1961 gegenüber *BayObLG* (Beschl. v. 31.7.2002 – 3Z BR 362/01), S. 1768f.

672 Vgl. *Hering/Olbrich* [Wert, 2003], S. 105.

oberhalb des für einen Dreimonatszeitraum ermittelten durchschnittlichen Börsenkurses, sodass insoweit die Festlegung des Abfindungsbetrags jeweils zum höheren Wert erfolgte."[673] Der Beitrag lässt nähere Angaben, insbesondere zur Wertdifferenz, vermissen. Zielführend erweisen sich die Ergebnisse von *Hecker* und *Kaserer*. Dass in 44 von 55 untersuchten Squeeze-out-Fällen die um Dividendeneffekte bereinigte Barabfindung den Börsenkurs unmittelbar vor Ankündigung der Transaktion übersteigt,[674] kann als starkes Indiz für höhere anteilige Ertragswerte gedeutet werden.[675] Da jedoch die Untersuchung Letztgenannte nicht ausweist, könnten die Prämien zumindest teilweise auf freiwilliger Basis gewährt worden sein. Die Autoren sehen die durchschnittliche Abfindungsprämie i.H.v. mindestens 17,04 % auch in Zusammenhang mit systembedingten Defiziten im aktienrechtlichen Vertragskonzern: „Gerade in diesen Squeeze-out Fällen könnten selbst ganz erhebliche positive Abfindungsprämien [...] möglicherweise eher Ausdruck der durch den mangelhaften Minderheitenschutz im Vertragskonzern gedrückten Aktienkurse als des funktionierenden Minderheitenschutzes beim Squeeze-out sein."[676] Schließlich übersteigen in der Fallstudie bei KWR und NWS die anteiligen Ertragswerte den Referenzwert um etwas über 2 % bzw. bis zu 10 %.[677]

Entsprechend den Erkenntnissen aus Abschnitt 2.4.3.3 haben Spruchstellenverfahren bei Vertragskonzernen insgesamt zu einer positiven Abweichung im einstelligen Prozentbereich zwischen der überprüften Abfindung in Gestalt des Ertragswerts und dem Börsenkurs geführt. Die Interpretation der Ergebnisse von *Hecker* mit einem Maximalwert von 6,74 % gegenüber zeitnahen Stichtags- und Durchschnittskursen fällt zweischneidig aus. Die Abweichung könnte einerseits angesichts ihres geringen prozentualen Ausmaßes als Indiz für eine Gleichheit von Wert und Preis sprechen, andererseits trotz der Höhe der Aufbesserung gegenüber der vertraglich vorgesehenen Abfindung von rund 20 % als Folge einer niedrigen Ausgangsbasis[678] als vorsichtig ausgewiesen gedeutet werden. Gegen das erste Indiz spricht darüber hinaus die Vorgehensweise in den anderen kontinentaleuropäischen Staaten und den USA. Dort wird dem Börsenpreis einhellig nicht mehr als die Rolle einer Plausibilitätsgröße bzw.

---

673 *Wilts/Schaldt/Nottmeier* [Unternehmensbewertung, 2002], S. 624, Fn. 32.

674 Vgl. *Hecker/Kaserer* [Bestandsaufnahme, 2003], S. 148-150.

675 Ähnliches gilt für die Untersuchung von *Moser* und *Prüher*, die 17 Zielgesellschaften umfasst, bei denen die Absicht des Squeeze-out bis zum Ende des ersten Quartals 2002 veröffentlicht worden ist. Je nach Beobachtungszeitraum werden mehrheitlich positive Ankündigungsreaktionen gemessen, die im Durchschnitt 5,4 % nicht überschreiten. Vgl. dies. [Vorteilhaftigkeit, 2002], S. 364-366. Dabei ist jedoch zu beachten, dass streng genommen nur Ankündigungen mit gleichzeitiger Nennung der Abfindungshöhe die o.g. Interpretation zulassen.

676 *Hecker/Kaserer* [Bestandsaufnahme, 2003], S. 158.

677 Siehe Abschnitt 4.6.2.

678 *Hecker* unterstellt, dass die Minderheit antizipiert, dass angesichts der bestehenden Mehrheitsverhältnisse der Abschluss eines Unternehmensvertrags jederzeit möglich ist und sich wegen der Abfindungsverpflichtung ihre Position gegenüber der Beibehaltung des faktischen Konzernverhältnisses mit dem jederzeitigen Risiko der Ziehung privater Sondervorteile durch die Obergesellschaft zumindest nicht verschlechtert. Daher sind die Kurse vor Bekanntgabe des Vertragsschlusses mit Erwartungen bezüglich der Beibehaltung des status quo behaftet und insofern niedrig bemessen. Vgl. dies. [Regulierung, 2000a], S. 336.

Wertuntergrenze zuteil. Vielmehr sind Ertragswerte bzw. DCF-Ergebnisse oder Transaktionspreise im Vorfeld von Kontrollerwerben die maßgeblichen Referenzgrößen.

Eine Zurückdrängung der Relevanz von Gesamtbewertungsverfahren könnte sich jedoch als Folge einer möglichen zwingenden Koppelung von Ausschlussbefugnis und Übernahmerecht ergeben. Falls eine große Mehrheit der außen stehenden Aktionäre einem Übernahmeangebot im Bewusstsein des drohenden[679] Zwangsausschlusses zustimmt, trägt die freiwillige Abgabebereitschaft unter der Voraussetzung hinreichender Information[680] eine hohe Richtigkeitsgewähr des Angebotspreises.[681] Die bei Vertragskonzernen identifizierte Wertlücke zwischen der gerichtlich überprüften Abfindung und dem Börsenkurs bzw. der ursprünglich abgebotenen Abfindung[682] könnte durch einen freiwilligen Aufschlag seitens der Obergesellschaft auf einen wie auch immer ermittelten Börsenkurs in Erwartung einer möglichst hohen Zustimmungsquote geschlossen werden. Beobachtungen aus Großbritannien lassen dies mit Blick auf Übernahmeprämien für die Aktionäre der Zielgesellschaft in Form von logarithmierten abnormalen Renditen im zweistelligen Prozentbereich zumindest plausibel erscheinen.[683]

Der Einwand, angesichts der derzeitigen Rechtslage in Deutschland aus Kosten-/ Nutzenerwägungen[684] auf Aufbesserungen selbst im einstelligen Prozentbereich zu verzichten, lässt aus Sicht der dominierten Minderheit Zweifel an der Angemessenheit der Abfindung aufkommen. Die Kritiker der Ertragswertmethode müssen sich bis zu einer Koppelung von Ausschlussbefugnis und Übernahmerecht weiterhin mit „mit mathematischem Exaktheitsanspruch gedrechselte[n] Bewertungsgutachten" auseinandersetzen, die aus ihrer Sicht „schlicht aufklärerisch überheblich"[685] wirken.

---

679 Derzeit besteht keine Verpflichtung der Obergesellschaft, das (angestrebte) Erreichen der 95 %-Kapitalschwelle, was einen jederzeitigen Zwangsausschluss der Aktionäre der Zielgesellschaft nach sich ziehen kann, etwa per Ad-hoc-Mitteilung zu veröffentlichen. Vgl. diese Publizitätslücke anmahnend *Fleischer* [Recht, 2002], S. 778f.

680 Vgl. kritisch hinsichtlich der Bereitschaft zur Offenlegung stiller Reserven aus Sicht der Obergesellschaft mit Beispiel *Kaserer* [Reserven, 1999], S. 2087.

681 Vgl. *Fleischer* [Recht, 2002], S. 782f.

682 Bei Squeeze-out liegen noch keine Ergebnisse von Spruchstellenverfahren vor.

683 Siehe Abschnitt 3.2.1.1.

684 *Hüttemann* argumentiert, dass der Richter bei der Bestimmung des wahren Werts über § 287 Abs. 2 ZPO unter Abwägung von Zeit- und Kostenkriterien auf die Einholung von Ertragswertgutachten verzichten kann. Vgl. ders. [Börsenkurs, 2001], S. 487. A.A. *Ruhnke* [Bedeutung, 2003], S. 92.

685 Jeweils *Luttermann* [Bewertungsgrundlage, 1999], S. 52.

5.6. Internationale Vergleichbarkeit

5.6.1. Vergleichbarkeit mit den USA

Angesichts der Größe des US-amerikanischen Kapitalmarkts und der damit verbundenen weltweiten Signalwirkung der dortigen Rechtsnormen[686] verwundert, dass in den USA im Gegensatz zu Deutschland kein einheitliches, unmittelbar wirkendes Ausschlussrecht existiert. Die Ursache hierfür ist in der Ansiedelung der Ausschlussnormen in einem Schnittbereich von Bundes- und Staatenrecht sowie der Autonomie der Bundesstaaten zu sehen. Die in der EU angestrebte innergemeinschaftliche Vergleichbarkeit wird in den USA durch einen Gesetzgebungs- und auch Rechtsprechungspatriotismus auf Staatenebene erheblich erschwert. Obwohl die unverbindliche Rahmengesetzgebung einige Ausschlusstechniken enthält, wirken diese weder unmittelbar noch haben sie bislang in alle Staatenrechtsordnungen Eingang gefunden. Ein Zwangsausschluss von Minderheitsaktionären kann zwar im Ergebnis stets erreicht werden, jedoch sind damit regelmäßig zweckferne und ebenso zeit- und kostenintensive Grundlagenentscheidungen verbunden.

Insgesamt sind die USA auf diesem Gebiet des Kapitalmarkt- und Gesellschaftsrechts nicht als Referenzpunkt zu sehen. Darin besteht die Chance der EU-Staaten, sich trotz strittiger Detailfragen von nationaler Bedeutung schnellstmöglich auf eine gemeinsame Linie zu einigen und ein Gegengewicht im globalen Wettbewerb um Kapital zu setzen. Der deutsche Gesetzgeber wird dadurch gezwungen sein, in einem zweiten Schritt umfangreiche Modifikationen an seiner derzeitigen Squeeze-out-Regelung vorzunehmen.

5.6.2. Mindestharmonisierung in der EU

Das Argument des deutschen Gesetzgebers, die Einführung einer Ausschlussmöglichkeit sei aus rechtsvergleichender Sicht geboten, setzt einen gemeinsamen Nenner solcher Normen in Europa zum Zeitpunkt des In-Kraft-Tretens voraus. Der Rechtsvergleich in Abschnitt 3.1 hat gezeigt, dass wegen der bisherigen nationalen Einzellösungen gerade Gegenteiliges vorherrscht.

So koppeln insbesondere Italien, die Schweiz und Großbritannien das Squeeze-out zwingend an ein vorausgehendes Übernahmeangebot. Die andere Gruppe von Ländern, darunter auch Deutschland, setzt dagegen auf ein allgemeines Ausschlussrecht. Ein spiegelbildliches Austrittsrecht, das sich mit Hinweis auf die Verhandlungsfiktion ökonomisch begründen lässt, sehen als Ausnahmefälle nur die Rechtsordnungen in Frankreich und Schweden sowie – im Rahmen des Übernahmeprozesses – in Großbritannien vor. Ebenso ist die Reichweite des Ausschlussrechts in den einzelnen Mitgliedstaaten uneinheitlich: Neben dem Kriterium der Börsennotierung wird auch eine Ausdehnung auf personalistisch geprägte Gesellschaftsformen, beispielsweise die GmbH, unterschiedlich gehandhabt. In diesem Licht betrachtet, ist unverständlich, warum sich der

---

[686] Vgl. im Kontext der Rechnungslegung *Luttermann* [Bilanzrecht, 1999], S. 3-5 u. 21-23 m.w.N.

deutsche Gesetzgeber auf einen Vergleichsmaßstab bezieht, der bis zur zwischenzeitlichen Veröffentlichung des neuen EU-Richtlinienvorschlags nicht existiert hat. So waren die notwendigen Freiheitsgrade für einen eigenständigen Weg vorhanden, der sich einerseits in die gewachsene Rechtsordnung einfügt, andererseits dem Ideal eines Ersatzinstituts für freiwillige Verhandlungen möglichst nahe kommt (Abbildung 15).

	Deutschland (§§ 327a-327f AktG)	Großbritannien (ss 428-430 F CA 1985)	EU-Vorschlag vom 2.10.2002	Ideallösung
Börsennotierung der Zielgesellschaft	nein	nein	nein	ja
korrespondierende Rechte	nein	ja	ja	ja
Koppelung mit Übernahmerecht	nein	ja	ja	ja
zeitliche Befristung	nein	ja	nein	ja
Erfordernis einer Hauptversammlung	ja	nein	nein	nein

Abbildung 15: Gestaltungsvarianten einer Ausschlussbefugnis

Die aus der bisherigen Würdigung abgeleitete Ideallösung erfasst nur börsennotierte Unternehmen als Zielgesellschaften, enthält ein spiegelbildliches Austrittsrecht und ist insbesondere zeitlich befristet an das Übernahmerecht gekoppelt. Wegen der obligatorischen freiwilligen Zustimmung einer qualifizierten Mehrheit der außen stehenden Aktionäre zu einem vorausgehenden Übernahmeangebot kann auf einen Hauptversammlungsbeschluss verzichtet werden. Bis auf das erstgenannte Charakteristikum entspricht dies der britischen Vorgehensweise der ss 428-430 F CA 1985. Der Vorschlag für eine EU-Übernahmerichtlinie vom 2.10.2002 verzichtet mit seinen Art. 14 u. 15 ebenfalls im Ergebnis auf die Voraussetzung der Börsennotierung und lässt darüber hinaus eine zeitliche Befristung der Ausschluss- bzw. Austrittsbefugnis vermissen. Im Rahmen der derzeit andauernden Beratungen könnten beide Korrekturen in den supranationalen Rechtssetzungsprozess einfließen, ohne grobe Strukturbrüche an der Rahmenvorgabe zu verursachen.

§§ 327a-327f AktG widersprechen der entwickelten Ideallösung in allen Charakteristika. Um den anzustrebenden Zustand zu erreichen, sind seitens des deutschen Gesetzgebers radikale Eingriffe in die noch junge Squeeze-out-Regelung nötig. Insbesondere sind – abgesehen von den in Abschnitt 3.1.3 skizzierten technischen Details – der Zwangsausschluss und das korrespondierende Austrittsrecht als rein kapitalmarktrechtliche Instrumente auszurichten.[687] Dadurch wird die Notwendigkeit einer allgemeinen Ausschlussbefugnis als (Aktien-)Rechtsinstitut eigener Art obsolet. Eine etwaige Koexistenz von aktien- und kapitalmarktrechtlichem Squeeze-out ist daher entgegen einer Literaturmeinung[688] abzulehnen. Das Squeeze-out ist vielmehr entsprechend seiner le-

[687] Vgl. *Fleischer* [Recht, 2002], S. 789.
[688] Vgl. *Seibt/Heiser* [Vorschlag, 2002], S. 2202.

gislativen Entstehungsgeschichte in ein an künftige EU-Vorgaben angepasstes WpÜG zu integrieren.

5.6.3. Transparenz von Rechten und Pflichten

Neben den allgemeinen wirtschaftlichen und steuerlichen Rahmenbedingungen stellen Rechtsvorschriften eine wesentliche Determinante für die internationale Wettbewerbsfähigkeit des Finanzplatzes Deutschland dar. Sie zeichnen dafür verantwortlich, ob individuell bevorzugte Unternehmensstrukturen verwirklicht, zeitnah Veränderungen von Markt und Wettbewerb antizipiert und umgesetzt sowie grenzüberschreitende Unternehmenskooperationen eingegangen werden können.[689]

Gerade bei Letztgenanntem spielen die unterschiedlichen Unternehmensphilosophien der Marktteilnehmer eine wichtige Rolle. So werden in Großbritannien und den USA bei der Konzernführung Tochtergesellschaften, die vollständig in der Hand des Mutterunternehmens liegen, gegenüber entsprechenden Mehrheitsbeteiligungen bevorzugt.[690] Investoren aus diesen Ländern kommt die Ausschlussbefugnis entgegen, da entsprechend der Situation in der Heimat auf die Interessen von Minderheitsaktionären keine Rücksicht genommen werden muss.

Insgesamt schafft das WpÜG mit dem gleichnamigen Übernahmegesetz und der Squeeze-out-Regelung schon jetzt Transparenz bezüglich der Rechte und den Pflichten auf dem deutschen Markt für Unternehmenskontrolle: Dem Pflichtangebot bei Kontrollerwerb steht eine Möglichkeit zur Vollintegration des Tochterunternehmens in den Konzern der Obergesellschaft gegenüber. In der Vergangenheit wurde dies mit dem bis zuletzt nur mangelhaft akzeptierten Übernahmekodex als Instrument der freiwilligen Selbstkontrolle sowie den nur mittelbar vorhandenen Ausschlussmöglichkeiten als unbefriedigend erachtet.[691] In diesem Punkt stellt das WpÜG ungeachtet des identifizierten Verbesserungsbedarfs einen ersten Schritt in die richtige Richtung dar.

5.7. Synopse

Mit Hilfe von ökonomischen und rechtlichen Kriterien konnten die deutsche Squeeze-out-Regelung umfassend gewürdigt und *de lege ferenda*-Vorschläge vor dem Hintergrund internationaler Erfahrungen unterbreitet werden. Eine abschließende Zusammenfassung der Ergebnisse des Würdigungskapitels zeigt Abbildung 16, die strukturgleich zur Darstellung der Analysekriterien in Abschnitt 5.1 (Abbildung 6) ausgestaltet ist.

---

689 Vgl. *Vetter* [Squeeze-out, 2002], S. 184.

690 Vgl. *Hopt* [Synthese, 2001], S. 290.

691 Vgl. *Wenger/Kaserer/Hecker* [Minderheitenschutz, 2001], S. 319f.

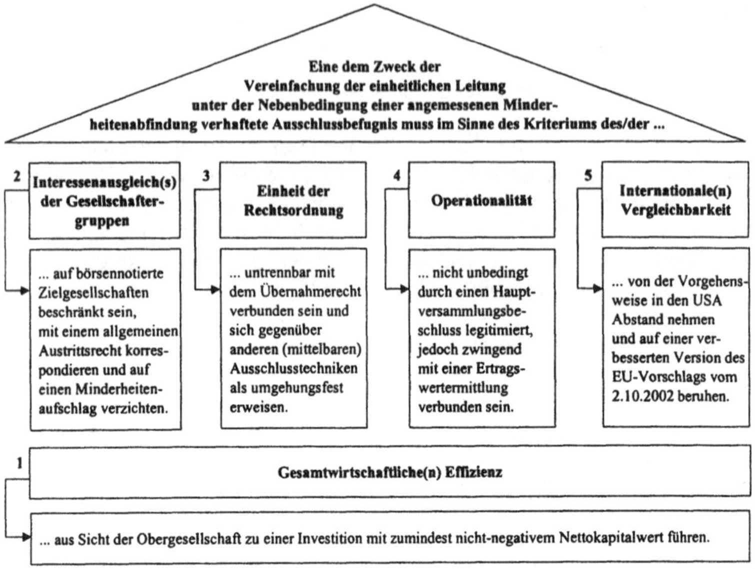

Abbildung 16: Ergebnisse des Würdigungskapitels

6. Thesenförmige Zusammenfassung

(1) Problem der Arbeit ist die Auseinandersetzung mit der Frage, ob die Squeeze-out-Regelung in ihrer heutigen Form ein zweckadäquates und gleichzeitig praktikables Instrument darstellt, das dem Interessenausgleich der Eigentümer der Zielgesellschaft gerecht wird. Mit Hilfe einer selbst entwickelten und ökonomisch begründbaren Ideallösung für die Ausschlussbefugnis sollen konkrete Handlungsempfehlungen an den deutschen Gesetzgeber für eine spätere Novellierung von §§ 327a-327f AktG gegeben werden.

(2) Eine gesetzliche Ausschlussbefugnis von Minderheitsaktionären gewährt dem Interesse der Obergesellschaft an einer Vereinfachung der einheitlichen Leitung der Zielgesellschaft Vorrang vor dem Mitgliedschaftsrecht der Minderheit. Solche Regelungen stellen idealtypisch ein Ersatzinstitut für ein freiwillig herbeigeführtes Ergebnis von Austrittsverhandlungen dar, das von allen Eigentümern getragen wird. Ohne eine gesetzliche Normierung besteht die Gefahr, dass ökonomisch sinnvolle Ausschlüsse unterbleiben, sofern die Verhandlungskosten den Barwert der einsparungsfähigen, allein durch die Minderheit verursachten Kosten übersteigen.

(3) Mit der Squeeze-out-Regelung wird in Deutschland erstmals ein Rechtsinstitut eigener Art geschaffen, das den unmittelbaren Zwangsausschluss von Minderheitsaktionären gegen eine ausschließlich bare Gegenleistung ermöglicht. Auch unter Berücksichtigung von umwandlungsrechtlichen Regelungen zeigt eine Bestandsaufnahme im AktG, dass insbesondere bei den Instrumenten Beherrschungs- oder Gewinnabführungsvertrag und Mehrheitseingliederung Barabfindungen nur fallweise vorgesehen sind. Durch den Tausch in Aktien der Obergesellschaft als Regelabfindung wird das Problem der Existenz von Streubesitzaktionären nicht gelöst, sondern im Konzern verschoben.

(4) Nach jüngerer Rechtsprechung des BVerfG darf die wirtschaftlich volle Entschädigung in der Regel nicht unter dem Verkehrswert der Unternehmensbeteiligung liegen. Der Verkehrswert von Aktien ist mit dem Börsenkurs identisch, außer wenn Letztgenannter aussagelos erscheint. Die Übertragbarkeit der Leitentscheidung auf Squeeze-out-Fälle ist wegen des unterstellten Konzernkonflikts nicht wie in der Literatur stillschweigend, sondern explizit zu bejahen. Unabhängig vom Börsenkurs als Wertuntergrenze ist bis zu einer künftig möglichen Koppelung von Ausschlussbefugnis und marktorientiertem Übernahmerecht bei der Abfindungsbemessung stets der anteilige Ertragswert zu ermitteln.

(5) Der BGH gibt als Referenzkurs ein nicht näher spezifiziertes Mittel der Börsenkurse der letzten drei Monate vor dem Bewertungsstichtag vor. Bezüglich der Frage, wann eine Marktenge vorliegt, die ausnahmsweise eine Abfindung unter Börsenkurs erlaubt, liefern das BVerfG und der BGH nur unbefriedigende Antworten. Obwohl übernahmerechtliche Vorschriften geeignet sind, die höchst-

richterliche Rechtsprechung zu operationalisieren, besteht weiterhin Diskussions- und Entscheidungsbedarf hinsichtlich der praktischen Bestimmung des Referenzkurses.

(6) Spruchstellenverfahren stellen für die zwangsweise herausgedrängten Streubesitzaktionäre die einzige Möglichkeit dar, die Angemessenheit der angebotenen Leistung gerichtlich überprüfen zu lassen. Bislang sind Verfahrensdauern von zehn Jahren bei strukturändernden Eingriffen seitens der Obergesellschaft keine Seltenheit. Das Spruchverfahrensneuordnungsgesetz restrukturiert das bei Abfindungsfällen in aller Regel herbeigeführte Streitverfahren, so dass künftig mit einer spürbaren zeitlichen Entlastung gerechnet werden kann. Als ein zentrales Ergebnis der Fallstudie kann dieser Beschleunigungseffekt durch detailliertere Erläuterungen in den Berichten des neutralen Gutachters und des gerichtlich bestellten Prüfers noch verstärkt werden.

(7) In Ermangelung einer zum Zeitpunkt der Gesetzesentstehung bindenden europäischen Rahmenvorgabe sind die derzeit in Form von nationalen Einzellösungen vorhandenen Squeeze-out-Regelungen höchst unterschiedlich ausgestaltet: Grundsätzlich sind allgemeine Ausschlussbefugnisse sowie zwingend an das Übernahmerecht gekoppelte Regelungen zu unterscheiden. Darüber hinaus herrscht bezüglich des notwendigen Anteilsbesitzes, des Anwendungsbereichs sowie des Gleichlaufs von Ausschluss- und Austrittsrecht Uneinigkeit. Weitgehender Konsens besteht einzig bei der mittlerweile auch in Deutschland geforderten Berücksichtigung von Börsenkursen als Wertuntergrenze der fairen Gegenleistung.

(8) Effizienzmindernde private Kontrollerträge entstehen, indem die Obergesellschaft Ressourcen der Zielgesellschaft eigennützig und ohne Beteiligung der Minderheitsaktionäre konsumiert. Die opportunistischen Anreize der Obergesellschaft können mit dem Ziel der gesamtwirtschaftlichen Effizienz in Einklang gebracht werden, wenn die Obergesellschaft die Anteile an der Zielgesellschaft vollständig übernimmt. Voraussetzung dafür sind nachhaltige einsparungsfähige Minderheitenkosten bei der Zielgesellschaft, über deren Höhe bislang allenfalls bruchstückhafte Informationen existieren.

(9) Streubesitzaktionäre verursachen direkte und indirekte Kosten, die über das Kriterium der unmittelbaren bzw. mittelbaren Zurechenbarkeit aus der Aktionärsstellung unterscheidbar sind. Während direkte Kosten mit vergleichsweise einfachen Mitteln erhoben werden können, lassen sich indirekte Kosten lediglich systematisieren. Die fehlende ganzheitliche empirische Durchdringung ist bedauerlich, da gerade die finanziellen Konsequenzen von vermiedenen Anfechtungsklagen bei der Umsetzung einer beschlossenen Strukturänderung interessieren.

(10) Mehr als zwei Drittel der an der eigenen empirischen Untersuchung teilnehmenden Unternehmen erwarten einen Barwert der einsparungsfähigen direkten Minderheitenkosten i.H.v. maximal 5,0 Mio. €. Der Argumentation des deutschen Gesetzgebers und von großen Teilen der Literatur, die ohne weitere Plausibilisierung von einem erheblichen kostspieligen Formalaufwand ausgehen, kann ohne geeignete Bezugsgröße nicht gefolgt werden.

(11) Der beim Ausschluss von Minderheitsgesellschaftern entstehende Trennungseffekt wurde bisher von der Literatur nur vereinzelt, dann unter der Oberkategorie Verbundeffekt, diskutiert. Ob der Börsenkurs der Zielgesellschaft als Approximation des quotalen Unternehmenswerts um einen Aufschlag für den Trennungseffekt versehen werden muss, hängt von einer Abwägung zwischen dem Fairness- und dem Gleichbehandlungsgrundsatz ab. Wird den Streubesitzaktionären ein Vetorecht und damit ein größerer Einfluss vorenthalten, als ihnen entsprechend den Besitzverhältnissen an der Zielgesellschaft zusteht, ist ein Minderheitenaufschlag kaum zu begründen. Diese Lösung hat den Vorteil, sowohl dem gesellschaftsrechtlichen als auch dem verfassungsrechtlichen Gleichbehandlungsgrundsatz der Anteilseigner gerecht zu werden.

(12) Eine bestimmte Ausgestaltung der Ausschlussbefugnis, die den Analysekriterien gesamtwirtschaftliche Effizienz, Interessenausgleich der Gesellschaftergruppen, Einheit der Rechtsordnung und Operationalität entspricht, dient als Beurteilungsmaßstab für existierende und künftige Squeeze-out-Regelungen. Diese selbst entwickelte Ideallösung erfasst nur börsennotierte Unternehmen als Zielgesellschaften, statuiert ein spiegelbildliches Austrittsrecht und ist zeitlich befristet an das Übernahmerecht gekoppelt. Wegen der marktähnlichen Verhandlung im Zuge der vorgelagerten Kontrollerlangung der Zielgesellschaft durch die Obergesellschaft kann auf einen gesonderten Hauptversammlungsbeschluss verzichtet werden.

(13) Bis auf das Charakteristikum der Börsennotierung entspricht die entwickelte Ideallösung der britischen Vorgehensweise, die gleichzeitig Vorbild für den neuen Vorschlag einer EU-Übernahmerichtlinie vom 2.10.2002 war. Mit ss 428 bis 430 F CA 1985 entsteht in Großbritannien bei einem erfolgreichen Übernahmeangebot unter der Voraussetzung einer hohen Akzeptanz seitens der Minderheit sowohl ein Ausschluss- als auch ein korrespondierendes Austrittsrecht. Umgehungsmöglichkeiten sind zwar vorhanden, jedoch für die Obergesellschaft unattraktiv ausgestaltet.

(14) In den USA existieren Ausschluss- und Austrittsrechte ungeachtet der langjährigen Erfahrung mit der Thematik nur als Folge von grundlegenden Strukturänderungen der Zielgesellschaft. Jene Regelungen sind mit dem Ziel der Vereinfachung der einheitlichen Leitung der Zielgesellschaft zwar grundsätzlich vereinbar, aber mit überflüssigen finanziellen und zeitlichen Aufwendungen seitens der Obergesellschaft verbunden. Dadurch sind sie als Referenzmodell für *de le-*

ge ferenda-Überlegungen nicht geeignet. Den Minderheitsaktionären als Gruppe wird entsprechend dem gerichtlich geforderten Fairnessgebot regelmäßig ein Vetorecht eingeräumt, was ihnen im Ergebnis hohe Abfindungsprämien sichert.

(15) Im Zuge des Abschlusses der Harmonisierungsbestrebungen von Übernahmeregelungen in der EU erhalten die nationalen Gesetzgeber frühestens zum 1.1.2005 erstmals verbindliche Rahmenvorgaben für den Ausschluss und den Austritt von Minderheitsaktionären als Folge der Kontrollerlangung. Auf Gemeinschaftsebene ist darauf zu drängen, die vorgeschlagenen Regelungen erstens mit einer zeitlichen Befristung zu versehen und zweitens auf börsennotierte Gesellschaften zu beschränken. Insofern wird der deutsche Gesetzgeber nicht umhin können, sich von seiner rein aktienrechtlichen Lösung zu verabschieden. Als wesentliches Ergebnis der Arbeit ist die noch junge Squeeze-out-Regelung schon in naher Zukunft grundlegend zu überarbeiten und als kapitalmarktrechtliches Instrument auszurichten.

Anhang 1: Austritt und Zwangsausschluss im deutschen Gesellschaftsrecht

	Verschmelzung durch Aufnahme	Formwechsel	Beherrschungs-/ Gewinnabführungsvertrag	Mehrheitseingliederung	Übertragende Auflösung	Squeeze-Out
maßgebliche Vorschriften	§§ 4-35, 60-72 UmwG i.V.m. §§ 305-312 UmwG	§§ 190-213, 226-271 UmwG i.V.m. 305-312 UmwG	§§ 291-305 AktG i.V.m. §§ 306, 307 AktG	§§ 320-327 AktG i.V.m. § 306 AktG	§ 179a AktG i.V.m. §§ 262, 271 AktG	§§ 327a-327f AktG i.V.m. § 306 AktG
Tatbestands-voraussetzungen	Verschmelzungsbeschluss der beteiligten Rechtsträger mit 75 %-Kapitalmehrheit; Beschluss bei OG kann entfallen, wenn Beteiligung an ZG min. 90% beträgt	Umwandlungsbeschluss der ZG mit 75 %-Kapitalmehrheit; bei Formwechsel in Nicht-Kapitalgesellschaft fallweise zusätzliche Anforderungen	Zustimmungsbeschluss zum jeweiligen Vertrag bei ZG und OG mit 75 %-Kapitalmehrheit	Eingliederungsbeschluss der ZG mit einfacher Stimmenmehrheit; Zustimmungsbeschluss der OG mit 75 %-Kapitalmehrheit; OG (AG mit Sitz im Inland) ist bereits zu min. 95 % am Grundkapital der ZG beteiligt	Beschluss zur Vermögensübertragung und anschließenden Auflösung der ZG mit 75 %-Kapitalmehrheit	Übertragungsbeschluss der ZG mit einfacher Stimmenmehrheit; OG ist bereits zu min. 95 % am Grundkapital der ZG beteiligt
Rechtsfolgen	Vermögen der übertragenden ZG geht als Ganzes auf OG als übernehmenden Rechtsträger über	Umwandlung der ZG in Gesellschaft anderer Rechtsform (z.B. GmbH oder Personenhandelsgesellschaft)	Leitung der ZG wird OG unterstellt bzw. der Gewinn der ZG an diese abgeführt	Übertragung aller Aktien der ZG auf OG	Gesamtes Gesellschaftsvermögen der ZG wird im Wege der Einzelrechtsnachfolge auf OG übertragen	Übertragung aller Aktien der ZG auf OG
-> Fortexistenz der ZG?	nein (Auflösung ohne Abwicklung)	ja	ja	ja	nein (Liquidation der ZG)	ja
Anspruch der Minderheit	angemessenes Umtauschverhältnis; alternativ Austrittsrecht (Barabfindung), wenn OG andere Rechtsform als ZG oder Anteile an OG Verfügungsbeschränkungen unterliegen <u>und</u> Widerspruch zur Niederschrift erklärt	Tausch in äquivalente Anteile; Austrittsrecht (Barabfindung), wenn Widerspruch zur Niederschrift erklärt	Wahlrecht zwischen angemessenem Ausgleich (fest/variabel) und angemessener Abfindung (Aktien der OG, dessen MU oder Austrittsrecht (Barabfindung); abhängig von konkreter Fallkonstellation)	angemessene Abfindung in Form von Aktien der OG; falls diese ihrerseits abhängig: Wahlrecht zwischen Aktien der OG oder Austrittsrecht (Barabfindung)	anteiliger Abwicklungsüberschuss	angemessene Barabfindung
Überprüfung der Angemessenheit des Anspruchs	Spruchverfahren, jedoch keine Änderung des Umtauschverhältnisses, nur Zuzahlung	Spruchverfahren	Spruchstellenverfahren	Spruchstellenverfahren	Anfechtungsklage, allgemeine Schadenersatzansprüche	Spruchstellenverfahren
Relevanz BVerfG-Urteil vom 27.4.1999	umstritten	umstritten	ja	ja	h.M.: nein	h.M.: ja
spezifische Publizitäts-/ Prüfungserfordernisse	Verschmelzungsbericht, Verschmelzungsprüfung	Umwandlungsbericht, Prüfung der Angemessenheit der Barabfindung	Bericht über Unternehmensvertrag, Vertragsprüfung	Eingliederungsbericht, Eingliederungsprüfung	Übertragungsvertrag	schriftlicher Bericht des Hauptaktionärs, Prüfung der Angemessenheit der Barabfindung
Nomenklatur von Gesetz -> bezüglich ZG -> bezüglich OG	übertragender Rechtsträger übernehmender Rechtsträger	formwechselnder Rechtsträger ./.	abhängiges Unternehmen herrschendes Unternehmen (allgemein: Vertragsteile)	eingegliederte Gesellschaft Hauptgesellschaft	AG ./.	AG/KGaA Hauptaktionär

Anhang 2: Referenztabelle § 306 AktG versus §§ 305-312 UmwG

	AktG	UmwG
Rechtsakte, die Spruchstellenverfahren einleiten	Beherrschungs- oder Gewinnabführungsvertrag, Mehrheitseingliederung, Squeeze-out	Verschmelzung, Formwechsel
Antragsfrist	§§ 304 Abs. 4 S. 2, 305 Abs. 5 S. 4, 320b Abs. 3 S. 2, 327f Abs. 2 S. 2 AktG	§ 305 UmwG
Verfahren		
Zuständigkeit	§ 306 Abs. 1 AktG i.V.m. § 132 Abs. 1 S. 2 bis 4 AktG u. **§ 306 Abs. 2 S. 2 u. 3 UmwG**	§ 306 UmwG
Anwendbarkeit FGG	§ 306 Abs. 2 AktG i.V.m. § 99 Abs. 1 AktG	§ 307 Abs. 1 UmwG
Bekanntmachung des Erstantrags	§ 306 Abs. 3 S. 1 u. 3 AktG	§ 307 Abs. 3 S. 1 u. 3 UmwG
rechtliches Gehör	§ 306 Abs. 4 S. 1 AktG; andere als die Vertragsparteien: Art. 103 Abs. 1 GG	§ 307 Abs. 4 UmwG
Verfahrensbeteiligte		
Erstantragsteller	§§ 304 Abs. 4 S. 1, 305 Abs. 5 S. 4, 320b Abs. 3 S. 1, 327f Abs. 2 S. 1 AktG	§ 305 UmwG i.V.m. §§ 15, 34, 176-181, 184, 186, 196, 212 UmwG
Anschlussantragsteller	§ 306 Abs. 3 S. 2 AktG	§ 307 Abs. 3 S. 2 u. 4 UmwG
Verfahrensgegener	§ 306 Abs. 4 S. 1 AktG	§ 307 Abs. 2 UmwG
gemeinsamer Vertreter	§ 306 Abs. 4 S. 2-10 AktG i.V.m. **§ 308 Abs. 3 UmwG**	§ 308 UmwG
Entscheidung		
Inhalt/Zustellung	§ 306 Abs. 2 i.V.m. §§ 99 Abs. 3 S. 1 AktG; § 306 Abs. 5 AktG	§ 307 Abs. 5 UmwG
Wirkung	§§ 306 Abs. 2 AktG i.V.m. § 99 Abs. 5 AktG	§ 311 UmwG
Bekanntmachung	§ 306 Abs. 6 AktG	§ 310 UmwG
Rechtsmittel	§ 306 Abs. 2 AktG i.V.m. § 99 Abs. 3 S. 2, 4-9 AktG	§ 309 UmwG
Kosten	§ 306 Abs. 7 AktG	§ 312 UmwG

Die Fundstellen waren bei Antragstellung bis 1.9.2003 einschlägig.

Anhang 3: Austritt und Zwangsausschluss im britischen Gesellschaftsrecht

	im Rahmen eines Übernahmeangebots	durch Vereinbarung	im Rahmen einer freiwilligen Abwicklung	durch Satzungsänderung
maßgebliche Vorschriften	ss 428-430 F CA 1985	ss 425-427 A CA 1985	ss 110, 111 IA 1986	s 4 CA 1985, s 111 IA 1986
Tatbestandsvoraussetzungen	Gesamtübernahmeangebot bezogen auf alle freien Aktien des Unternehmens bzw. einer Gattung mit einer Andienungsquote von min. 90 % binnen vier Monaten; Anzeige des Zwangserwerbs binnen zwei Monaten	Vereinbarung zwischen ZG und OG; getrennte Einberufung von Versammlungen für jede betroffene Aktienklasse durch Gericht; erforderliche Mehrheiten: einfache Mehrheit nach Köpfen <u>und</u> 75 %-Kapitalmehrheit	Abwicklung nach außerordentlichem Beschluss mit 75 %-Stimmenmehrheit; Weisungen an den Liquidator mit identischer Mehrheit; Solvenzerklärung der Gesellschaft im Fall des *member's voluntary winding up*	Satzungsänderung durch außerordentlichen Beschluss mit 75 %-Stimmenmehrheit sowie Vertrag zwischen ZG und OG
Rechtsfolgen	Zwangserwerb nicht angedienter Aktien	Vereinbarungen decken weites Feld ab: z.B. Formwechsel, Vermögenübertragung, Verschmelzung und Übernahmeangebote	Übertragung des ganzen oder von Teilen des Geschäftsbetriebs oder des Vermögens der ZG auf die OG gegen Anteilsgewährung	
-> Fortexistenz der ZG?	ja	abhängig von getroffener Vereinbarung	nein	
Anspruch der Minderheit	Zwangserwerb erfolgt zu gleichen Konditionen wie bei Übernahmeangebot	abhängig von getroffener Vereinbarung; typischerweise Barzahlung oder Aktientausch	Verteilung der Anteile der OG gem. Anteilsstruktur in der ZG; bei Nicht-Zustimmung sowie Widerspruch binnen sieben Tagen: Entscheidung des Liquidators, ob Verzicht auf Transaktion oder Barabfindung	**siehe ss 110, 111 IA 1986**
Überprüfung der Angemessenheit des Anspruchs	Gerichtsentscheid; Anrufung binnen sechs Wochen nach Anzeige des Zwangserwerbs	obligatorische Überprüfung der Vereinbarung durch Gericht	Verhandlungslösung oder Schiedsspruch	
spezifische Publizitäts-/Prüfungserfordernisse	nein	Rundschreiben gem. s 426 A CA 1985; umfangreiche Publizitäts-/Prüfungspflichten in Folge der Umsetzung der Fusionsrichtlinie gem. s 427 A CA 1985 und *schedule* 15 B CA 1985	nein	
Besonderheiten	korrespondierendes Austrittsrecht	auch Schulden sind nach Vereinbarung oder Gerichtsanordnung übertragbar	keine Übertragung von Schulden; Möglichkeit der Zwangsabwicklung auf Antrag der Gläubiger	./.
Nomenklatur von Gesetz -> bezüglich ZG -> bezüglich OG	 *company* *offeror*	 *company, transferor company* *transferee company*	 *transferor company* *transferee company*	 *company, transferor company* ./.

Anhang 4: Fragebogen

Forschungsprojekt: Publizitäts- und Beschlussfassungskosten bei börsennotierten Unternehmen mit geringem Streubesitz

Bei Fragen wenden Sie sich bitte an Dipl.-Kfm. Peter Gampenrieder, Tel.: 089/2180-2184, mail: gampenrieder@bwl.uni-muenchen.de

Rückantwort an:

Ludwig-Maximilians-Universität München

Seminar für Rechnungswesen und Prüfung

Prof. Dr. Dr. h.c. Wolfgang Ballwieser

Fax: 089/2180-6327

1. Welcher Branche gehört Ihr Unternehmen schwerpunktmäßig an?

(bitte nur eine Nennung)

$\square_1$ **Automobile**	$\square_2$ **Banken/Finanzdienstleistung**
$\square_3$ **Chemie**	$\square_4$ **Handel**
$\square_5$ **Maschinenbau**	$\square_6$ **Rohstoffe**
$\square_7$ **Technologie**	$\square_8$ **Versicherung**
$\square_9$ **Versorger**	$\square_{10}$ **sonstige:** ________________

2. Wie viele Aktien halten Streubesitzaktionäre an Ihrem Unternehmen?

Insgesamt circa ________________ Aktien

befinden sich in Händen von circa ________________ Streubesitzaktionären.

Dies entspricht einem Anteil von ________________ % des Grundkapitals.

3. Wie hoch schätzen Sie die Publizitätskosten, die Ihrem Unternehmen durch die Existenz von Streubesitzaktionären im Jahr 2002 entstehen?

(z.B. für Geschäfts-, Quartals-, Zwischenberichte, ad-hoc-Publizität, Anzeigen, etc.)

Es entstehen circa ________________ tausend € an direkt zurechenbaren Kosten (z.B. Sachmittel).

Dazu kommen gebundene Personalkapazitäten i.H.v. ________________ Manntagen.

4. Wie hoch schätzen Sie die Beschlussfassungskosten, die Ihrem Unternehmen durch die Existenz von Streubesitzaktionären im Jahr 2002 entstehen?

(i.W. Hauptversammlung)

Es entstehen circa ________________ tausend € an direkt zurechenbaren Kosten (z.B. Sachmittel).

Dazu kommen gebundene Personalkapazitäten i.H.v. ________________ Manntagen.

5. Wünschen Sie eine Ergebnisübersicht unserer Erhebung?

$\square_1$ **ja, Ihr Fax:** ________________ $\square_2$ **nein**

- Vielen Dank für Ihre Mitarbeit! -

Anhang 5: Tabellarische Übersicht der Untersuchungsergebnisse

		Minimalwert	Unteres Quartil	Oberes Quartil	Maximalwert	Mittelwert	σ
Anzahl Streubesitzaktien	T	0,5	15	403	3.800	396	834
Anzahl Streubesitzaktionäre		30	191	1.725	6.000	1.321	1.767
direkt zurechenbare Publizitätskosten	T€	10	30	124	800	139	196
Personalkapazität Publizität	Mt	6	19	60	770	72	145
Summe Publizitätskosten	T€	12	42	148	807	163	206
direkt zurechenbare Beschlussfassungskosten	T€	4	16	100	500	83	116
Personalkapazität Beschlussfassung	Mt	5	20	76	900	91	180
Summe Beschlussfassungskosten	T€	10	26	104	807	114	168
Barwert abzüglich Ausschlusskosten	Mio. €	0,3	1,7	6,9	32,0	5,3	6,8
direkte Methode: Kosten je Aktie Streubesitz	€	0,78	4,72	106,02	1.113,28	117,96	237,77
... in % des 250-Tage Durchschnittskurses	%	2,68	13,39	73,58	413,45	54,48	81,38
indirekte Methode: Kosten je Aktie	€	0,04	0,23	1,27	15,97	1,85	3,68
... in % des 250-Tage Durchschnittskurses	%	0,07	0,37	1,10	18,74	1,68	3,58

Literaturverzeichnis

Adolff, Johannes/Tieves, Johannes [Rückzug, 2003]: Über den rechtlichen Umgang mit einem entschlusslosen Gesetzgeber: Die aktienrechtliche Lösung des BGH für den Rückzug von der Börse – Anmerkungen zum Urteil des BGH vom 25.11.2002 (Macrotron), BB 2003, 806 ff., in: BB, 58. Jg. (2003), S. 797-805.

Aha, Christof [Aspekte, 1997]: Aktuelle Aspekte der Unternehmensbewertung im Spruchstellenverfahren – Zugleich Anmerkung zu der Paulaner-Entscheidung des BayObLG, in: AG, 42. Jg. (1997), S. 26-36.

Albach, Horst [Probleme, 1966]: Probleme der Ausgleichszahlung und der Abfindung bei Gewinnabführungsverträgen nach dem Aktiengesetz 1965, in: AG, 11. Jg. (1966), S. 180-186.

Andersen, Paul Krüger [Skandinavien, 2002]: Das Konzernrecht in Skandinavien, in: ZGR, 31. Jg. (2002), S. 96-119.

Angermayer, Birgit/Oser, Peter [Synergieeffekte, 2002]: Die Berücksichtigung von Synergieeffekten bei der Unternehmensbewertung, in: *Peemöller, Volker H.* (Hrsg.): Praxishandbuch der Unternehmensbewertung, 2. Aufl., Herne/Berlin 2002, S. 701-715.

Arbeitskreis „Unternehmensbewertung" (Hrsg.) [Basiszinssatz, 2003]: Basiszinssatz als Bestandteil des Kapitalisierungszinssatzes im Rahmen der Unternehmensbewertung, in: IDW-Fachnachrichten, o.Jg., Nr. 1-2/2003, S. 26.

Arrow, Kenneth J. [Theory, 1971]: The Theory of Risk Aversion, in: *Arrow, Kenneth J.* (Hrsg.): Essays in the Theory of Risk-Bearing, Amsterdam/London 1971, S. 90-120.

Ballwieser, Wolfgang [Rückgriff, 2003]: Unternehmensbewertung durch Rückgriff auf Marktdaten, in: *Heintzen, Markus/Kruschwitz, Lutz* (Hrsg.): Unternehmen bewerten – Ringvorlesung der Fachbereiche Rechts- und Wirtschaftswissenschaft der Freien Universität Berlin im Sommersemester 2002, Berlin 2003, S. 13-30.

Ballwieser, Wolfgang [Zins, 2003]: Zum risikolosen Zins für die Unternehmensbewertung, in: *Richter, Frank/Schüler, Andreas/Schwetzler, Bernhard* (Hrsg.): Kapitalgeberansprüche, Marktwertorientierung und Unternehmenswert, Festschrift Drukarczyk, München 2003, S. 19-35.

Ballwieser, Wolfgang [Fragen, 2002]: Aktuelle Fragen der Unternehmensbewertung in Deutschland, in: ST, 76. Jg. (2002), S. 745-750.

Ballwieser, Wolfgang [Kalkulationszinsfuß, 2002]: Der Kalkulationszinsfuß in der Unternehmensbewertung: Komponenten und Ermittlungsprobleme, in: WPg, 55. Jg. (2002), S. 736-743.

Ballwieser, Wolfgang [Verbindungen, 2002]: Verbindungen von Ertragswert- und Discounted-Cashflow-Verfahren, in: *Peemöller, Volker H.* (Hrsg.): Praxishandbuch der Unternehmensbewertung, 2. Aufl., Herne/Berlin 2002, S. 361-373.

Ballwieser, Wolfgang [Ermittlung, 2001]: Zur Ermittlung des Ertragswertes von örtlichen Stromnetzen, Stuttgart u.a. 2001.

Ballwieser, Wolfgang [Marktorientierung, 2001]: Unternehmensbewertung, Marktorientierung und Ertragswertverfahren, in: *Wagner, Udo* (Hrsg.): Zum Erkenntnisstand der Betriebswirtschaftslehre am Beginn des 21. Jahrhunderts, Festschrift Loitlsberger, Berlin 2001, S. 17-31.

Ballwieser, Wolfgang [Sicht, 2001]: Unternehmensbewertung aus Sicht der Betriebswirtschaftslehre, in: *Baetge, Jörg* (Hrsg.): Unternehmensbewertung im Wandel – Vorträge und Diskussionen zum 16. Münsterischen Tagesgespräch des Münsteraner Gesprächskreises Rechnungslegung und Prüfung e.V. am 11. Mai 2000, Düsseldorf 2001, S. 1-24.

Ballwieser, Wolfgang [Unabhängigkeit, 2001]: Die Unabhängigkeit des Wirtschaftsprüfers – eine Analyse von Beratungsverbot und externer Rotation, in: *Lutter, Marcus* (Hrsg.): Der Wirtschaftsprüfer als Element der Corporate Governance – Vorträge des 12. Bonner Europa-Symposiums, Düsseldorf 2001, S. 99-115.

Ballwieser, Wolfgang [Discounted Cash Flow, 1998]: Unternehmensbewertung mit Discounted Cash Flow-Verfahren, in: WPg, 51. Jg. (1998), S. 81-92.

Ballwieser, Wolfgang [Steuern, 1997]: Kalkulationszinsfuß und Steuern, in: DB, 50. Jg. (1997), S. 2393-2396.

Ballwieser, Wolfgang [Methoden, 1993]: Methoden der Unternehmensbewertung, in: *Gebhardt, Günther/Gerke, Wolfgang/Steiner, Manfred* (Hrsg.): Handbuch des Finanzmanagements, München 1993, S. 151-176.

Ballwieser, Wolfgang [Komplexitätsreduktion, 1990]: Unternehmensbewertung und Komplexitätsreduktion, 3. Aufl., Wiesbaden 1990.

Ballwieser, Wolfgang [Geldentwertung, 1988]: Unternehmensbewertung bei unsicherer Geldentwertung, in: zfbf, 40. Jg. (1988), S. 798-812.

Ballwieser, Wolfgang [Informationsökonomie, 1985]: Informationsökonomie, Rechnungslegungstheorie und Bilanzrichtlinie-Gesetz, in: zfbf, 37. Jg. (1985), S. 47-66.

Ballwieser, Wolfgang [Wahl, 1981]: Die Wahl des Kalkulationszinsfußes bei der Unternehmensbewertung unter Berücksichtigung von Risiko und Geldentwertung, in: BFuP, 33. Jg. (1981), S. 97-114.

Ballwieser, Wolfgang/Leuthier, Rainer [Grundprinzipien, 1986]: Grundprinzipien, Verfahren und Probleme der Unternehmensbewertung, in: DStR, 24. Jg. (1986), S. 545-551 u. S. 604-610.

Bamberg, Günter/Coenenberg, Adolf G. [Entscheidungslehre, 2002]: Betriebswirtschaftliche Entscheidungslehre, München 2002.

Barthel, Carl W. [Ableitung, 2003]: Unternehmenswert: Berücksichtigungsfähigkeit und Ableitung von Fungibilitätszuschlägen, in: DB, 56. Jg. (2003), S. 1181-1186.

Baums, Philipp A. [Ausschluss, 2001]: Ausschluss von Minderheitsaktionären, Frankfurt/Main u.a. 2001.

Baums, Philipp A. [Einzelfragen, 2001]: Der Ausschluss von Minderheitsaktionären nach § 327 a ff. AktG n. F. – Einzelfragen, in: WM, 55. Jg. (2001), S. 1843-1850.

Beck, Ralf/Stinn, Dietmar [Börsenrückzugs-Gesellschaften, 2002]: Börsenrückzugsgesellschaften in Deutschland, in: FB, 4. Jg. (2002), S. 653-660.

Bilda, Klaus [Dauer, 2000]: Zur Dauer der Spruchstellenverfahren, in: NZG, 3. Jg. (2000), S. 296-301.

Bittner, Claudia [EG-Übernahme-Richtlinie, 1992]: Die EG-Übernahme-Richtlinie aus englischer Sicht – Die Verteidigung der Selbstregulierung durch den Panel on Takeovers and Mergers, in: RIW, 38. Jg. (1992), S. 182-189.

Blättchen, Wolfgang/Götz, Alexander [Übernahmen, 2003]: Übernahmen börsennotierter Unternehmen in Deutschland – Halbjahresreport 2. Halbjahr 2002 –, in: FB, 5. Jg. (2003), S. 184-188.

Blättchen, Wolfgang/Götz, Alexander [Übernahmen, 2002]: Übernahmen börsennotierter Unternehmen in Deutschland im ersten Halbjahr 2002, in: FB, 4. Jg. (2002), S. 660-666.

Bolte, Christian [Umgehungstatbestände, 2001]: Squeeze-out: Eröffnung neuer Umgehungstatbestände durch die §§ 327a ff. AktG?, in: DB, 54. Jg. (2001), S. 2587-2591.

Böcking, Hans-Joachim [Verbundberücksichtigungsprinzip, 1994]: Das Verbundberücksichtigungsprinzip als Grundsatz ordnungsmäßiger Unternehmensbewertung, in: *Ballwieser, Wolfgang* u.a. (Hrsg.): Bilanzrecht und Kapitalmarkt, Festschrift Moxter, Düsseldorf 1994, S. 1407-1434.

Böcking, Hans-Joachim/Nowak, Karsten [Konkretisierung, 2000]: Konkretisierung marktorientierter Unternehmensbewertung durch das Bundesverfassungsgericht, in: *Arnold, Hansjörg/Englert, Joachim/Eube, Steffen* (Hrsg.): Werte messen – Werte schaffen, Festschrift Maul, Wiesbaden 2000, S. 129-157.

Braunschweigische Kohlen-Bergwerke AG (Hrsg.) [Geschäftsbericht, 2002]: Bericht über das Geschäftsjahr 2001, Helmstedt 2002.

Bungert, Hartwin [Umtauschverhältnis, 2003]: Umtauschverhältnis bei Verschmelzungen entspricht nicht den Börsenwerten – Zugleich Anmerkung zu BayObLG, Beschluss vom 18.12.2003, BB 2003, 275, in: BB, 58. Jg. (2003), S. 699-704.

Bungert, Hartwin [Rätsel, 2001]: DAT/Altana: Der BGH gibt Rätsel auf – Vorgaben aus Karlsruhe zur Ermittlung des Börsenwerts für Ausgleichszahlung und Barabfindung beim Unternehmensvertrag – Zugleich Anmerkung zu BGH, BB 2001, 1053, in: BB, 56. Jg. (2001), S. 1163-1166.

Bungert, Hartwin/Eckert, Jan [Umsetzung, 2000]: Unternehmensbewertung nach Börsenwert: Zivilgerichtliche Umsetzung der BVerfG-Rechtsprechung, in: BB, 55. Jg. (2000), S. 1845-1849.

Burghof, Hans-Peter/Schilling, Dirk [Going private, 2003]: Going private als Corporate Governance-Transaktion, in: BFuP, 55. Jg. (2003), S. 117-136.

Busse von Colbe, Walther [Vernunft, 2000]: Der Vernunft eine Gasse: Abfindung von Minderheitsaktionären nicht unter dem Börsenkurs ihrer Aktien, in: *Schneider, Uwe H.* u.a. (Hrsg.): Festschrift für Marcus Lutter, Köln 2000, S. 1053-1067.

Busse von Colbe, Walther [Synergien, 1994]: Berücksichtigung von Synergien versus Stand-alone-Prinzip bei der Unternehmensbewertung, in: ZGR, 23. Jg. (1994), S. 595-609.

Busse von Colbe, Walther [Maßgeblichkeit, 1964]: Zur Maßgeblichkeit des Börsenkurses für die Abfindung der bei einer Umwandlung ausscheidenden Aktionäre, in: AG, 9. Jg. (1964), S. 263-267.

Busse von Colbe, Walther [Umwandlungsbilanz, 1959]: Die handelsrechtliche Umwandlungsbilanz von Kapitalgesellschaften, in: ZfB, 29. Jg. (1959), S. 599-614.

Cary, William L./Eisenberg, Melvin Aron [Corporations, 1995]: Cases and Materials on Corporations, 7. Aufl., Westbury 1995.

Clark, Robert Charles [Corporate, 1986]: Corporate Law, Boston/Toronto 1986.

Coeneneberg, Adolf G. [Jahresabschlussanalyse, 2003]: Jahresabschluss und Jahresabschlussanalyse, 19. Aufl., Stuttgart 2003.

Dauner-Lieb, Barbara [Tauziehen, 2003]: Das Tauziehen um die Übernahmerichtlinie – eine Momentaufnahme, in: DStR, 41. Jg. (2003), S. 555-556.

Davies, Paul L. [Gower's Principles, 1997]: Gower's Principles of Modern Company Law, 6. Aufl., London 1997.

DeAngelo, Harry/DeAngelo, Linda/Rice, Edward M. [Going Private, 1984]: Going Private: Minority Freezeouts and Stockholder Wealth, in: JLE, Vol. 27 (1984), S. 367-401.

Decher, Christian E. [Umwandlungsgesetz, 2000]: Kommentierung zu §§ 190-213 UmwG, in: *Lutter, Marcus* (Hrsg.): Umwandlungsgesetz, 2. Aufl., Köln 2000.

Deutscher Anwaltverein e.V. (Hrsg.) [Stellungnahme, 2003]: Stellungnahme des Handelsrechtsausschusses des DAV e.V. zum Spruchverfahrensneuordnungsgesetz, in: ZIP, 24. Jg. (2003), S. 552-556.

Deutscher Anwaltverein e.V. (Hrsg.) [Stellungnahme, 1999]: Stellungnahme des Handelsrechtsausschusses des DAV e.V. zur Ergänzung des AktG durch einen Titel „Aktienerwerb durch den Hauptaktionär", in: NZG, 2. Jg. (1999), S. 850-852.

Deutsches Aktieninstitut e.V. (Hrsg.) [Factbook, 2002]: DAI-Factbook 2002. Statistiken, Analysen und Grafiken zu Aktionären, Aktiengesellschaften und Börsen, Frankfurt/Main 2002.

Doralt, Peter/Klass, Susanne [Österreich, 2001]: Konzernrecht und Kapitalmarktrecht in Österreich, in: *Hommelhoff, Peter/Hopt, Klaus J./Lutter, Marcus* (Hrsg.): Konzernrecht für Europa, Bd. 1: Konzernrecht und Kapitalmarktrecht, München 2001, S. 177-210.

Dörfler, Wolfgang u.a. [Wertermittlung, 1994]: Probleme bei der Wertermittlung von Abfindungsangeboten – Ergebnisse einer empirischen Untersuchung, in: BB, 49. Jg. (1994), S. 156-162.

Drukarczyk, Jochen [Unternehmensbewertung, 2003]: Unternehmensbewertung, 4. Aufl., München 2003.

Drukarczyk, Jochen [Barabfindung, 1973]: Zum Problem der angemessenen Barabfindung bei zwangsweise ausscheidenden Anteilseignern, in: AG, 18. Jg. (1973), S. 357-365.

Drukarczyk, Jochen/Lobe, Sebastian [Halbeinkünfteverfahren, 2002]: Unternehmensbewertung und Halbeinkünfteverfahren – Probleme individueller und marktorientierter Bewertung steuerlicher Vorteile, in: BB, 57. Jg. (2002), Beilage 6, S. 2-9.

Drygala, Tim [Vereinfachung, 2001]: Die Vorschläge der SLIM-Arbeitsgruppe zur Vereinfachung des Europäischen Gesellschaftsrechts, in: AG, 47. Jg. (2001), S. 291-299.

Easterbrook, Frank H./Fischel, Daniel R. [Structure, 1991]: The Economic Structure of Corporate Law, Cambridge/London 1991.

Ehren, Thomas [Ausgequetscht, 2002]: Ausgequetscht: Der „Squeeze-out" – vorteilhaft für kleine und große Aktionäre, in: FAZ, o.Jg., Sonderbeilage der Nr. 251 vom 29.10.2002, S. B3.

Ehricke, Ulrich/Roth, Markus [Übernahmerecht, 2001]: Squeeze-out im geplanten deutschen Übernahmerecht, in: DStR, 39. Jg. (2001), S. 1120-1127.

Emmerich, Volker [Konzernrecht, 2001]: Kommentierung zu §§ 15-22, 291-310, 328 AktG, in: *Emmerich, Volker/Habersack, Mathias* (Hrsg.): Aktien- und GmbH-Konzernrecht, 2. Aufl., München 2001.

E.ON Kraftwerke GmbH (Hrsg.) [Bericht, 2002]: Bericht der E.ON Kraftwerke GmbH an die Hauptversammlung der Braunschweigische Kohlen-Bergwerke Aktiengesellschaft über die Voraussetzungen für die Übertragung der Aktien der Minderheitsaktionäre der Braunschweigische Kohlen-Bergwerke Aktiengesellschaft auf die E.ON Kraftwerke GmbH und die Angemessenheit der Barabfindung, Hannover 2002.

Erb, Günther [Untergrenze, 2001]: Der Börsenkurs als Untergrenze der Abfindung auch in Verschmelzungsfällen, in: DB, 54. Jg. (2001), S. 523-524.

Even, Frank/Vera, Antonio [Techniken, 2002]: Die Techniken des Going Private in Deutschland, in: DStR, 40. Jg. (2002), S. 1315-1321.

Fama, Eugene F. [Markets, 1970]: Efficient Capital Markets: A Review of Theory and Empirical Work, in: JoF, Vol. 25, S. 383-417.

Farrar, John H./Hannigan, Brenda M. [Farrar's Company Law, 1998]: Farrar's Company Law, 4. Aufl., London u.a. 1998.

Fischer-Winkelmann, Wolf F./Raab, Hermann [Börsenkurse, 2002]: Börsenkurse – (un)geeignet zur Unternehmensbewertung, in: *Seicht, Gerhard* (Hrsg.): Jahrbuch für Controlling und Rechnungswesen, Wien 2002, S. 329-368.

Fleischer, Holger [Recht, 2002]: Das neue Recht des Squeeze-out, in: ZGR, 31. Jg. (2002), S. 757-789.

Fleischer, Holger [Grundfragen, 2001]: Grundfragen der ökonomischen Theorie im Gesellschafts- und Kapitalmarktrecht, in: ZGR, 30. Jg. (2001), S. 1-32.

Flick Gocke Schaumburg GmbH (Hrsg.) [Gutachten, 2002]: Gutachten zum Unternehmenswert der Braunschweigische Kohlen-Bergwerke Aktiengesellschaft, Helmstedt, zum 8. November 2002, Bonn 2002.

Forum European Konzernrecht (Hrsg.) [Europa, 1998]: Konzernrecht für Europa, in: ZGR, 27. Jg. (1998), S. 672-772.

Franks, Julian R./Harris, Robert S./Mayer, Colin [Payment, 1988]: Means of Payment in Takeovers: Results for the United Kingdom and the United States, in: *Auerbach, Alan J.* (Hrsg.): Corporate Takeovers – Causes and Consequences, Chicago u.a. 1998, S. 221-263.

Gampenrieder, Peter [Trennungseffekt, 2003]: Squeeze-out: Die Verbindung von Trennungseffekt und angemessener Abfindung – Überlegungen auch aus empirischer Sicht –, in: WPg, 56. Jg. (2003), S. 481-492.

Gampenrieder, Peter/Behrendt, Anneke [Unternehmensübernahmen, 2003]: Unternehmensübernahmen in der Energiewirtschaft in Deutschland, Österreich und Italien – eine rechtsvergleichende Perspektive, in: VW, 55. Jg. (2003), S. 53-58.

Gansweid, Wolfgang [Überprüfung, 1977]: Zur gerichtlichen Überprüfung der angemessenen Barabfindung nach § 305 AktG, in: AG, 22. Jg. (1977), S. 334-341.
Gesmann-Nuissl, Dagmar [Regeln, 2002]: Die neuen Squeeze-out-Regeln im Aktiengesetz, in: WM, 56. Jg. (2002), S. 1205-1211.
Gilson, Ronald J./Black, Bernard S. [Law, 1995]: The Law and Finance of Corporate Acquisitions, 2. Aufl., Westbury 1995.
Gordon, Myron J./Shapiro, Eli [Rate, 1956]: Capital Equipment Analysis: The Required Rate of Profit, in: Management Science, Vol. 3 (1956), S. 102-110.
Götz, Hans Norbert [Entschädigung, 1996]: Entschädigung von Aktionären abseits der Kapitalmarktbewertung? Unkonventionelles zur konventionellen Behandlung von deutschen Aktionären in Spruchstellenverfahren, in: DB, 49. Jg. (1996), S. 259-265.
Großfeld, Bernhard [Anteilsbewertung, 2002]: Unternehmens- und Anteilsbewertung im Gesellschaftsrecht, 4. Aufl., Köln 2002.
Großfeld, Bernhard [Börsenkurs, 2000]: Börsenkurs und Unternehmenswert, in: BB, 55. Jg. (2000), S. 261-266.
Grunewald, Barbara [Squeeze-out-Regelung, 2002]: Die neue Squeeze-out-Regelung, in: ZIP, 23. Jg. (2002), S. 18-22.
Grunewald, Barbara [Austritt, 1997]: Das Recht zum Austritt aus der Aktiengesellschaft, in: *Martens, Klaus-Peter/Westermann, Harm P./Zöllner, Wolfgang* (Hrsg.): Festschrift für Carsten Peter Claussen, Köln u.a. 1997, S. 103-114.
Grzimek, Philipp [WpÜG, 2002]: Kommentierung zu §§ 327a-327f AktG, in: *Geibel, Stephan/Süßmann, Rainer* (Hrsg.): Wertpapiererwerbs- und Übernahmegesetz (WpÜG) – Kommentar, München 2002.
Habersack, Mathias [Finanzplatz, 2001]: Der Finanzplatz Deutschland und die Rechte der Aktionäre – Bemerkungen zur bevorstehenden Einführung des „Squeeze Out“, in: ZIP, 22. Jg. (2001), S. 1230-1239.
Habersack, Mathias [Konzernrecht, 2001]: Kommentierung zu §§ 311-327 AktG, in: *Emmerich, Volker/Habersack, Mathias* (Hrsg.): Aktien- und GmbH-Konzernrecht, 2. Aufl., München 2001.
Hachmeister, Dirk [Unternehmenswertsteigerung, 2000]: Der Discounted Cash Flow als Maß der Unternehmenswertsteigerung, 4. Aufl., Frankfurt/Main u.a. 2000.
Halberkamp, Thomas/Grewe, Martin [Barabfindung, 2002]: Squeeze-out und Barabfindung, in: FB, 4. Jg. (2002), S. 580-589.
Halm, Dirk [Squeeze-Out, 2000]: „Squeeze-Out“ heute und morgen: Eine Bestandsaufnahme nach dem künftigen Übernahmerecht, in: NZG, 3. Jg. (2000), S. 1162-1165.
Hasselbach, Kai [WpÜG, 2003]: Kommentierung zu §§ 327a-327f AktG, in: *Hirte, Heribert/von Bülow, Christoph* (Hrsg.): Kölner Kommentar zum WpÜG mit AngebVO und §§ 327a-327f AktG, Köln u.a. 2003.
Hasselberg, Per-Erik/Axelsson, Jörgen S. [Sweden, 1998]: Company Law Minorities: Sweden, in: EC, o.Jg., September 1998, S. 57-60.
Hecker, Renate [Regulierung, 2000a]: Regulierung von Unternehmensübernahmen und Konzernrecht, Teil I: Empirische Analyse des aktienrechtlichen Minderheitenschutzes im Vertragskonzern, Wiesbaden 2000.

Hecker, Renate [Regulierung, 2000b]: Regulierung von Unternehmensübernahmen und Konzernrecht, Teil II: Modelltheoretische Analyse alternativer Übernahme- und Abfindungsregeln, Wiesbaden 2000.

Hecker, Renate/Kaserer, Christoph [Bestandsaufnahme, 2003]: Going Private im Wege des Minderheitenausschlusses: Eine empirisch orientierte Bestandsaufnahme, in: BFuP, 55. Jg. (2003), S. 137-162.

Heidel, Thomas/Lochner, Daniel [Eigentumsschutz, 2001]: Squeeze-out ohne hinreichenden Eigentumsschutz, in: DB, 54. Jg. (2001), S. 2031-2034.

Helms, Dietmar [Frankreich, 2001]: Konzernrecht und Kapitalmarktrecht in Frankreich, in: *Hommelhoff, Peter/Hopt, Klaus J./Lutter, Marcus* (Hrsg.): Konzernrecht für Europa, Bd. 1: Konzernrecht und Kapitalmarktrecht, München 2001, S. 69-97.

Hellwig, Hans-Jürgen/Bormann, Michael [Abfindungsregeln, 2002]: Abfindungsregeln beim Going Private – Der Gesetzgeber ist gefordert!, in: ZGR, 31. Jg. (2002), S. 465-496.

Helmis, Sven/Kemper, Oliver [Squeeze-out, 2002]: Squeeze-out in Deutschland – Ökonomische Analyse der Squeeze-out-Option im neuen Übernahmerecht, in: DBW, 62. Jg. (2002), S. 512-532.

Henderson, James M./Quandt, Richard E. [Theorie, 1983]: Mikroökonomische Theorie: eine mathematische Darstellung, 5. Aufl., München 1983.

Hering, Thomas/Olbrich, Michael [Wert, 2003]: Der Wert der Mehrfachstimmrechte und der Fall „Siemens" – Stellungnahme zu dem Beitrag von Löwe/Thoß, ZIP 2002, 2075-2078, in: ZIP, 24. Jg. (2003), S. 104-106.

Hielscher, Udo/Stenzel, Stefan K. [Ursachen, 1996]: Umfang und Ursachen des außerbörslichen Aktienhandels, in: DBW, 56. Jg. (1996), S. 523-540.

Hoffmann, Bolko [Übernahmegesetz, 2001]: Neues Übernahmegesetz könnte Kleinanleger benachteiligen, in: ES, 31. Jg. (2001), Nr. 43, S. 2.

Homann, Karl [Kooperation, 1995]: Gewinnmaximierung und Kooperation – Eine ordnungsethische Reflexion, in: Kieler Arbeitspapiere Nr. 691, Juni 1995, Kiel 1995.

Hommel, Michael [Abfindungsbeschluss, 2000]: Zum Abfindungsbeschluss des Bundesverfassungsgerichts – Der Börsenkurs als Untergrenze der gesellschaftsrechtlichen Abfindung, in: INF, 54. Jg. (2000), S. 49-57.

Hommel, Michael/Braun, Inga [Prüfstand, 2002]: Marktorientierte Unternehmensbewertung – der Börsenkurs auf dem Prüfstand, in: BB, 57. Jg. (2002), Beilage 6, S. 10-17.

Hommelhoff, Peter [Anlegerinformationen, 2000]: Anlegerinformationen im Aktien-, Bilanz- und Kapitalmarktrecht, in: ZGR, 29. Jg. (2000), S. 748-775.

Hommelhoff, Peter/Witt, Carl-Heinz [Scheitern, 2001]: Bemerkungen zum deutschen Übernahmegesetz nach dem Scheitern der Richtlinie – Zugleich ein Blick auf Italien, in: RIW, 47. Jg. (2001), S. 561-569.

Hopt, Klaus J. [Praxisprobleme, 2002]: Grundsatz- und Praxisprobleme nach dem Wertpapiererwerbs- und Übernahmegesetz, in: ZHR, Bd. 166 (2002), S. 383-432.

Hopt, Klaus J. [Synthese, 2001]: Konzernrecht und Kapitalmarktrecht: Rechtsvergleichende Synthese, in: *Hommelhoff, Peter/Hopt, Klaus J./Lutter, Marcus* (Hrsg.):

Konzernrecht für Europa, Bd. 1: Konzernrecht und Kapitalmarktrecht, München 2001, S. 280-295.

Horbach, Matthias [Hauptversammlung, 2001]: Verfahrensfragen bei Holzmüller-Beschlüssen der Hauptversammlung – Mehrheitserfordernis und Unterrichtung der Aktionäre, in: BB, 56. Jg. (2001), S. 893-899.

Hull, John C. [Options, 2000]: Options, Futures & Other Derivatives, 4. Aufl., Upper Saddle River 2000.

Hüffer, Uwe [Aktiengesetz, 2002]: Aktiengesetz, 5. Aufl., München 2002.

Hüttemann, Rainer [Börsenkurs, 2001]: Börsenkurs und Unternehmensbewertung, in: ZGR, 30. Jg. (2001), S. 454-478.

Institut der Wirtschaftsprüfer in Deutschland e.V. (Hrsg.) [IDW S 1]: IDW Standard: Grundsätze zur Durchführung von Unternehmensbewertungen (IDW S 1), in: WPg, 53. Jg. (2000), S. 825-842.

Jensen, Michael C./Meckling, William H. [Theory, 1976]: Theory of the Firm: Managerial Behaviour, Agency Costs and Ownership Structure, in: JFE, Vol. 3 (1976), S. 305-360.

Kahling, Dieter [Bilanzierung, 1999]: Bilanzierung bei konzerninternen Verschmelzungen, Düsseldorf 1999.

Kallmeyer, Harald [Kommissionsvorschlag, 2002]: Zum neuen Kommissionsvorschlag für eine Übernahmerichtlinie, in: DB, 55. Jg. (2002), S. 2695.

Kallmeyer, Harald [Ausschluß, 2000]: Ausschluß von Minderheitsaktionären, in: AG, 45. Jg. (2000), S. 59-61.

Kaserer, Christoph [Reserven, 1999]: Offenlegung stiller Reserven – eine internationale Perspektive – Anmerkungen zum Beschluss des Bundesverfassungsgerichts vom 20. September 1999 – 1 BvR 168/93, ZIP 1999, 1801, in: ZIP, 20. Jg. (1999), S. 2085-2087.

Keul, Thomas [Registersperre, 2003]: Anfechtungsklage und Überwindung der Registersperre im Rahmen eines Squeeze-out, in: ZIP, 24. Jg. (2003), S. 566-569.

Kindler, Peter [Italien, 2001]: Konzernrecht und Kapitalmarktrecht in Italien, in: *Hommelhoff, Peter/Hopt, Klaus J./Lutter, Marcus* (Hrsg.): Konzernrecht für Europa, Bd. 1: Konzernrecht und Kapitalmarktrecht, München 2001, S. 123-167.

Knoll, Heinz-Christian [Übernahme, 1992]: Die Übernahme von Kapitalgesellschaften: Unter besonderer Berücksichtigung des Schutzes von Minderheitsaktionären nach amerikanischem, englischem und deutschem Recht, Baden-Baden 1992.

Kohl, Thorsten/Schulte, Jörn [Überblick, 2000]: Ertragswertverfahren und DCF-Verfahren – Ein Überblick vor dem Hintergrund der Anforderungen des IDW S 1 –, in: WPg, 53. Jg. (2000), S. 1147-1164.

Korts, Sebastian/Korts, Petra [Weg, 2001]: Der Weg zur börsennotierten Aktiengesellschaft: Leitfaden für das Going Public von Unternehmen, 2. Aufl., Heidelberg 2001.

Köpfli, Christian [Ausschluss, 1998]: Der Ausschluss von Minderheitsaktionären nach einem öffentlichen Übernahmeangebot, in: SJZ, 94. Jg. (1998), S. 53-65.

Kraftübertragungswerke Rheinfelden AG (Hrsg.) [Geschäftsbericht, 2002]: Bericht über das 108. Geschäftsjahr vom 1. Januar 2001 bis zum 31. Dezember 2001, Rheinfelden 2002.

Kraftwerk Laufenburg AG (Hrsg.) [Bericht, 2002]: Übertragung der Aktien der Minderheitsaktionäre der Kraftübertragungswerke Rheinfelden AG auf das Kraftwerk Laufenburg (Aktiengesellschaft) gegen Gewährung einer angemessenen Barabfindung (umfasst Entwurf des Übertragungsbeschlusses (Teil I), Bericht des Kraftwerks Laufenburg als Hauptaktionär (Teil II), Prüfungsbericht des sachverständigen Prüfers (Teil III) sowie Garantieerklärung der BHF-Bank, Frankfurt (Teil IV)), Laufenburg 2002.

Kraftwerk Laufenburg AG (Hrsg.) [Erwerbsangebot, 2002]: Erwerbsangebot des Kraftwerk Laufenburg an die außenstehenden Aktionäre der Kraftübertragungswerke Rheinfelden Aktiengesellschaft, Laufenburg 2002.

Krag, Joachim [Unternehmensbewertung, 1975]: Konfliktbezogene Unternehmensbewertung – Die Bestimmung eines Unternehmenswertes zur Lösung von Konfliktfällen durch einen neutralen Gutachter, Meisenheim 1975.

Krause, Hartmut [Kommissionsvorschlag, 2002]: Der Kommissionsvorschlag für die Revitalisierung der EU-Übernahmerichtlinie, in: BB, 57. Jg. (2002), S. 2341-2347.

Krämer, Lutz Robert/Theiß, Simone [Delisting, 2003]: Delisting nach der Macrotron-Entscheidung des BGH, in: AG, 48. Jg. (2003), S. 225-242.

Kremer, Matthias-Gabriel/Oesterhaus, Henning [WpÜG, 2003]: Kommentierung des Anhangs zu § 31 WpÜG, in: *Hirte, Heribert/von Bülow, Christoph* (Hrsg.): Kölner Kommentar zum WpÜG mit AngebVO und §§ 327a-327f AktG, Köln u.a. 2003.

Kreps, David M. [Theorie, 1994]: Mikroökonomische Theorie, Landsberg/Lech 1994.

Krieger, Gerd [Zweifelsfragen, 2002]: Squeeze-Out nach neuem Recht: Überblick und Zweifelsfragen, in: BB, 57. Jg. (2002), S. 53-62.

Krieger, Gerd [Umwandlungsgesetz, 2000]: Kommentierung zu §§ 305-312 UmwG, in: *Lutter, Marcus* (Hrsg.): Umwandlungsgesetz, 2. Aufl., Köln 2000.

Künnemann, Martin [Unternehmensbewertung, 1985]: Objektivierte Unternehmensbewertung, Frankfurt/Main u.a. 1985.

Küting, Karlheinz [Ausschluss, 2003]: Der Ausschluss von Minderheiten nach altem und neuem Recht – unter besonderer Berücksichtigung des „Squeeze-out", in: DStR, 41. Jg. (2003), S. 838-844.

Küting, Karlheinz/Weber, Claus-Peter [Bilanzanalyse, 2001]: Die Bilanzanalyse: Lehrbuch zur Beurteilung von Einzel- und Konzernabschlüssen, 6. Aufl., Stuttgart 2001.

Lamb, Jochen/Schluck-Amend, Alexandra [Neuregelung, 2003]: Die Neuregelung des Spruchverfahrens durch das Spruchverfahrensneuordnungsgesetz, in: DB, 56. Jg. (2003), S. 1259-1264.

Land, Volker/Hasselbach, Kai [Going Private, 2000]: „Going Private" und „Squeeze-out" nach deutschem Aktien-, Börsen- und Übernahmerecht, in: DB, 53. Jg. (2000), S. 557-562.

Lappe, Thomas/Stafflage, Axel [Unternehmensbewertungen, 2002]: Unternehmensbewertungen nach dem Wertpapiererwerbs- und Übernahmegesetz, in: BB, 57. Jg. (2002), S. 2185-2192.

Lengauer, Daniel [Börsengesetz, 2002]: Was brachte das Börsengesetz als Ergänzung zum Aktienrecht dem Aktionär?, in: ST, 76. Jg. (2002), S. 469-478.

Lutter, Marcus/Bezzenberger, Tilman [Spruchverfahren, 2000]: Für eine Reform des Spruchverfahrens im Aktien- und Umwandlungsrecht, in: AG, 45. Jg. (2000), S. 433-447.

Lutter, Marcus/Drygala, Tim [Auflösung, 1997]: Die Übertragende Auflösung: Liquidation der Aktiengesellschaft oder Liquidation des Minderheitenschutzes?, in: *Forster, Karl-Heinz* u.a. (Hrsg.): Aktien- und Bilanzrecht, Festschrift Kropff, Düsseldorf 1997, S. 191-223.

Lutter, Marcus/Drygala, Tim [Ausgleich, 1995]: Wie fest ist der feste Ausgleich nach § 304 Abs. 2 S. 1 AktG?, in: AG, 40. Jg. (1995), S. 49-57.

Lutter, Marcus/Leinekugel, Rolf [Unterschiede, 1999]: Planmäßige Unterschiede im umwandlungsrechtlichen Minderheitenschutz? – Eine Besprechung des Beschlusses des Bayerischen Obersten Landesgerichts vom 17. September 1998, ZIP 1998, 2002 – Magna Media, in: ZIP, 20. Jg. (1999), S. 261-267.

Luttermann, Claus [Verschmelzungswertrelation, 2001]: Der „durchschnittliche" Börsenkurs bei Barabfindung von Aktionären und Verschmelzungswertrelation – Besprechung des Beschlusses des Bundesgerichtshofs vom 12. März 2001 – II ZB 15/00, ZIP 2001, 734 („DAT/Altana"), in: ZIP, 22. Jg. (2001), S. 869-872.

Luttermann, Claus [Bewertungsgrundlage, 1999]: Zum Börsenkurs als gesellschaftsrechtliche Bewertungsgrundlage – Die Maßgeblichkeit des Marktpreises im Zivil- und Steuerrecht, in: ZIP, 20. Jg. (1999), S. 45-52.

Luttermann, Claus [Bilanzrecht, 1999]: Bilanzrecht in den USA und internationale Konzernrechnungslegung, Tübingen 1999.

Luttermann, Claus [Kapital, 1998]: Unternehmen, Kapital und Genußrechte: Eine Studie über Grundlagen der Unternehmensfinanzierung und zum internationalen Kapitalmarktrecht, Tübingen 1998.

Lüttmann, Ruth [Kontrollwechsel, 1992]: Kontrollwechsel in Kapitalgesellschaften: Eine vergleichende Untersuchung des englischen, US-amerikanischen und deutschen Rechts, Baden-Baden 1992.

Mandl, Gerwald/Rabel, Klaus [Auswahl, 2001]: Zur Abfindung von Minderheitsaktionären: Die Auswahl des Bewertungsverfahrens, in: *Wagner, Udo* (Hrsg.): Zum Erkenntnisstand der Betriebswirtschaftslehre am Beginn des 21. Jahrhunderts, Festschrift für Erich Loitlsberger, Berlin 2001, S. 205-222.

Mandl, Gerwald/Rabel, Klaus [Unternehmensbewertung, 1997]: Unternehmensbewertung: eine praxisorientierte Einführung, Wien/Frankfurt/Main 1997.

Matschke, Manfred Jürgen [Konfliktsituationen, 1981]: Unternehmensbewertung in dominierten Konfliktsituationen am Beispiel der Bestimmung der angemessenen Barabfindung für den ausgeschlossenen oder ausscheidungsberechtigten Minderheits-Kapitalgesellschafter, in: BFuP, 33. Jg. (1981), S. 115-129.

Matschke, Manfred Jürgen [Arbitriumwert, 1979]: Funktionale Unternehmensbewertung, Bd. II: Der Arbitriumwert der Unternehmung, Wiesbaden 1979.

Meilicke, Wienand [Beendigung, 1995]: Beendigung des Spruchstellenverfahrens durch Beendigung des Unternehmensvertrages?, in: AG, 40. Jg. (1995), S. 181-188.

Merkt, Hanno [Unternehmenspublizität, 2001]: Unternehmenspublizität: Offenlegung von Unternehmensdaten als Korrelat der Marktteilnahme, Tübingen 2001.

Merkt, Hanno [Gesellschaftsrecht, 1991]: US-amerikanisches Gesellschaftsrecht, Heidelberg 1991.

Mertens, Hans-Joachim [Stand-alone-Prinzip, 1992]: Zur Geltung des Stand-alone-Prinzips für die Unternehmensbewertung bei der Zusammenführung von Unternehmen, in: AG, 37. Jg. (1992), S. 321-335.

Mertens, Kai [Auskauf, 2002]: Der Auskauf von Minderheitsaktionären in gemeinschaftlich beherrschten Unternehmen, in: AG, 47. Jg. (2002), S. 377-383.

Modigliani, Franco/Miller, Merton H. [Cost, 1958]: The Cost of Capital, Corporation Finance and the Theory of Investment, in: AER, Vol. 48 (1958), S. 261-297.

Morse, Geoffrey u.a. [Palmer`s Company Law, 1992/2003]: Palmer`s Company Law, 25. Aufl., London/Edinburgh 1992, Rel. 90 (2003).

Moser, Ulrich/Prüher, Markus [Vorteilhaftigkeit, 2002]: Vorteilhaftigkeit von Squeeze-outs am deutschen Markt, in: FB, 4. Jg. (2002), S. 361-366.

Moxter, Adolf [Grundsätze, 1983]: Grundsätze ordnungsmäßiger Unternehmensbewertung, 2. Aufl., Wiesbaden 1983.

Neckarwerke Stuttgart AG (Hrsg.) [Dokumentation, 2003]: Dokumentation für die ordentliche Hauptversammlung der Neckarwerke Stuttgart AG am 15./16. April 2003 (umfasst Entwurf des Übertragungsbeschlusses (Teil A), Bericht der Energie Baden-Württemberg Aktiengesellschaft an die Hauptversammlung der Neckarwerke Stuttgart AG gemäß § 327 c Abs. 2 Satz 1 AktG (Teil B), Prüfungsbericht des gerichtlich bestellten sachverständigen Prüfers Fasselt & Partner Wirtschaftsprüfungsgesellschaft gemäß § 327 c Abs. 2 Satz 2 AktG (Teil C), Stuttgart 2003.

Neckarwerke Stuttgart AG (Hrsg.) [Geschäftsbericht, 2002]: Bericht über das Geschäftsjahr vom 1. Januar 2001 bis zum 31. Dezember 2001 zur Vorlage in der ordentlichen Hauptversammlung am 25. März 2002, Stuttgart 2002.

Neye, Hans-Werner [Spruchverfahrensneuordnungsgesetz, 2002]: Spruchverfahrensneuordnungsgesetz, in: ZIP, 23. Jg. (2002), S. 2097-2108.

Nonnenmacher, Rolf [Umtauschverhältnis, 1982]: Das Umtauschverhältnis bei der Verschmelzung von Kapitalgesellschaften, in: AG, 27. Jg. (1982), S. 153-158.

Ossadnik, Wolfgang [Synergieverteilung, 1997]: Die „angemessene" Synergieverteilung bei der Verschmelzung, in: DB, 50. Jg. (1997), S. 885-887.

o.V. [ABB, 2002]: Deutsche ABB trennt sich von freien Aktionären, in: FAZ, o.Jg., Nr. 20 vom 24.1.2002, S. 16.

o.V. [Delistings, 2002]: Börsenjahr 2002: Bereits 37 Delistings bis Oktober, in: AG-Report, 47. Jg. (2002), S. R452 u. R454.

o.V. [Meinungsspiegel, 2002]: Meinungen zum Thema: Unternehmensübernahmen, in: BFuP, 54. Jg. (2002), S. 489-509.

o.V. [Squeeze-out-Welle, 2002]: Die Squeeze-out-Welle steigt schneller als erwartet, in: AG-Report, 47. Jg. (2002), S. R199.

o.V. [Aktienkultur, 2001]: Die Aktienkultur und das Squeeze-out, in: AG-Report, 46. Jg. (2001), S. R274.

Paul, Eduard [Unternehmensimmobilien, 2002]: Bewertung von Unternehmensimmobilien, in: *Peemöller, Volker H.* (Hrsg.): Praxishandbuch der Unternehmensbewertung, 2. Aufl., Herne/Berlin 2002, S. 542-580.

Pennington, Robert R. [Company Law, 2001]: Pennington's Company Law, 8. Aufl., London 2001.

Pennington, Robert R. [Company Law, 1985]: Company Law, 5. Aufl., London 1985.

Peris, Juan I. R. [Spanien, 2001]: Konzernrecht und Kapitalmarktrecht in Spanien, in: *Hommelhoff, Peter/Hopt, Klaus J./Lutter, Marcus* (Hrsg.): Konzernrecht für Europa, Bd. 1: Konzernrecht und Kapitalmarktrecht, München 2001, S. 243-278.

Peters, Torsten [Übertragung, 1999]: Übertragung von Gesellschaftsvermögen und „Freezeout" – Konfliktpotential im Minderheitenschutz, in: BB, 54. Jg. (1999), S. 801-805.

Picot, Gerhard [Neuregelungen, 2002]: Neuregelungen für Unternehmensübernahmen – Übernahmegesetz (WpÜG) und Squeeze-out (AktG), in: BFuP, 54. Jg. (2002), S. 433-444.

Piltz, Detlev J. [Rechtsprechung, 2002]: Die Rechtsprechung zur Unternehmensbewertung, in: *Peemöller, Volker H.* (Hrsg.): Praxishandbuch der Unternehmensbewertung, 2. Aufl., Herne/Berlin 2002, S. 717-734.

Piltz, Detlev J. [Börsenkurs, 2001]: Unternehmensbewertung und Börsenkurs im aktienrechtlichen Spruchstellenverfahren – Zugleich Besprechung der Entscheidung BVerfGE 100, 289, in: ZGR, 30. Jg. (2001), S. 185-213.

Pluskat, Sorika [Delisting, 2002]: Das vollständige Delisting im Spannungsfeld von Gesellschafts- und Kapitalmarktrecht, in: FB, 4. Jg. (2002), S. 592-603.

Pluszkajler, Karl Peter [Diagnose, 2003]: Diagnose und Therapie von aktienrechtlichen Spruchverfahren – Einige Anmerkungen aus der richterlichen Praxis zum geplanten Spruchverfahrensneuordnungsgesetz, in: ZIP, 24. Jg. (2003), S. 518-522.

Pratt, John W. [Aversion, 1964]: Risk Aversion in the Small and in the Large, in: Econometrica, Vol. 32 (1964), S. 122-136.

Rau-Bredow, Hans [Analyse, 1999]: Ökonomische Analyse obligatorischer Übernahmeangebote, in: DBW, 59. Jg. (1999), S. 763-777.

Reuter, Alexander [Eignersicht, 2001]: Börsenkurs und Unternehmenswertvergleich aus Eignersicht – Gleichbehandlung der Aktionäre, Synergie und die Lage bei Verschmelzungen nach BGH-DAT/Altana, in: DB, 54. Jg. (2001), S. 2483-2490.

Rieger, Wilhelm [Abfindung, 1938]: Zur Frage der angemessenen Abfindung der bei der Umwandlung ausscheidenden Minderheitsaktionäre, in: Der Wirtschaftstreuhänder, 7. Jg. (1938), S. 256-258.

Riegger, Bodo [Schicksal, 2003]: Das Schicksal eigener Aktien beim Squeeze-out, in: DB, 56. Jg. (2003), S. 541-544.

Riegger, Bodo [Börsenkurs, 1999]: Der Börsenkurs als Untergrenze der Abfindung? – Anmerkungen zum Beschluß des Bundesverfassungsgerichts vom 27.4.1999, in: DB, 52. Jg. (1999), S. 1889-1891.

Rudolph, Bernd [Kapitalkostenkonzepte, 1986]: Neuere Kapitalkostenkonzepte auf der Grundlage der Kapitalmarkttheorie, in: zfbf, 38. Jg. (1986), S. 892-898.

Rudolph, Bernd [Kapitalkosten, 1979]: Kapitalkosten bei unsicheren Erwartungen: das Kapitalmarktmodell und seine Bedeutung für die Theorie der Kapitalkosten, Berlin u.a. 1979.
Rudolph, Bernd [Theorie, 1979]: Zur Theorie des Kapitalmarktes: Grundlagen, Erweiterungen und Anwendungsbereiche des 'Capital Asset Pricing Model (CAPM)', in: ZfB, 49. Jg. (1979), S. 1034-1067.
Ruhnke, Klaus [Bedeutung, 2003]: Bedeutung des Börsenkurses bei Unternehmensevaluationen, in: *Heintzen, Markus/Kruschwitz, Lutz* (Hrsg.): Unternehmen bewerten – Ringvorlesung der Fachbereiche Rechts- und Wirtschaftswissenschaft der Freien Universität Berlin im Sommersemester 2002, Berlin 2003, S. 75-99.
Rühland, Philipp [squeezeout, 2001]: Der squeezeout nach dem RefE zum Wertpapiererwerbs- und Übernahmegesetz vom 12.3.2001, in: NZG, 4. Jg. (2001), S. 448-455.
Rühland, Philipp [Abfindung, 2000]: Die Abfindung von aus der Aktiengesellschaft ausgeschlossenen Minderheitsaktionären – Ein Diskussionsbeitrag zum Entwurf eines Übernahmegesetzes vom Bundesministerium der Finanzen vom 29.6.2000, in: WM, 54. Jg. (2000), S. 1884-1888.
Saenger, Ingo [Anfechtungsklagen, 2002]: Aktienrechtliche Anfechtungsklagen: Verfahrenseffizienz und Kosten, in: AG, 47. Jg. (2002), S. 536-543.
Schiessl, Maximilian [Aktienrecht, 1999]: Ist das deutsche Aktienrecht kapitalmarkttauglich?, in: AG, 44. Jg. (1999), S. 442-452.
Schikowski, Carsten [Appraisal, 2000]: Das Appraisal Right und Probleme der Unternehmensbewertung in den USA und Deutschland, Münster 2000.
Schildbach, Thomas [Abfindung, 1984]: Zur Beurteilung von gesetzlicher Abfindung und vertraglicher Buchwertabfindung unter Berücksichtigung einer potentiellen Ertragsschwäche der Unternehmung, in: BFuP, 36. Jg. (1984), S. 532-543.
Schlitt, Michael [Marktsegmente, 2003]: Die neuen Marktsegmente der Frankfurter Wertpapierbörse – Struktur, Zulassungsvoraussetzungen und Folgepflichten, in: AG, 48. Jg. (2003), S. 57-69.
Schmidbauer, Rainer [Kapitalisierungszinssatz, 2002]: Der Kapitalisierungszinssatz in der Unternehmensbewertung nach dem StSenkG – Diskussion auf Irrwegen?, in: BB, 57. Jg. (2002), S. 1251-1257.
Schmidbauer, Rainer [Konzerne, 2002]: Die Bewertung von Konzernen als Problem in der Theorie der Unternehmensbewertung, in: DStR, 40. Jg. (2002), S. 1542-1548.
Schmidt, Reinhard H./Terberger, Eva [Grundzüge, 1997]: Grundzüge der Investitions- und Finanzierungstheorie, 4. Aufl., Wiesbaden 1997.
Schwichtenberg, Jörg [Going Private, 2001]: Going Private und Squeezeouts in Deutschland, in: DStR, 39. Jg. (2001), S. 2075-2082.
Seetzen, Uwe [Spruchverfahren, 1999]: Spruchverfahren und Unternehmensbewertung im Wandel, in: WM, 53. Jg. (1999), S. 565-574.
Seetzen, Uwe [Verschmelzungswertverhältnis, 1994]: Die Bestimmung des Verschmelzungswertverhältnisses im Spruchstellenverfahren, in: WM, 48. Jg. (1994), S. 45-51.
Seibt, Christoph H./Heiser Kristian J. [Vorschlag, 2002]: Der neue Vorschlag einer EU-Übernahmerichtlinie und das deutsche Übernahmerecht – Analyse und Um-

setzungserfordernisse für den deutschen Gesetzgeber, in: ZIP, 23. Jg. (2002), S. 2193-2203.

Seiler, Hans M. [Freezeout, 1990]: Freezeout von Minderheitsaktionären: Eine Untersuchung zum Beteiligungsschutz im US-amerikanischen Recht, Diss. Heidelberg 1990.

Sieben, Günter [Abfindung, 1966]: Der Anspruch auf angemessene Abfindung nach § 12 UmwG – Höchstrichterliche Entscheidungen in betriebswirtschaftlicher Sicht, in: AG, 11. Jg. (1966), S. 6-13, S. 54-58 u. S. 83-89.

Sieger, Jürgen J./Hasselbach, Kai [Minderheitsaktionäre, 2002]: Der Ausschluss von Minderheitsaktionären nach den neuen §§ 327a ff AktG, in: ZGR, 31. Jg. (2002), S. 120-162.

Sieger, Jürgen J./Hasselbach, Kai [Ausschluss, 2001]: Ausschluss von Minderheitsaktionären (Squeeze-out) im ausländischen Recht, in: NZG, 4. Jg. (2001), S. 926-930.

Siegert, Rudolf [Grundlagen, 1968]: Grundlagen der angemessenen Barabfindung der nach dem Umwandlungsgesetz ausscheidenden Minderheitsgesellschafter, Diss. München 1968.

Siepe, Günter [Rechtsprechung, 2003]: Unternehmensbewertung in der Rechtsprechung, in: *Börsig, Clemens/Coenenberg, Adolf G.* (Hrsg.): Bewertung von Unternehmen, Stuttgart 2003, S. 81-92.

Siepe, Günter [Unternehmensbewertung, 2002]: Unternehmensbewertung, in: *Institut der Wirtschaftsprüfer in Deutschland e.V.* (Hrsg.): Wirtschaftsprüfer-Handbuch 2002, Abschnitt A, Bd. II, 12. Auflage, Düsseldorf 2002, S. 1-149.

Singhof, Bernd/Weber, Christian [Bestätigung, 2002]: Bestätigung der Finanzierungsmaßnahmen und Barabfindungsgewährleistung nach dem Wertpapiererwerbs- und Übernahmegesetz, in: WM, 56. Jg. (2002), S. 1158-1169.

Skog, Rolf [Schweden, 2001]: Konzernrecht und Kapitalmarktrecht in Schweden, in: *Hommelhoff, Peter/Hopt, Klaus J./Lutter, Marcus* (Hrsg.): Konzernrecht für Europa, Bd. 1: Konzernrecht und Kapitalmarktrecht, München 2001, S. 211-225.

Solomon, Lewis D. u.a. [Corporations, 1994]: Corporations, Law and Policy, Materials and Problems, 3. Aufl., St. Paul 1994.

Steck, Kai-Uwe [Delisting, 1998]: „Going private" über das UmwG – Das Gesellschaftsrecht des „kalten Delisting", in: AG, 43. Jg. (1998), S. 460-466.

Steiger, Martin/Huber, Beat [Strommarktliberalisierung, 2002]: Strommarktliberalisierung in Deutschland, in: ST, 76. Jg. (2002), S. 75-80.

Steinhauer, Carsten [Bewertungsgrundlage, 1999]: Der Börsenpreis als Bewertungsgrundlage für den Abfindungsanspruch von Aktionären – Finanztheoretischer Hintergrund einer möglichen Trendwende in der gesellschaftsrechtlichen Praxis, in: AG, 44. Jg. (1999), S. 299-308.

Stilz, Eberhard [Verkehrswert, 2001]: Börsenkurs und Verkehrswert – Besprechung der Entscheidung BGH ZIP 2001, 734 – DAT/Altana, in: ZGR, 30. Jg. (2001), S. 875-900.

Streit, Georg [Delisting, 2002]: Delisting Light – Die Problematik der Vereinfachung des freiwilligen Rückzugs von der Frankfurter Wertpapierbörse, in: ZIP, 23. Jg. (2002), S. 1279-1289.

Than, Jürgen [Ausscheiden, 1997]: Zwangsweises Ausscheiden von Minderheitsaktionären nach Übernahmeangebot?, in: *Martens, Klaus-Peter/Westermann, Harm P./Zöllner, Wolfgang* (Hrsg.): Festschrift für Carsten Peter Claussen, Köln u.a. 1997, S. 405-422.

Timmerman, Levinus [Niederlande, 2001]: Konzernrecht und Kapitalmarktrecht in den Niederlanden, in: *Hommelhoff, Peter/Hopt, Klaus J./Lutter, Marcus* (Hrsg.): Konzernrecht für Europa, Bd. 1: Konzernrecht und Kapitalmarktrecht, München 2001, S. 170-176.

Timmreck, Christian [Anwendungsprobleme, 2002]: β-Faktoren – Anwendungsprobleme und Lösungsansätze, in: FB, 4. Jg. (2002), S. 300-307.

Triebel, Volker u.a. [Wirtschaftsrecht, 1995]: Englisches Handels- und Wirtschaftsrecht, 2. Aufl., Heidelberg 1995.

Tröger, Tobias [Übernahmerecht, 2003]: Deutsches und europäisches Übernahmerecht, in: *Dörner, Dietrich* u.a. (Hrsg.): Reform des Aktienrechts, der Rechnungslegung und der Prüfung, 2. Aufl., Stuttgart 2003, S. 135-181.

Vetter, Eberhard [Squeeze-out, 2002]: Squeeze-out – Der Ausschluss der Minderheitsaktionäre aus der Aktiengesellschaft nach den §§ 327a-327f AktG, in: AG, 47. Jg. (2002), S. 176-190.

Vetter, Eberhard [Hauptversammlungsbeschluss, 2001]: Squeeze-out nur durch Hauptversammlungsbeschluss, in: DB, 54. Jg. (2001), S. 743-747.

Wagenhofer, Alfred [Informationspolitik, 1990]: Informationspolitik im Jahresabschluß, Heidelberg 1990.

Wagenhofer, Alfred/Ewert, Ralf [Unternehmensrechnung, 2003]: Externe Unternehmensrechnung, Berlin u.a. 2003.

Weiler, Lothar/Meyer, Ingo [Heranziehung, 2001]: Heranziehung des Börsenkurses zur Unternehmensbewertung bei Verschmelzungen, in: ZIP, 22. Jg. (2001), S. 2153-2159.

Wenger, Ekkehard [Kurzkommentar, 2001a]: Kurzkommentar zu BGH, Beschl. v. 12.3.2001 – II ZB 15/00, in: EWiR, 17. Jg. (2001), S. 605-606.

Wenger, Ekkehard [Kurzkommentar, 2001b]: Kurzkommentar zu BGH, Urt. v. 18.12.2000 – II ZR 1/99, in: EWiR, 17. Jg. (2001), S. 331-332.

Wenger, Ekkehard/Hecker, Renate [Übernahme- und Abfindungsregeln, 1995]: Übernahme- und Abfindungsregeln am deutschen Aktienmarkt, in: ifo-Studien, 41. Jg. (1995), S. 51-87.

Wenger, Ekkehard/Hecker, Renate/Knoesel, Jochen [Abfindungsregeln, 1997]: Abfindungsregeln und Minderheitenschutz bei börsennotierten Kapitalgesellschaften, in: *von Gahlen, Bernhard/Hesse, Helmut/Ramser, Hans Jürgen* (Hrsg.): Finanzmärkte, Tübingen 1997, S. 93-145.

Wenger, Ekkehard/Kaserer, Christoph/Hecker, Renate [Minderheitenschutz, 2001]: Konzernbildung und Ausschluss von Minderheiten im neuen Übernahmerecht: Eine verpasste Chance für einen marktorientierten Minderheitenschutz, in: ZBB, 13. Jg. (2001), S. 317-334.

Wiedemann, Herbert [Interessenausgleich, 1978]: Das Abfindungsrecht – ein gesellschaftlicher Interessenausgleich, in: ZGR, 7. Jg. (1978), S. 477-497.

Wilm, Daniel [Abfindung, 2000]: Abfindung zum Börsenkurs – Konsequenzen der Entscheidung des BVerfG, in: NZG, 3. Jg. (2000), S. 234-240.

Wilsing, Hans-Ulrich/Kruse, Tobias [Aktienbezugsrechte, 2002]: Zur Behandlung bedingter Aktienbezugsrechte beim Squeeze-out, in: ZIP, 23. Jg. (2002), S. 1465-1470.

Wilsing, Hans-Ulrich/Kruse, Tobias [Maßgeblichkeit, 2001]: Maßgeblichkeit der Börsenkurse bei umwandlungsrechtlichen Verschmelzungen?, in: DStR, 39. Jg. (2001), S. 991-999.

Wilts, Rainer/Schaldt, Klaus/Nottmeier, Andreas [Unternehmensbewertung, 2002]: Unternehmensbewertung im Rahmen von Squeeze-outs, in: FB, 4. Jg. (2002), S. 621-629.

Wirth, Gerhard/Arnold, Michael [Verfassungswidrigkeit, 2002]: Anfechtungsklagen gegen Squeeze-out-Hauptversammlungsbeschlüsse wegen angeblicher Verfassungswidrigkeit – Zugleich Anmerkung zu dem Urteil und dem Beschluss des LG Osnabrück, jeweils vom 5.7.2002, in: AG, 47. Jg. (2002), S. 503-507.

Wolf, Martin [Minderheitenausschluss, 2002]: Der Minderheitenausschluss qua „übertragender Auflösung" nach Einführung des Squeeze-Out gemäß §§ 327 a-f AktG, in: ZIP, 23. Jg. (2002), S. 153-160.

Wymeersch, Eddy [Belgien, 2001]: Konzernrecht und Kapitalmarktrecht in Belgien, in: *Hommelhoff, Peter/Hopt, Klaus J./Lutter, Marcus* (Hrsg.): Konzernrecht für Europa, Bd. 1: Konzernrecht und Kapitalmarktrecht, München 2001, S. 1-30.

Zimmermann, Peter [Prognose, 1997]: Schätzung und Prognose von Betawerten: eine Untersuchung am deutschen Aktienmarkt, Bad Soden/Ts. 1997.

Rechtsquellenverzeichnis

Inland

Aktiengesetz (AktG) vom 6.9.1965 (BGBl. I S. 1089), zuletzt geändert durch Gesetz vom 12.6.2003 (BGBl. I S. 838).

Börsengesetz (BörsG) i.d.F. der Bekanntmachung vom 9.9.1998 (BGBl. I S. 2682), zuletzt geändert durch Gesetz vom 21.6.2002 (BGBl. I S. 2010).

Gesetz über den Wertpapierhandel (WpHG) i.d.F. der Bekanntmachung vom 9.9.1998 (BGBl. I S. 2708), zuletzt geändert durch Gesetz vom 23.7.2002 (BGBl. I S. 2778).

Gesetz über die Angelegenheiten der freiwilligen Gerichtsbarkeit (FGG) vom 17.5.1898 (RGBl. S. 189), zuletzt geändert durch Gesetz vom 23.7.2002 (BGBl. I S. 2850).

Gesetz zur Neuregelung des Energiewirtschaftsrechts (EnWG) vom 24.4.1998 (BGBl. I S. 730), zuletzt geändert durch Gesetz vom 20.5.2003 (BGBl. I S. 686).

Gesetz zur Regelung von öffentlichen Angeboten zum Erwerb von Wertpapieren und von Unternehmensübernahmen vom 20.12.2001 (BGBl. I S. 3822).

Grundgesetz (GG) vom 23.5.1949 (BGBl. I S. 1), zuletzt geändert durch Gesetz vom 26.7.2002 (BGBl. I S. 2863).

Handelsgesetzbuch (HGB) vom 10.5.1897 (RGBl. S. 219), zuletzt geändert durch Gesetz vom 24.8.2002 (BGBl. I S. 3412).

Gesetz zur Neuordnung des gesellschaftsrechtlichen Spruchverfahrens (Spruchverfahrensneuordnungsgesetz) vom 12.6.2003 (BGBl. I S. 838).

Umwandlungsgesetz (UmwG) vom 28.10.1994 (BGBl. I S. 3210; 1995 S. 428), zuletzt geändert durch Gesetz vom 12.6.2003 (BGBl. I S. 838).

Verordnung über den Inhalt der Angebotsunterlage, die Gegenleistung bei Übernahmeangeboten und Pflichtangeboten und die Befreiung von der Verpflichtung zur Veröffentlichung und zur Abgabe eines Angebots (WpÜGAngebotsverordnung) vom 27.12.2001 (BGBl. I S. 4263).

Zivilprozessordnung (ZPO) vom 30.1.1877 (RGBl. S. 83) i.d.F. der Bekanntmachung vom 12.9.1950 (BGBl. I S. 455), zuletzt geändert durch Gesetz vom 23.7.2002 (BGBl. I S. 2850).

Bundesministerium der Finanzen (Hrsg.) [Referentenentwurf, 2001]: Referentenentwurf – Entwurf eines Gesetzes zur Regelung von öffentlichen Angeboten zum Erwerb von Wertpapieren und von Unternehmensübernahmen, Stand: 12.3.2001 (Download http://www.bundesfinanzministerium.de, Stand vom 22.3.2001).

Bundesministerium der Finanzen (Hrsg.) [Diskussionsentwurf, 2000]: Diskussionsentwurf – Entwurf eines Gesetzes zur Regelung von Unternehmensübernahmen, Stand: 29.6.2000 (Download http://www.bundesfinanzministerium.de, Stand vom 16.2.2001).

Bundesministerium der Justiz (Hrsg.) [Neuordnung, 2001]: Referentenentwurf eines Gesetzes zur Neuordnung des gesellschaftsrechtlichen Spruchverfahrens (Spruchverfahrensneuordnungsgesetz), Stand: 27.11.2001 (Download http://www.bmj.bund.de/images/11109.pdf, Stand vom 15.9.2003).

Deutsche Börse AG (Hrsg.) [Börsenordnung, 2003]: Börsenordnung für die Frankfurter Wertpapierbörse, Stand: 1.7.2003 (Download http://www1.deutscheboerse.com/INTERNET/EXCHANGE/zpd.nsf/KIR+Web+Publikationen/HAMN-52CDY7/$FILE/sm_boersenordnung_sqb_010703.pdf, Stand vom 15.9.2003).

Deutscher Bundestag – 15. Wahlperiode (Hrsg.) [BT-Drs. 15/371]: Drucksache 15/371, Gesetzentwurf der Bundesregierung – Entwurf eines Gesetzes zur Neuordnung des gesellschaftsrechtlichen Spruchverfahrens (Spruchverfahrensneuordnungsgesetz, Stand: 29.1.2003.

Deutscher Bundestag – 14. Wahlperiode (Hrsg.) [BT-Drs. 14/7477]: Drucksache 14/7477, Beschlussempfehlung und Bericht des Finanzausschusses (7. Ausschuss), Stand: 14.11.2001.

Deutscher Bundestag – 14. Wahlperiode (Hrsg.) [BT-Drs. 14/7034]: Drucksache 14/7034, Gesetzentwurf der Bundesregierung – Entwurf eines Gesetzes zur Regelung von öffentlichen Angeboten zum Erwerb von Wertpapieren und von Unternehmensübernahmen, Stand: 5.10.2001.

Ausland

Aktiebolagslag vom 15.12.1975, zuletzt geändert durch Gesetz mit Wirkung zum 1.1.2003 (schwedisches Aktiengesetz).

Bundesgesetz über die Börsen und den Effektenhandel (BEHG) vom 24.3.1995, zuletzt geändert durch Gesetz vom 22.4.1999 (schweizerisches Börsengesetz).

Bundesgesetz über die Umwandlung von Handelsgesellschaften (öUmwG) vom 28.6.1996, zuletzt geändert durch Gesetz vom 6.12.1996 (österreichisches Umwandlungsgesetz).

Burgerlijk Wetboek (BW) vom 3.4.1969, zuletzt geändert durch Gesetz vom 6.5.2003 (niederländisches Zivilgesetzbuch).

City Code on Takeovers and Mergers (City Code) vom 28.3.1968, zuletzt geändert durch Statement vom 16.4.2003 (britische Übernahmeregelung).

Companies Act 1985 vom 11.3.1985, zuletzt geändert durch Gesetz vom 5.5.2003 (britisches Gesetz über Kapitalgesellschaften von 1985).

Companies Act 1989 vom 16.11.1989, zuletzt geändert durch Gesetz vom 24.3.2003 (britisches Gesetz über Kapitalgesellschaften von 1989).

Insolvency Act 1986 vom 25.7.1986, zuletzt geändert durch Gesetz vom 22.4.2003 (britisches Insolvenzgesetz von 1989).

Lois Coordonnées sur les Sociétés Commerciales (L.C.S.C.) vom 30.11.1935, zuletzt geändert durch Gesetz vom 3.5.1999 (belgisches Gesellschaftsgesetz).

Règlement Général du Conseil des Marchés Financiers (RG) vom 3.3.1997, zuletzt geändert durch Gesetz vom 2.12.2002 i.d.F. der Bekanntmachung vom 26.12.2002 (französische Regularien der Börsenaufsichtsbehörde).

Testo unico delle disposizioni in materia di intermediazione finanziaria (T.U.) vom 6.2.1996, zuletzt geändert durch Gesetz vom 24.2.1998 i.d.F. der Bekanntmachung vom 26.3.1998 (italienisches Börsengesetz).

Verordnung des Bundesrates über die Börsen und den Effektenhandel (VB-BEHG) vom 2.12.1996, zuletzt geändert durch Gesetz vom 27.10.1999 (schweizerische Börsenverordnung).

Europäisches Parlament (Hrsg.) [A5-0368/2000]: Legislative Entschließung des Europäischen Parlaments zu dem Gemeinsamen Standpunkt des Rates im Hinblick auf den Erlass der Richtlinie des Europäischen Parlaments und des Rates auf dem Gebiet des Gesellschaftsrechts betreffend Übernahmeangebote (8129/1/2000 – C5-0327/2000 – 1995/0341(COD)), in: Abl. C 232 vom 17.8.2001, S. 168-172.

Europäisches Parlament (Hrsg.) [96/92/EG]: Richtlinie 96/92/EG des Europäischen Parlaments und des Rates betreffend gemeinsame Vorschriften für den Elektrizitätsbinnenmarkt vom 19. Dezember 1996, in: Abl. L 027 vom 30.01.1997, S. 20-29.

Kommission der Europäischen Gemeinschaften (Hrsg.) [KOM (2002) 534]: Vorschlag für eine Richtlinie des Europäischen Parlaments und des Rates betreffend Übernahmeangebote, KOM (2002) 534 endgültig, 2002/0240(COD), Stand: 2.10.2002 (Download http://www.europa.eu.int/eur-lex/de/com/pdf/2002/com2002_0534de01.pdf, Stand vom 15.9.2003).

United States Securities and Exchange Commission (Hrsg.) [Reg. § 240.13e-3]: Rule 13e-3 – Going Private Transactions vom 8.8.1979, zuletzt geändert am 11.2.2002 (Download http://www.sec.gov/divisions/corpfin/forms/13e3.htm, Stand vom 15.9.2003).

United States Securities and Exchange Commission (Hrsg.) [Reg. § 240.13e-100]: Schedule 13e-3 – Transaction Statement under Section 13(e) of the Securities Exchange Act of 1934 and Rule 13e-3 thereunder vom 8.8.1979, zuletzt geändert am 23.2.2000 (Download http://www.sec.gov/about/forms/ sched13e-3.pdf, Stand vom 15.9.2003).

United States Securities and Exchange Commission (Hrsg.) [Rule 10b-5]: Rule 10b-5 – Employment of Manipulative and Deceptive Devices vom 22.12.1948, zuletzt geändert am 11.8.1951 (Download http://www.law.uc.edu/CCL/34ActRls/ rule10b-5.html, Stand vom 15.9.2003).

Rechtsprechungsverzeichnis

Bundesverfassungsgericht

BVerfG (Beschl. v. 23.8.2000 – 1 BvR 68/95 und 1 BvR 147/97): Beschluss vom 23.8.2000 – 1 BvR 68/85 und 1 BvR 147/97, in: DB, 53. Jg. (2000), S. 1905-1908 (MotoMeter).

BVerfG (Beschl. v. 27.4.1999 – 1 BvR 1613/94): Beschluß vom 27.4.1999 – 1 BvR 1613/94, in: DB, 52. Jg. (1999), S. 1693-1697 (DAT/Altana).

BVerfG (Urt. v. 7.8.1962 – 1 BvL 16/60): Urteil vom 7.8.1962 – 1 BvL 16/60, in: DB, 15. Jg. (1962), S. 1073-1076 (Feldmühle).

Bundesgerichtshof

BGH (Urt. v. 25.11.2002 – II ZR 133/01): Urteil vom 25.11.2002 – II ZR 133/01, in: DB, 56. Jg. (2003), S. 544-548 (Macrotron).

BGH (Beschl. v. 12.3.2001 – II ZB 15/00): Beschluss vom 12.3.2001 – II ZB 15/00, in: ZIP, 22. Jg. (2001), S. 734-739 (DAT/Altana).

BGH (Urt. v. 18.12.2000 – II ZR 1/99): Urteil vom 18.12.2000 – II ZR 1/99, in: DB, 54. Jg. (2001), S. 319-321.

BGH (Urt. v. 5.7.1999 – II ZR 126/98): Urteil vom 5.7.1999 – II ZR 126/98, in: DStR, 37. Jg. (1999), S. 1449-1451.

BGH (Urt. v. 2.2.1998 – II ZR 117/97): Urteil vom 2.2.1998 – II ZR 117/97, in: ZIP, 19. Jg. (1998), S. 560-561 (Nixdorf)

BGH (Urt. v. 25.2.1982 – II ZR 174/80): Urteil vom 25.2.1982 – II ZR 174/80, in: BB, 37. Jg. (1982), S. 827-832 (Holzmüller).

BGH (Urt. v. 30.3.1967 – II ZR 141/64): Urteil vom 30.3.1967 – II ZR 141/64, in: AG, 12. Jg. (1967), S. 264.

Oberlandesgerichte

BayObLG (Beschl. v. 18.12.2002 – 3Z BR 116/00): Beschluss vom 18.12.2002 – 3Z BR 116/00, in: BB, 58. Jg. (2003), S. 275-280 (HypoVereinsbank).

BayObLG (Beschl. v. 31.7.2002 – 3Z BR 362/01): Beschluss vom 31.7.2002 – 3Z BR 362/01, in: ZIP, 23. Jg. (2002), S. 1765-1770 (Siemens).

BayObLG (Beschl. v. 11.9.2001 – 3Z BR 101/99): Beschluss vom 11.9.2001 – 3Z BR 101/99, in: AG, 47. Jg. (2002), S. 392-394 (Ytong).

BayObLG (Beschl. v. 27.3.2000 – 5 HKO 19156/98): Beschluss vom 27.3.2000 – 5 HKO 19156/98, in: AG, 46. Jg. (2001), S. 99-100 (HypoVereinsbank).

BayObLG (Beschl. v. 29.9.1998 – 3Z BR 159/94): Beschluß vom 29.9.1998 – 3 Z BR 159/94, in: AG, 44. Jg. (1999), S. 43-46 (EKU).

BayObLG (Beschl. v. 17.9.1998 – 3Z BR 37/98): Beschluß vom 17.9.1998 – 3 Z BR 37/98, in: ZIP, 19. Jg. (1998), S. 2002-2006 (Magna Media).

OLG Düsseldorf (Beschl. v. 31.1.2003 – 19 W 9/00 AktE): Beschluss vom 31.1.2003 - 19 W 9/00 AktE, in: AG, 48. Jg. (2003), S. 329-334 (Siemens).

OLG Düsseldorf (Vorlagebeschl. v. 25.5.2000 – 19 W 1/93 AktE): Vorlagebeschluss vom 25.5.2000 - 19 W 1/93 AktE, in: NZG, 3. Jg. (2000), S. 1075-1077 (DAT/Altana III).

OLG Hamm (Beschl. v. 23.1.1963 – 8 AR 1/60): Beschluß vom 23.1.1963 – 8 AR 1/60, in: AG, 8. Jg. (1963), S. 218-224.

OLG Oldenburg (Beschl. v. 30.9.2002 – 1 W 45/02): Beschluss vom 30.9.2002 – 1 W 45/02, in: AG, 47. Jg. (2002), S. 687 (KM Europa Metall).

OLG Stuttgart (Beschl. v. 4.2.2000 – 4 W 15/98): Beschluss vom 4.2.2000 – 4 W 15/98, in: DB, 53. Jg. (2000), S. 709-713.

Landgerichte

LG Berlin (Urt. v. 17.2.2003 - 99 O 111/02): Urteil vom 17.2.2003 - 99 O 111/02, nrkr., in: DB, 56. Jg. (2003), S. 707-708.

LG Frankfurt a.M. (Beschl. v. 8.8.2001 - 3/8 O 69/97): Beschluss vom 8.8.2001 - 3/8 O 69/97, in: AG, 47. Jg. (2002), S. 357-358.

LG Hamburg (Beschl. v. 13.1.2003 - 415 O 140/02): Beschluss vom 13.1.2003 - 415 O 140/02, nrkr., in: AG, 48. Jg. (2003), S. 279 (Volksfürsorge Holding).

LG München I (Beschl. v. 14.9.2001 - 5 HKO 16369/99): Beschluss vom 14.9.2001 - 5 HKO 16369/99, in: ZIP, 22. Jg. (2001), S. 1959-1962 (Siemens).

LG Osnabrück (Urt. v. 5.7.2002 - 13 O 177/02): Urteil vom 5.7.2002 - 13 O 177/02, in: AG, 47. Jg. (2002), S. 527 (KM Europa Metall).

BETRIEBSWIRTSCHAFTLICHE STUDIEN
RECHNUNGS- UND FINANZWESEN, ORGANISATION UND INSTITUTION

Die Herausgeber wollen in dieser Schriftenreihe Forschungsarbeiten aus dem Rechnungswesen, dem Finanzwesen, der Organisation und der institutionellen Betriebswirtschaftslehre zusammenfassen. Über den Kreis der eigenen Schüler hinaus soll originellen betriebswirtschaftlichen Arbeiten auf diesem Gebiet eine größere Verbreitung ermöglicht werden. Jüngere Wissenschaftler werden gebeten, ihre Arbeiten, insbesondere auch Dissertationen, an die Herausgeber einzusenden.

Band 1 Joachim Hartle: Möglichkeiten der Entobjektivierung der Bilanz - Eine ökonomische Analyse. 1984.

Band 2 Peter Wachendorff: Alternative Vertragsgestaltung bei öffentlichen Aufträgen - Eine ökonomische Analyse. 1984.

Band 3 Doris Zimmermann: Schmalenbachs Aktivierungsgrundsätze. 1985.

Band 4 Elke Michaelis: Organisation unternehmerischer Aufgaben - Transaktionskosten als Beurteilungskriterium. 1985.

Band 5 Arno Schuppert: Die Überwachung betrieblicher Routinetätigkeiten. Ein Erklärungs-Entscheidungsmodell. 1985.

Band 6 Bonaventura Lehertshuber: Unternehmensvertragsrecht und Konzernhandelsbilanz. 1986.

Band 7 Joachim Schindler: Kapitalkonsolidierung nach dem Bilanzrichtlinien-Gesetz. 1986.

Band 8 Gerhard R. Schell: Die Ertragsermittlung für Bankbewertungen. 1988.

Band 9 Ulrich Hein: Analyse der Neubewertungsverfahren im belgischen und französischen Bilanzrecht. 1988.

Band 10 Rainer Leuthier: Das Interdependenzproblem bei der Unternehmensbewertung. 1988.

Band 11 Dieter Pfaff: Gewinnverwendungsregelungen als Instrument zur Lösung von Agency-Problemen. Ein Beitrag zur Diskussion um die Reformierung der Ausschüttungskompetenz in Aktiengesellschaften. 1989.

Band 12 Christian Debus: Haftungsregelungen im Konzernrecht. Eine ökonomische Analyse. 1990.

Band 13 Ralph Otte: Konzernabschlüsse im öffentlichen Bereich. Notwendigkeit und Zwecke konsolidierter Jahresabschlüsse von Gebietskörperschaften dargestellt am Beispiel der Bundesverwaltung der Bundesrepublik Deutschland. 1990.

Band 14 Rüdiger Zaczyk: Interdisziplinarität im Bilanzrecht. Rechtsfindung im Spannungsfeld zwischen Betriebswirtschaftslehre und dogmatischer Rechtswissenschaft. 1991.

Band 15 Oliver Fliess: Konzernabschluß in Großbritannien – Grundlagen, Stufenkonzeption und Kapitalkonsolidierung. 1991.

Band 16 Joachim Faß: Konzernierung und konsolidierte Rechnungslegung. Eine Analyse der Eignung des Konzernabschlusses als Informationsinstrument und als Grundlage der Ausschüttungsbemessung konzernverbundener Unternehmen. 1992.

Band 17 Michael Feldhoff: Die Regulierung der Rechnungslegung. Eine systematische Darstellung der Grundlagen mit einer Anwendung auf die Frage der Publizität. 1992.

Band 18 Uwe Jüttner: GoB-System, Einzelbewertungsgrundsatz und Imparitätsprinzip. 1993.

Band 19 Ralf Häger: Das Publizitätsverhalten mittelgroßer Kapitalgesellschaften. 1993.

Band 20 Jutta Menninger: Financial Futures und deren bilanzielle Behandlung. 1993.

Band 21 Stefan Lange: Die Kompatibilität von Abschlußprüfung und Beratung. Eine ökonomische Analyse. 1994.

Band 22 Hans Klaus: Gesellschafterfremdfinanzierung und Eigenkapitalersatzrecht bei der Aktiengesellschaft und der GmbH. 1994.

Band 23 Vera Marcelle Krisement: Ansätze zur Messung des Harmonisierungs- und Standardisierungsgrades der externen Rechnungslegung. 1994.

Band 24 Helmut Schmid: Leveraged Management Buy-Out. Begriff, Gestaltungen, optimale Kapitalstruktur und ökonomische Bewertung. 1994.

Band 25 Carsten Carstensen: Vermögensverwaltung, Vermögenserhaltung und Rechnungslegung gemeinnütziger Stiftungen. 1994. 2., unveränderte Auflage 1996.

Band 26 Dirk Hachmeister: Der Discounted Cash Flow als Maß der Unternehmenswertsteigerung. 1995. 2., durchgesehene Auflage 1998. 3., korrigierte Auflage 1999. 4., durchgesehene Auflage 2000.

Band 27 Christine E. Lauer: Interdependenzen zwischen Gewinnermittlungsverfahren, Risiken sowie Aktivitätsniveau und Berichtsverhalten des Managers. Eine ökonomische Analyse. 1995.

Band 28 Ulrich Becker: Das Überleben multinationaler Unternehmungen. Generierung und Transfer von Wissen im internationalen Wettbewerb. 1996.

Band 29 Torsten Ganske: Mitbestimmung, Property-Rights-Ansatz und Transaktionskostentheorie. Eine ökonomische Analyse. 1996.

Band 30 Angelika Thies: Rückstellungen als Problem der wirtschaftlichen Betrachtungsweise. 1996.

Band 31 Hans Peter Willert: Das französische Konzernbilanzrecht. Vergleichende Analyse zum deutschen Recht im Hinblick auf die Konzernbilanzzwecke und deren Grundkonzeption. 1996.

Band 32 Christian Leuz: Rechnungslegung und Kreditfinanzierung. Zum Zusammenhang von Ausschüttungsbegrenzung, bilanzieller Gewinnermittlung und vorsichtiger Rechnungslegung. 1996.

Band 33 Gerald Schenk: Konzernbildung, Interessenkonflikte und ökonomische Effizienz. Ansätze zur Theorie des Konzerns und ihre Relevanz für rechtspolitische Schlußfolgerungen. 1997.

Band 34 Johannes G. Schmidt: Unternehmensbewertung mit Hilfe strategischer Erfolgsfaktoren. 1997.

Band 35 Cornelia Ballwießer: Die handelsrechtliche Konzernrechnungslegung als Informationsinstrument. Eine Zweckmäßigkeitsanalyse. 1997.

Band 36 Bert Böttcher: Eigenkapitalausstattung und Rechnungslegung. US-amerikanische und deutsche Unternehmen im Vergleich. 1997.

Band 37 Andreas-Markus Kuhlewind: Grundlagen einer Bilanzrechtstheorie in den USA. 1997.

Band 38 Maximilian Jung: Zum Konzept der Wesentlichkeit bei Jahresabschlußerstellung und -prüfung. Eine theoretische Untersuchung. 1997.

Band 39 Mathias Babel: Ansatz und Bewertung von Nutzungsrechten. 1997.

Band 40 Georg Hax: Informationsintermediation durch Finanzanalysten. Eine ökonomische Analyse. 1998.

Band 41 Georg Schultze: Der spin-off als Konzernspaltungsform. 1998.

Band 42 Christian Aders: Unternehmensbewertung bei Preisinstabilität und Inflation. 1998.

Band 43 Thomas Schröer: Das Realisationsprinzip in Deutschland und Großbritannien. Eine systematische Untersuchung und ihre Anwendung auf langfristige Auftragsfertigung und Währungsumrechnung. 1998.

Band 44 Anne d'Arcy: Gibt es eine anglo-amerikanische oder eine kontinentaleuropäische Rechnungslegung? Klassen nationaler Rechnungslegungssysteme zwischen Politik und statistischer Überprüfbarkeit. 1999.

Band 45 Christian Back: Richtlinienkonforme Interpretation des Handelsbilanzrechts. Abstrakte Vorgehensweise und konkrete Anwendung am Beispiel des EuGH-Urteils vom 27. Juni 1996. 1999.

Band 46 Cornelia Flury: Gewinnerläuterungsprinzipien. 1999.

Band 47 Hanne Böckem: Die Durchsetzung von Rechnungslegungsstandards. Eine kapitalmarktorientierte Untersuchung. 2000.

Band 48 Jens Kengelbach: Unternehmensbewertung bei internationalen Transaktionen. 2000.

Band 49 Ursula Schäffeler: Latente Steuern nach US-GAAP für deutsche Unternehmen. 2000.

Band 50 Rainer Doll: Wahrnehmung und Signalisierung von Prüfungsqualität. 2000.

Band 51 Brigitte Strasser: Informationsasymmetrien bei Unternehmensakquisitionen. 2000.

Band 52 Lars Franken: Gläubigerschutz durch Rechnungslegung nach US-GAAP. Eine ökonomische Analyse. 2001.

Band 53 Oliver Bärtl: Wertorientierte Unternehmenssteuerung. Zum Zusammenhang von Kapitalmarkt, externer und interner Rechnungslegung. 2001.

Band 54 Gabi Ebbers: A Comparative Analysis of Regulatory Strategies in Accounting and their Impact on Corporate Compliance. 2001.

Band 55 Mark Währisch: The Evolution of International Accounting Systems. Accounting System Adoptions by Firms from a Network Perspective. 2001.

Band 56 Jakob Schröder: F&E-Bilanzierung als Einflußfaktor der F&E-Freudigkeit. 2001.

Band 57 Martin Hebertinger: Wertsteigerungsmaße – Eine kritische Analyse. 2002.

Band 58 Rainer Zensen: Die Bewertung von deutschen Universalbanken unter Berücksichtigung rechtsformspezifischer Besonderheiten. 2002.

Band 59 Oliver Beyhs: Impairment of Assets nach International Accounting Standards. Anwendungshinweise und Zweckmäßigkeitsanalyse. 2002.

Band 60 Britta Leippe: Die Bilanzierung von Leasinggeschäften nach deutschem Handelsrecht und US-GAAP. Darstellung und Zweckmäßigkeitsanalyse. 2002.

Band 61 Christian Heitmann: Beurteilung der Bestandsfestigkeit von Unternehmen mit Neuro-Fuzzy. 2002.

Band 62 Bernd Hacker: Segmentberichterstattung – Eine ökonomische Analyse. 2002.

Band 63 Jörg Hoffmann: Das DRSC und die Regulierung der Rechnungslegung. Eine ökonomische Analyse. 2003.

Band 64 Cornelia Stanke: Entscheidungskonsequenzen der Rechnungslegung bei Unternehmenszusammenschlüssen. 2003.

Band 65 Peter Gampenrieder: Squeeze-out. Rechtsvergleich, empirischer Befund und ökonomische Analyse. 2004.

FSC
www.fsc.org
MIX
Papier | Fördert gute Waldnutzung
FSC® C083411

Kolibri 360 GmbH
Ferdinand-Jühlke-Straße 7
99095 Erfurt, Deutschland
produktsicherheit@kolibri360.de

Druck:
CPI Druckdienstleistungen GmbH
im Auftrag der
Kolibri 360 GmbH
Ferdinand-Jühlke-Str. 7
99095 Erfurt